유미의 공부
Yumi's Study

사주四柱 추리소설
원작 제임스 엄

창조와 지식
creation & knowledge

유미의 공부

초판 1쇄 발행 2024년 03월 22일

지은이_ 제임스엄
펴낸이_ 김동명
펴낸곳_ 도서출판 창조와 지식
디자인_ (주)북모아
인쇄처_ (주)북모아

출판등록번호_ 제2018-000027호
주소_ 서울특별시 강북구 덕릉로 144
전화_ 1644-1814
팩스_ 02-2275-8577

ISBN   979-11-6003-711-1(03150)

정가 17,000원

유미의 공부

이 글의 특징

이 글은 사주팔자 풀이를 현실에 적용하는 예들을 묘사한 것입니다. 따라서, 사주팔자에 대해 부정적인 관념을 가진 분들에게는, 공감하지 못할 부분이 다소 있습니다.

이 글은 영화제작을 염두에 두고 썼기 때문에, 소설형식보다는 영화대본과 비슷한 형식을 취했습니다.

이 글은 일상적인 생활을 다루기 때문에, 할리우드 영화 같은 액션이나, 화려하고 강렬한 장면은 거의 없습니다.

제 1장은, 사주에 관해 모르는 분들의 이해를 돕기 위한 기초 설명이 들어있어서, 약간 지루할 수 있습니다.

간추린 내용 소개

주인공 여고3년 정유미는, 성실하고 머리는 똑똑하지만 학교 공부에 관심이 없어서, 대학진학을 포기하고, 할아버지로부터 사주를 공부한다. 유미는 7살 때 부모님이 돌아가시고, 할아버지와 함께 서해안 바닷가의 작은 마을에서 10년간 살아왔기 때문에, 문명사회와 동떨어진 구식 스타일이다.

차영호는 유미의 남친으로, 스포츠 타입이며 중산층 평범한 가정에서 자랐고, 부모님과 여동생이 있다. 금년에 대학에 들어가 부모님이 차를 사 주셨는데, 학교 공부보다는 수사관이 되려는 꿈을 추구한다.

영호는 유미를 사랑하지만, 사주나 점 같은 것을 원래 믿지 않는 성격이다. 그래서, 유미의 집에서 할아버지의 설명과 예언을 별로 귀담아듣지 않지만, 유미의 심부름은 항상 잘 들어주는 충실한 남친이다.

김보미는 붙임성 있고 상냥한 성격이며 전형적인 서민 스타일로서, 1년 후배인 유미와도 친하고, 동갑인 영호와도 친하다. 보미는 빌딩 청소하는 어머니와 둘이 살고 있으며, 보험회사 설계사 수습사원이다.

부잣집에서 자란 이제니는 차영호, 김보미와 고교동창으로 친구 사이이고, 1년 후배인 유미와도 친한 사이이다.

사주를 직업으로 선택한 유미는, 할아버지로부터 배운 실력과 추리력을 사용하여, 차영호, 김보미와 협력하면서, 여러가지 사건을 해결한다.

5월의 어느 토요일, 유미의 집에 놀러 온 영호와 제니는 할아버지로부터 사주의 기초와 예언을 듣고, 다음 주 수요일, 할아버지의 예언이, 주유소와 수영대회에서 영호에게 현실로 일어난다.

그 다음 날, 제니가, 새로 소개팅한 남자 신정민과의 데이트 과정에서, 유미가 언급했던 불미스러운 문제가 생기려는 것을, 유미와 영호가 구해준다.

유미는 수입이 적은 보미를 돕기 위해, 할아버지의 도움과 자신의 실력을 발휘해서 크루즈 추락사건 해결에 도움을 주고, 보미는 경찰서에 가서 브리핑을 한다.

또한, 보미는 영호와 유미의 도움으로, 자신을 무시하는 양 팀장의 약점을 집요한 추적으로 찾아내고, 크루즈 사건 포상금을 혼자 가지지 않고 직원들과 나누어, 팀장은 감동하고 마음을 돌려 좋은 관계가 된다.

보미의 상사인 양미경 팀장은 몇 달 전에 못된 성직자를 만나, 유혹에 넘어가서 갈취당하다가, 보미에게 고백한다. 유미는 두 사람 사주를 보고 곧 관계가 끝날 거라고 예언하는데, 성직자는 나쁜 짓을 하다가, 결국 유미의 예언대로 험악한 일을 겪는다.

태양산업 USB 도난 사건을 해결하는 과정에서, 뛰어난 미모의 회장실 비서 김이경이 차영호와 친해지자, 유미는 위기의식을 느끼고 차영호에게 더욱 밀착한다.

김이경은 일본에서 태어나서 계속 일본에서 살다가, 16살에 한국으로 왔는데, 문화가 달라서 한국생활 적응에 힘들었다. 한국어 실력 부족으로 대학은 1학년 다니다가 관두고, 2022년에 태양산업 비서실 일본어 특기자로 특별 채용 되었다.

태양산업 USB 도난 사건을 해결하고, 유미와 영호는 그 보상으로 일본행 항공권을 선물로 받는다.

유미는 미국인 데이비드 선생님의 연애문제를 사주풀이로 상담해주고, 선생님은 유미의 사주풀이에 매우 놀란다.

제니의 엄마는 기업체 회장선거 승패를 유미에게 문의하고, 며칠 후 유미의 예언은 적중한다.

유미는 영호와 김비서가 가까워지자, 라이벌 의식을 느껴서 일본여행에 영호를 동행하기로 결정한다.

한편, 제니의 친척언니는 유미를 시험하고, 놀라서 진땀을 빼고 돌아간다.

유미는 영호와 일본으로 여행을 가는데, 거기서 회장 딸 김연경으로부터 쌍둥이의 비밀을 듣는다.

일본에서 돌아온 유미는 김형사를 도와 대저택 살인사건을 해결한다.

곧 이어, 태양산업 최비서 어머니의 의료사고 사건을 맡게 된 유미는 영호의 힘든 노력으로 좋은 결과를 얻어낸다.

졸업식용 드레스숍에서, 유미는 여자디자이너가 불륜사기 사건의 가해자로 억울하게 피소를 당하는 것을 보고, 민사법정에 참석해서 사건을 해결한다.

며칠 후, 백화점에서 권력층 부부가 판매원 여자에게 갑질하는 것을 보고 분노한 유미는, 영호, 김비서, 경찰과 합동으로 권력층 거물을 혼내준다.

마지막으로, 유미는 많은 사람에게 부동산 사기를 쳐서 부를 축적한 한사장 얘기를 듣게 된다.

유미, 영호와 김비서는, 태양산업 김회장과 은행지점장, 김형사 등, 정의로
운 기득권 몇 사람들의 도움을 받아, 사기꾼인 한사장을 유혹해서 결국 거액
의 돈을 가로챘다.
　유미는 돈을 전부 피해자들에게 나누어 주고, 남은 돈은 노인복지 시설과
장애인 복지시설에 기부한다.

01

유미의 집에서, 영호와 제니는
할아버지로부터 사주의 기초와 예언을 듣다.

2024년 갑진년(甲辰年)은 새로운 인물, 새로운 시작, 그리고 젊음을 상징하는 청룡(靑龍.푸른용)의 해.

장미나무에 가득히 열린 주홍 색 꽃잎들이, 도시를 향해 향기를 뿜어내는 계절, 5월은 여름의 시작을 알리며 세상을 풍성하게 한다.

오월의 어느 토요일. 저녁 무렵. 구름 낀 날씨에 해가 지려면 아직 한 시간 쯤 남아 있다.

조금씩 어둠을 더해가는 오렌지 색 하늘을 배경으로, 남북으로 뻗어 있는 서해안 고속도로의 양쪽에는, 녹색의 잔디가 바람에 물결친다.

고속도로상, 토요일 오후 답게 통행량은 꽤 많지만, 남쪽 방향 차선을 달리는 대다수의 차들은 정상 속도를 유지하고 있다.

차에는 세 사람이 타고 있다. 운전자는 남자. 19세 **차영호**. Y 대학1년생, 건장한 운동선수 타입. 조수석에는 18세 **이제니**. 여자. S대학 1년생, 명랑하고 발랄한 타입. 뒷자리에는 여자. S여고 3학년, 17세 **정유미**. 얌전하고 조용한 탐구형.

제니가 차의 내부를 둘러보며, 숨을 한 번 크게 들이쉬고, 영호에게 묻는다.

제니: 새 차 냄새 좋다. 산 지 이제 한 달 됐다고?

영호: 거의 한 달 됐지.

운전석과 조수석 중간에 있는 모니터화면 아래에, 핸드폰 반쪽 크기의 검은색 작은 기계가 부착되어 있다. 제니가 그 기계를 손으로 가리키며 영호에게 묻는다.

제니: 이건 뭐야? 다른 차에선 못 본 것 같은데.

영호: 아, 그거? 사이렌이야. 볼륨 내리고 한번 켜봐. 시끄럽지 않게.

제니가 왼손으로 기계의 볼륨을 내리고 스위치를 켜자, "삐요삐요" 경찰차의 사이렌소리가 작게 나온다. 제니는 다시 스위치를 끈다.

뒷자리에 앉은 유미가 말한다.

유미: 오빠, 수사관 지망생 ! 벌써 수사관 연습하는 거야?

영호: 그럼, 이런 거 사용하는 것도 미리 연습해봐야지… 인터넷 쇼핑으로 샀어.

제니: 영호야, 너의 부모님 진짜 '짱' 이다. 대학 들어가니까 차도 사주시고.

유미: 그래. 부럽다. 부모님이 기대가 엄청 크신 가봐. 대학생 중에 차 있는 사람 드물잖아?

영호: 글쎄…너희 말도 맞지만, 그 대신 내가 동생 통학시켜야 돼. 우리 아빠가, 아빠회사하고 우리학교가 방향이 반대라서 그동안 우리 라이드(ride)

하시느라고 고생하셨거든. 이번에 차 사주시면서, 이제 동생 라이드는 내가
해야 돼.

    제니: 그렇구나. 그러니까, 세상 모든 일에는 장점과 단점이 있다고 하잖아?

    유미: 음양(陰陽)의 이치!

    영호: 오. 유미! 그런 말은 어디서 배웠어? 학교에서 배운 것 같지는 않은
데.

    유미: 할아버지가 가끔 말씀하시는 거야.

    제니: 너의 할아버지? 지난번에 운명철학인가, 뭐, 그런 거 하신다고 한 것
같은데.

    유미: 그래. 맞아. 운명철학, 사주팔자, 명리학, 역학, 사주. 이런 여러 이름
으로 부르는 거. 쉽게 말하면 생일로 점보는 거지.

    영호가 화제를 돌리며 백미러로 유미를 보면서 묻는다.

    영호: 유미야, 넌 어느 대학 갈 거야? 전공 뭐할지 정했어?

    유미: 글쎄… 갈만 한 데가 없어서.

    제니: 갈만 한 데가 없다니? 우리나라에 대학이 몇 갠데?

    유미: 응… 내가 공부하려는 게 바로 사주공부거든.

    제니: 근데?

    유미: 근데, 대학은 수백 개 있지만, 그 중에서는 사주공부 할 수 있는 학교
는 없어.

    영호: 그럼 대학 안 가고, 혼자 공부한다고?

    유미: 응. 작년부터 좀 하다가, 금년부터 본격적으로 시작했어.

    유미: 오빠도 사주 본적 있어?

    영호: 아니… 난 사실 사주니 타로니, 그런 '점' 같은 건 안 믿거든.

유미: 그건, 당연해. 젊은 사람들은 거의 그런 거 잘 안 믿지. (제니를 보며) 언니는 사주 본 적 있어?

제니: 음… 엄마 따라서 한번 가본 적은 있는데, 전혀 알아들을 수 없는 말이 많아서… 그냥 기억나는 건 '젊어서 바다 건넌다'는 것 정도?

영호: 요즘, 핸드폰 어플에 오늘의 운세, 띠로 보는 운세, 이런 거 많이 올라오잖아? 하나도 안 맞는 거.

제니: 그래, 나도 가끔 보는데 전혀 안 맞더라. 그런 거 왜 하는지 모르겠어. 맞지도 않고, 믿는 사람도 별로 없고… 국가적 낭비 아니야?

유미: 그래. 맞아. 낭비지.

제니: (이해할 수 없다는 표정) 근데, 너도 그거 하려고?

유미: 띠로 보는 운세는 원래, 안 맞는 게 당연한 거야. 그건 엉터리야.

영호: 어째서? 엉터리인지 아닌지는 어떻게 알아?

유미: 생각해봐… '띠'로 운세를 본다는 것은 '띠가 같은 사람은 금년에 모두 운이 같다.'는 거잖아? 그러면 나이가 같은 사람들은 모두 운이 같고, 12살 차이나는 사람들도 모두 운이 같다는 얘기잖아… 말이 돼?

영호: 그렇네… 생각해보니 네 말이 맞네.

유미: 띠는 금년의 대충의 흐름을 보는 거지, 구체적인 운을 파악할 수는 없어.

제니: 그래, '별자리 운세'도 그렇잖아… '같은 별자리 출생자들은 모두 다 금년에 운이 같다?' 상식적으로 봐도 말이 안되네. 그럼 유미야! 네가 하는 사주는 그거하고 다른 거야?

유미: 사주팔자는 네 기둥 사주. 여덟 글자 팔자…여덟 글자니까, 8자를 모두 보고 판단해야 되기 때문에 그렇게 간단하지가 않아…그러니까 공부하는

데 시간이 많이 걸리지.

제니: 그래. 어쨌든 좋은데…그건 취미생활이나, 재미 삼아서 하는 거 아니야? 아니면, 너의 할아버지처럼 은퇴하신 노인분들이 소일거리로 하는 그런 거?

영호: 그래. 근데 유미는 그걸 '직업'으로 하겠다고?

유미: 그래. 내가 여러가지 생각해봤는데, 내가 일류대학 갈만큼 공부를 잘하는 것도 아니고, 웬만한 대학 나와도 직장이 보장되는 것도 아니고.

제니: 그렇긴 하지.

유미: 요즘에 컴퓨터하고 소프트웨어가 너무 빨리 발전하고… AI 니 챗GPT니 하면서, 인공지능도 계속 발전해서, 고 학력자와 전문직도 점점 AI 때문에 설자리를 잃어간다고 하잖아.

제니가 뒤를 돌아보고 유미에게 말한다.

제니: 그러니까… 너는 AI 가 절대 침범할 수 없는 분야를 하겠다는 거네? 그래, 뭐든지 열심히 해서 잘되면 좋지.

유미: 언니는 대학 다녀보니까 어때? 고등학교때보다 자유로워서 좋지? 데이트도 하고.

제니: 더 좋은 점도 있지만, 내가 모든 걸 알아서 처리해야 하니까… 그런 스트레스도 좀 있고… 장단점이 있지. 네 말 대로 음양의 이치?

유미: 소개팅 좀 했어?

제니: 응. 몇 명 만나봤는데…다들 별로야… 며칠 전 만난 남자는 좀 괜찮은데.

영호: 너 유학간다며? 지금 새로 누구 만나도 길게 데이트 못 하잖아?

제니: 응… 나는 나중에 아나운서 하려고 하는데… 견문도 넓히고 영어도 좀 잘하려면, 아무래도 미국에 유학갔다 와야 될 것 같아. 다음 달 6월말쯤 가

려고.

유미: 미국에 얼마나 있을거야?

제니: 한 2년쯤? 근데 이번에 만난 사람이 자기도 금년에 미국유학 간대. 그래서 혹시 잘되면 미국가서도 계속 만날 수 있지 않을까? 그렇게 생각해.

영호: 미국이 워낙 넓어서, 같은 지역 아니면 만나기 쉽지 않다고 하던데.

제니: 맞아. 나중에 봐서, 잘되면 가까운 지역으로 옮길 수도 있고.

유미: 언니, 이번에 만난 그 사람 생일 알아? 내가 궁합 한 번 볼까?

제니: 그럴까? 재미로. 그 사람 생일은 알지. 처음 만났을 때 서로 알려줬지.

유미: 생시는?

제니: 당연히 생시는 모르지. 생시를 모르면 안되나?

유미: 사주에서 일단 년, 월, 일 만 봤을 때 이미 조화가 완벽하면 태어난 시간이 큰 영향을 주지 않지만, 그런 사람은 극히 드물어. 그래서, 시간을 모르면 정확히 볼 수 없어. 불확실하게 하는 것 보다는… 지금 전화해서 물어봐.

제니: 지금?

유미: 그래… 아직 잘 시간도 아니고. 그 남자도 언니 좋아한다면, 지금 전화오는 것도 반가와 하겠지?

영호: 그래. 그게 낫겠다. 제니야! 전화해봐.

제니가 신정민(소개팅남)에게 전화한다.

(전화목소리) 신정민: 내 출생시간? 그거 뭐하게?

제니: 응, 친구들하고 사주팔자, 점 보는데, 우리 궁합 좋은가 보려고.

신정민: 궁합? 너도 그런 거 믿어? 요즘 컴퓨터, AI 가 발전하고 우주선이 화성에 가는 첨단 과학시대에?

제니: 아니, 친구들하고 그냥 재미로.

신정민: 나 태어난 시간. 새벽 4시 반인가 그래.

제니: 그래, 알았어.

신정민: 그래. 그럼 전에 약속한대로 목요일 6시.

제니: 그 때 봐.

유미는 이제니와 신정민의 사주를 핸드폰에 띄우고 얘기를 시작한다.

유미: 여름은 더우니까, 여름에 태어나면 더위를 부추기는 기운보다는, 시원한 기운 즉, 금(金), 수(水)가 제대로 있어야 균형이 맞는데… 이 사람은 여름에 더운 에너지가 너무 강해.

이제니와 신정민

時	日	月	年	이제니
甲	丙	己	丙	여자
午	午	亥	戌	2006. 11. 13. 오시

72 2078	62 2068	52 2058	42 2048	32 2038	22 2028	12 2018	2 2008
辛	壬	癸	甲	乙	丙	丁	戊
卯	辰	巳	午	未	申	酉	戌

時	日	月	年	신정민
丙	己	庚	甲	남자.
寅	卯	午	申	2004. 6. 29 인시

73 2077	63 2067	53 2057	43 2047	33 2037	23 2027	13 2017	3 2007
戊	丁	丙	乙	甲	癸	壬	辛
寅	丑	子	亥	戌	酉	申	未

남자가 양기(陽氣)가 강하니까 성격은 외향적이고 적극적이다. 성급하게 밀어붙이는 면도 있고.

제니: 그래. 그런 것 같네… 진도가 좀 빠른 것 같아.

유미: 그리고, 여름생이라서 눈치 빠르고, 바쁘고… 브랜드 있는 상품, 폼 나는 직업, 기득권 직업을 선호하는 경향이 크지.

제니: 맞는 것 같다. 경영관리 공부한데. CEO 된다고.

유미: 외모도 좋고, 옷 잘 입고, 돈도 잘 쓰고… 좀 잘난 척하지?

제니: 그래. 맞아… 웃긴다, 그런 걸 생일을 보고 안다는 게.

유미: 균형을 맞추는 글자들이 있어서, 금수저로 태어났고, 집안에 재물과 권력이 있고, 사람도 괜찮고, 똑똑한데. 복잡한 얘기는 나중에 하고… 중요한 것은 여름생이 나무가 많고 태양 (병화, 丙火)도 강하면 나무와 불에너지가 너무 강해서, 지나치게 공격적인 경향이 생겨.

특히, 금년은 용의 해. 용은 불을 키우는 역할을 하니까, 이런 모양에서는 불의 에너지가 더 강해지거든. 그러면, 어떤 개인적인 목적을 위해서 지나친 행동도 할 수 있으니까, 그 점만 조심하면 될 것 같아.

제니: 오케이. 그러니까, 궁합은 어때?

유미: 윗칸에서, 왼쪽에서 두번째 글자가 자신을 상징하는 거야. 그러니까, 언니는 병화(丙火) 불이고, 남자는 토(土) 땅이니까, 화가 토에게 에너지를 준다. 그러니까, 언니는 에너지를 주고, 남자는 에너지를 받는 관계가 되지. 그렇다고, 꼭 나쁜 것은 아니고, 다른 글자들끼리 관계를 보면, 이 정도면 괜찮아.

제니: 그러니까, 아주 좋은 건 아니고, 그냥 그렇다고?

유미: 응. 이 사람은 집안 좋고 사람도 괜찮은데, 궁합은 보통이라고 봐.

제니: 그래? 어쨌든 나는 별로 크게 신경 안 써. 궁합 무시하고 결혼해도 잘사는 사람 많은데, 뭘.

유미: 사주를 떠나서, 할아버지가 항상 하시는 말씀이… 남자는 전부 늑대래.

옆에서 영호가 이 말을 듣고 씁쓸한 미소를 짓는다.

제니: 야. 그런 사람도 있고, 안 그런 사람도 있는 거지. 전부 나쁘게 보면 세상을 어떻게 살아?

영호: 나도 남자지만… 솔직히 말해서, 진짜로 남자는 다 늑대야. 그러니까, 항상 조심해.

잠시 조용한 음악이 흐른다.

영호: 그러나 저러나, 나는 이번에 장학금 신청하는데, 잘돼야 되는데…

제니: 너 작년 고3때 장학금 받았잖아? 그리고 재작년도 받았잖아?

영호: 아, 작년하고 재작년은 학교 장학금이고, 이번은 체육회장학금이야. 우리 학교는 사립이라서 학교장학금은 액수가 좀 컸었는데, 이번은 국립기관이라서 액수가 좀 적을 것 같아… 그래도 받아야지.

제니: 그럼, 복권을 사봐… (뒤의 유미를 향해서) 유미야! 사주 공부하면 복권 당첨되는 것도 알 수 있어? 어떤 번호 라든지…어느 때에 당첨운이 있다든지.

영호: 야. 그런 걸 사주로 알 수 있다면, 세상에… 누구나 사주공부 많이 하면 부자 되겠네. 그건 좀, 아닌 것 같은데.

유미: 맞아. 그렇게 구체적인 건 알 수 없고… 금전운, 연애운, 취업운, 건강운 등이 언제 좋아지는지, 언제 안 좋아지는지 흐름을 보는 거야. 사고 나는 것도 교통사고인지, 넘어진 건지, 요리하다 칼에 벤 건지, 그렇게 자세히 알 수는 없어.

유미의 집 앞마당.

영호의 차가 들어와 멈추고, 세 학생이 내린다. 이제 저 멀리 앞쪽에 펼쳐진 서해바다는 점점 더 붉게 어두워진다.

유미의 집이 있는 이 마을은, 서울에서 차로 1시간 반쯤 떨어진 서해안의 작은 동네이다. 배들이 많이 드나드는 어촌이나 복잡한 관광지가 아니고, 해변가에 몇개 안되는 카페와 식당에 손님들이 간간이 찾는, 조용한 서민적인 주택가의 분위기이다.

세 학생은 현관으로 다가간다. 유미가 현관을 향해 소리를 지른다.

유미: 할아버지! 저 왔어요!

안에서 대답이 없다.

유미가 고개를 돌려 바닷가 쪽을 보니, 할아버지가 이쪽을 향해 걸어온다. 유미는 할아버지를 향해 손을 흔든다. 할아버지도 유미를 향해 손을 흔들며 다가온다. 점점 뚜렷해지는 할아버지의 모습. 동네 노인회관에서 볼 수 있는 지극히 평범한 칠십 칠 세의 노인이다.

할아버지: 유미 왔구나… 그래… 친구들도 같이 왔구나.

영호와 제니는 할아버지에게 인사를 한다.

할아버지: 내가 아는 얼굴들인데… 전에 들 왔었지?

제니: 네. 저는 '제니', 얘는 '영호' 에요. 그 동안 안녕하셨죠?

할아버지: 그래. 잘 있었지. 오. 영호? 그래 맞아… 네가 전에 우리 유미를 구한 차영호구나. 내가 가끔 정신이 왔다갔다해서.

영호: 네. 맞습니다. 할아버지.

유미: 할아버지, 낚시하셨어요? 그런데… 생선은 있고 낚싯대는 안보이네요?

할아버지: 응, 이제 늙으니까 낚시하는 것도 힘들고, 낚싯대 다루는 것도 힘들고, 그래서, 직접 잡는 것보다 남이 잡은 것을 사 먹는 게 나은 것 같아.

할아버지가 물통을 여니, 갓 잡은 듯한 생선 3마리가 들어있다.

할아버지: (생선을 손으로 가리키며) 지금 먹을 거야. 저기 바닷가 쪽에 사는 박씨 네 형제가 오늘 방금 잡아온 거 사왔어.

네 사람은 현관문을 열고 들어간다.

유미의 집 내부.

유미의 집은 작고 낡았지만, 아담하고 내부는 깨끗하다. 방 2개, 화장실 2개, 주방과 겸한 거실. 간단한 구조이다. 거실에는 사주공부에 사용하는 자료들이 벽과 칠판에 붙어있다.

제니: 와, 이게 다 뭐야? 너 공부하는 거야?

유미: 응… 복잡하지?

할아버지는 생선을 들고 주방으로 들어가며, 말씀하신다.

四柱의 核心은 均衡과 疏通이다

(天干) (木)甲 乙　　(火)丙 丁　　(土)戊 己
　　　 (金)庚 辛　　(水)壬 癸

(地支) 寅 卯 辰　巳 午 未　申 酉 戌　亥 子 丑
　　　 호랑이 토끼 용　뱀 말 양　원숭이 닭 개　돼지 쥐 소

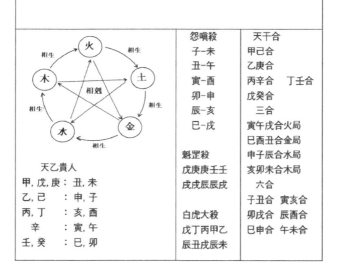

天乙貴人
甲, 戊, 庚 : 丑, 未
乙, 己　　: 申, 子
丙, 丁　　: 亥, 酉
　 辛　　: 寅, 午
壬, 癸　　: 巳, 卯

怨嗔殺
子-未
丑-午
寅-酉
卯-申
辰-亥
巳-戌

魁罡殺
戊庚庚壬壬
戌戌辰辰戌

白虎大殺
戊丁丙甲乙
辰丑戌辰未

天干合
甲己合
乙庚合
丙辛合　丁壬合
戊癸合
三合
寅午戌合火局
巳酉丑合金局
申子辰合水局
亥卯未合木局
六合
子丑合　寅亥合
卯戌合　辰酉合
巳申合　午未合

할아버지: 잠깐 쉬고 들 있어라. 저녁 금방 되니까.

유미: 제가 도와드릴 거 있으면 시키세요.

할아버지: 아니, 없다. 밥하고 국은 벌써 다 됐고, 생선은 금새 해.

세 학생은 여기저기 둘러보고, 소파에 앉아 얘기를 나눈다. 이때, TV에 긴 급뉴스가 뜬다.

뉴스: 오후 7시. 부산 북동해상 50키로. ABC 크루즈 여객선. 남자 승객 1명 바다로 추락. 사망추정. (자막과 함께 핸드폰으로 찍은 5초 동영상이 첨부되어 있고, 바다에 빠진 사람이 허우적거리는 모습이 보인다.)

제니: 야. 이거 봐. 크루즈 여객선에서 사람이 바다로 추락했대.

영호: 어디서?

제니: 부산 북동해상 50킬로?

유미: 그럼 살 수 없나? 수영하면? 오빠는 수영선수니까 잘 알겠네.

영호: 글쎄… 여러가지 상황을 봐야겠지만, 혼자 힘으로 살아나는 것은 거의 불가능하다고 봐야지.

유미: 오빠같이 수영 잘하는 사람도 살아나올 수 없어?

영호: 육지가 가까우면 수영해서 갈수도 있겠지만, 육지에서 10키로 이상 떨어지면 거의 불가능. 아까 뉴스에서는 거리가 50키로라는데 가능하겠니? 10분만 수영해도 힘이 빠지기 시작하지, 수온이 20도 이하면 저체온증으로 정신이 흐려져, 몸이 굳고… 서너 시간도 못 버텨.

제니: 아, 그렇구나.

영호: 상어는 어디든지 있지, 파도는 치지. 슈퍼맨 아니면 죽는다고 봐야지. 그런 상황에서 살아났다는 얘기는 한번도 못 들어봤어.

제니: 그래… 어쨌든 안됐다. 그 사람. 놀러가다가, 아주 하늘나라로 가다니.

잠시 후,

식탁에 네 사람이 둘러앉아 저녁식사를 한다.

영호: (생선요리를 가리키며) 이거 정말 맛있어요. 생선.

제니: 네, 할아버지. 진짜 맛있어요. 이거 어떻게 하시는 거예요?

유미: 우리 할아버지, 요리 잘하셔.

할아버지: 요즘 요리 실력이란 게 따로 있나? K튜브 보면 누구나 따라할 수 있는데. 그리고, 마트에서 생선조림 소스사면 거기 다 써 있어… 그냥 따라하면 돼. 요리 못한다는 사람들은 다 핑계야. 게으른거지. 난 K튜브에서 요리사들 하는 거 자주 봐.

식사 후, 유미는 주방에서 설거지를 하고, 소파에서는 할아버지, 제니, 영호가 앉아서 대화한다.

제니: 할아버지, 요즘 건강은 어떠세요?

할아버지: 항상 그저 그렇지 뭐.

제니: 할아버지, 사주공부 얼마나 하셨어요?

할아버지: 음, 한 10년 했어…전에 한 번 얘기했었지? 유미가 7살때, 유미할미, 아빠, 엄마 세 사람이 여행 중에 비행기사고로 하늘나라로 가고, 나 혼자 유미를 키웠는데, 처음에 힘들었어. 경제적으로도 그렇지만 정신적으로… 그런데, 마침 우연히 사주를 알게되서, 공부를 시작했지.

영호: 그럼 생활비는 어떻게 하셨어요? 별로 수입이 없으셨을텐데.

할아버지: 사고 낸 회사가 원래 소유하고 있던 이 허름한 집을, 보상이라고 해주고. 생활비는 은퇴연금 받는 거하고. 내가 사주 봐서 좀 벌고 그랬지.

영호: 그 동안 유미 키우시느라고 고생 많이 하셨네요.

할아버지: 호오… 영호는, 벌써 일찍 철이 들었네. 어른 같은 말을 하네.

유미가 설거지를 끝내고 거실 대화에 합류한다.

할아버지: 나도 젊을 때는 사주니, 운명이니, 점이니 그런 거 안 믿었어. 대부분 사람들이 그렇겠지만, 어떤 특별한 계기가 있어야 사주에 관심을 가지게 되지. 나 같은 경우는 '가족이 사고 난 것'이 계기가 된 거고.

할아버지가 자세를 고치며, 얘기를 시작한다.

할아버지: 사주(四柱)는 음(陰)과 양(陽), 서양식으로 말하면 플러스(+) 와 마이너스(-) 에너지의 이치를 공부하고, 그것을 더 구체적으로 나눈 다섯 가지 에너지, 목-나무, 화-불, 토-땅, 금-금속, 수-물 (木. 火. 土. 金. 水). 이 다섯

가지 에너지가 '어떻게 조화되는가? 그리고 계절에 따라 어떻게 변화하는가?'를 공부하는 거야.

이 다섯가지 에너지는 마치 전기나 자기처럼, 사람의 눈에 보이지 않지만 실제로 작용한다. 다만, 전기와 자기는 수학적으로 연구가 되어있지만, 이 다섯가지 에너지는 수학적으로 연구가 되어있지 않다. 수학의 숫자와 기호대신, 사주에서는 기본적으로 22한자를 사용하지. 사주는 동양에서 시작됐는데, 서양으로 전파되지 않아서 아시아 이외의 사람들은 이런 학문이 존재한다는 것조차 모르지. 물론 지성인이나 과학자들도 거의 몰라.

제니: 어떤 사람들이 말하던데요… 사주에 물이 부족한 사람은, 물을 다루는 일이나, 수영장 같은 데에서 일하면 좋은가요?

할아버지: 사주에서 말하는 나무(木)니 물(水)이니 하는 것은, 실제 물질과도 약간은 관련이 있겠지만, 원래는 실제물질을 말하는 것이 아니고, **'에너지가 움직이는 방식'**을 말하는 거야. 그러니까 그건 별로 의미 없어.
오히려 사주에 물이 부족한 사람은 조용히 휴식하는 환경이 부족하니까, 잠을 더 잘 자고, 휴식을 갖는 게 도움이 된다. 그리고, 수축하고 저장하는 에너지가 약하니, 저축성이 좀 부족하다. 그렇게 봐야지.

영호는 별로 관심 없는 표정이다.

제니: 근데, 할아버지! 사주가 진짜 맞아요? 사주를 부정적으로 보는 사람도 많은 것 같은데.

할아버지: 글쎄… 한의학에 비유해 볼까? 한의학이 수천년간 동양에서 전해져 왔지만, 아직 완전한 통합된 체계가 안 잡혀 있잖아? 그리고 실력 있는 한의사도 많고, 엉터리 한의사도 많고. 사주도 그런 것 같아. 전부 무시할 수도 없고, 전부 옳다고 할 수도 없고.

제니: 사주가 맞는 면도 많이 있어요?

할아버지: 있지. 맞는 면이 있으니까 내가 10년을 계속 해왔지. 전혀 안 맞으면 처음에 조금 하다가 관뒀겠지.

제니: 그러면, 실력 있는 도사님을 어떻게 알아볼 수 있어요?

할아버지: 나의 과거 중요사건을 거의 비슷한 년도까지 맞추거나, 또는 그 사람이 예언한 결과를 보면 알지. 의사가 치료하고나서 결과적으로 환자가 좋아지면 실력 있는 거고, 결과가 안 좋으면 실력 없는 거지. 사주도 그 도사가 예측한 일이 실제로 일어나면 실력 있는 사람이지.

제니: 그러면, 확인하는데 시간이 많이 걸리잖아요?

할아버지: 그렇지. 당연하지. 최소 몇 달. 길게는 1년 기다려 봐야지. 그 사람 말이 정말 맞는지… 그러면, 내가 간단한 사주풀이를 보여줄까?

제니: (호기심을 보이며) 네. 보여주세요.

유미가 재빨리, 자기 핸드폰에 저장된 제니의 사주를 할아버지한테 보여준다.

잠시 후,

할아버지: 제니는 어릴 때 친할머니와 인연이 크네.

제니: 어머. 어떻게 아세요? 저 어릴 때 부모님이 바빠서, 할머니가 많이

키워 주셨어요.

할아버지: 여기, 식신(食神)은 여러가지 의미가 있는데, 어릴 때는, 아버지의 엄마, 즉 '친할머니'를 뜻하기도 한다. 그런데, 12살쯤에 할머니와 멀어졌네.

제니: (슬픈 표정) 네. 그때 돌아가셨어요.

할아버지: 그리고, 13살이나 14살쯤. 2019년, 2020년쯤에 신장, 방광이나 청각계통 쪽으로 건강이 안 좋든가, 사고를 치든가 해서, 부모님을 속상하게 한 것 같은데?

제니: 네. 그때 귀가 좀 안 좋아서 병원에 갔었어요. 그리고, 신경질도 내고 부모님 말도 잘 안 듣고 그랬어요… 어머, 할아버지. 너무 신기해요.

이때 유미가 끼어든다.

유미: 그럼 오빠하고 언니도 나 따라서 해봐. 간단해.

유미는 핸드폰에서 사주 어플을 찾아 띄워 올리고, 영호와 제니는 자신들의 핸드폰으로 따라한다. 세 학생이 어플을 여는 동안 할아버지가 한마디 하신다.

할아버지: 성공한 대기업들이 사원을 뽑을 때 왜 사주를 참고할까? 현시대에 들어와서 주류사회에서는 사주를 무시하지만, 동양에서는 수 천년 간, 사주는 귀족들이 하는 고급 필수 학문이었어.

제니: 영호 것도 봐주세요.

영호 자신은 사주에 별로 관심이 없지만, 분위기에 휩쓸려 핸드폰에서 찾은 자신의 사주를 할아버지한테 보여준다.

時	日	月	年	차영호
丁	甲	庚	乙	남자
卯	子	辰	酉	2005. 4. 10. 묘시

72	62	52	42	32	22	12	2
2077	2067	2057	2047	2037	2027	2017	2007
壬	癸	甲	乙	丙	丁	戊	己
申	酉	戌	亥	子	丑	寅	卯

할아버지: 영호는 토끼 같은 여동생이나, 누나가 있나?

제니: (영호대신 대답한다.) 네. 영호, 여동생 있어요.

할아버지: 나자신은 위의 왼쪽에서 두번째 갑(甲) 나무이고, 왼쪽 맨 밑에 글씨(卯묘)는 토끼인데, 나는 큰 나무, 토끼는 작은 나무를 상징하니, 나에게는 그 글자가 여자형제가 될 수 있다…

그리고, 대학가기 전에 경쟁에 좀 참여했나? 이때 태어난 사람은 일찍 검증받을 일이 있다. 특히, 금(金)이 있으면 더 확실하고… 대부분, 청소년기에 무슨 대회에 나갈 일이 있다.

제니: 대회요?

할아버지: 그래. 피아노콩쿠르, 미술대회, 수학 경시대회, 운동, 골프대회…등등. 동네 규모가 아니고 비교적 큰 대회. 그리고, 닭과 용과 쥐가 함께 있으니, 물도 인연이 있네.

제니: 네. 맞아요. 영호 중학교 때하고 고등학교 때 전국체전 수영대회 나

갔어요… 다음주에도 수영시합 있는데요.

할아버지: 그래? 다음 주 어느 날인가?

영호: 수요일이요.

할아버지: (달력을 보고서) 임신(壬申)일이구나. 이 날은 전날보다 온도가 내려갈 것이다. 비 오거나 흐릴 수도 있고. 한기가 스트레스를 좀 주겠다.

시합에서 일등은 힘들고. 그것보다도 영호의 사주는 화(火)에너지가 약해져서 한기(寒氣), 즉, 차가운 기운의 영향을 받는다.

'숫자 1과 한기(寒氣)의 공격이 있는데, 큰 일이 날 정도는 아니고… 1을 버리고 7을 선택하면 좀 나을텐데.' 그러나 갑목(甲木)은 고집과 일관성이 있고, 남들과 일정한 거리를 두는 습관이 있어서, 그대로 1을 유지할 것이다.

제니: 무슨 뜻인지 잘 모르겠어요.

할아버지: 그래. 나중에 알게 될 거야. 지금 설명하려면 너무 복잡하니까. 그리고 그 날 좋은 일도 있고… 그게 음양의 이치이지.

제니: 그럼 그 날, 영호한테 좋은 일은 뭐예요?

할아버지: 필요한 서류나 편지가 올 수도 있고, 윗사람이나 선생님이 선물이나 점심을 사줄 수도 있고, 공짜로 무언가 받을 일도 있다. 또한, 가족이 화목하고… 그런 게 좋은 일이지.

제니: 저는 올해 운이 어때요?

할아버지: (다시 제니의 사주를 본다.) 제니는, 개띠라… 금년 진술충… 띠에 충이 되면 크게 검증받을 일이 있다. 입시, 고시, 주요 실력평가나, 국가자격시험 같은 거. 그리고 삼합이 있으니 큰 규모로 무대를 바꾸거나 확장한다.

제니: 정말. 신기하네요. 저 올해 미국 유학가려고 원서냈어요.

할아버지: 그래, 잘 되겠다.

영호는 식사 후에 앉아있으니 소화도 안되고, 지루하다는 느낌이 들고, 밖으로 나가고 싶어서 말을 꺼낸다.

영호: 우리 소화도 시킬 겸 산책할까?

제니: 그래. 좋지. 할아버지. 산책 가실래요?

할아버지: 나는 방에 가서 쉴께. 너희들끼리 갔다와라.

잠시 후. 토요일 늦은 밤. 해변가의 카페.

할아버지의 샘플 강의를 듣고 나서, 세 학생은 해변가에 있는 이국적인 분위기의 카페에 들렸다.

바닷가의 밤하늘에 수많은 별들이 빛난다. 밤이지만, 검은 수면위로 별빛을 반사하는 파도가 반짝반짝 빛나며 부서지는 모습이 인상적이다.

카페는 사람들이 꽤 있지만 빈자리도 많다. 분위기 있는 음악이 은은히 들려온다. 세 학생은 창가 쪽의 자리를 잡고 앉는다.

제니: 아… 바닷바람, 파도소리… 좋다.

영호: 그래. 시원하다. 가끔 이렇게 바다에 오면 재충전되는 것 같아.

제니: 너는 수사관이 되려는거지? 경찰이야? 국정원이야? 어느 쪽으로 갈거야?

영호: 국정원으로 결정했어. 21살부터 자격이야. 학력제한은 없고…지금부터 1년반 동안 공부도 하고 체력도 키우고 해야지.

유미: 오빠는 잘 될거야. 정신력이 강해서.

제니가 화제를 돌린다.

제니: 사람이 죽으면 어떻게 될까?

영호: 수많은 사람이 질문하지만, 정답은 아무도 모르지.

제니: 전생이나 내세가 있을까?

영호: 내 생각은 … 만약, 내세가 있다면 그 다음 내세도 있고, 그 다음, 그 다음, 그런 식으로 계속 무한히 갈 것인가? 그리고, 내세가 있다면, 지금의 현생은 전생의 내세가 될테니까, 전생도 분명히 있을 것이고, 그러면 계속 위로 올라가면 어디가 시작인가? 내 머리로는 이해가 안돼.

제니: 말이 되네.

유미: 언니하고 나는 겨울생이니까… 그리고 특히 사주에 임수(壬水), 큰 물이나 돼지(亥)가 있는 사람은, 어둠과 죽음에 직면한 것 같은 잠재심리가 있어서, '나는 언제까지 살까?', 죽음이나 종교, 철학, 내세… 이런데 관심이 있지.

(유미는 멋쩍은 듯이 미소를 짓는다.)

유미: 우리 같은 어린 나이에, 그런 얘기하니까 좀 웃긴다.

영호: 나는 진짜 우주선 타고 저 우주공간으로 한번 날아가보고 싶다.

(영호의 상상): 먼 우주공간에 최신형 우주선이 날아가고 있다. 영호와 유미가 우주복을 입고 나란히 앉아서 우주선을 조종한다.

제니: 뉴스보면, 그것도 조만간 가능할 것 같은데. 돈만 있으면.

영호: 우주에서 지구에 온 외계인이 있을까? 봤다는 사람은 많은데…

유미: 얼마전에 천문학과 교수님 강의를 봤는데, 태양계에서 가장 가까운 별 '알파 센타우리'까지 거리가 4.3광년이래. 어느정도 거리인지 감이 안오지?

화성 탐사하는 우주선 속도가 초속 27키로. 총알속도의 10배가 넘는데, 1초에 서울에서 안양까지 가는 속도야. 그런데, 이 속도로 가면 6만년 걸린데… 상상이 안 가지? 내 생각에는, 엄청나게 과학이 발달한 외계인이 있다해도 과연 지구까지 올 수 있을까?

제니: 그래? 재미있네…

영호: 기술이 고도로 높으면 웜홀을 이용하면 된다던데?

(영호는 컴퓨터 시뮬레이션한 웜홀의 장면을 상상한다.)

유미: 그 교수님이 그 얘기도 했어. 웜홀은 물리학 이론에서만 가능한 거고, 실제 존재할 가능성은 별로 없는데, 혹시 가능하더라도, 웜홀을 하나 만들려면 수학적으로 계산할 때, 태양 하나 전체를 에너지로 써야한 데… 이런 게 인간의 기술로 가능할까?

내 생각에… 우주과학자들은 헛된 꿈을 꾸고 있고, 오히려 점쟁이는 현실에 맞는 얘기를 하니, 아이러니하다.

제니: 영호야, 우리 이왕 온 김에 할아버지의 말씀 좀 더 들어볼까? 나는 다음 달 미국가면, 2년후에야 다시 올 수 있으니까.

하늘에는 별들이 빛나고, 검은 바다가 일으키는 파도소리를 들으며 세 학생은 다시 집으로 걸어온다.

유미의 집 거실.
할아버지의 강의가 다시 계속된다.

할아버지: 너희는 기초가 없으니까, 어려운 얘기보다는 우선 기본으로, 태어난 계절을 먼저 보자. 태어난 계절의 특성이 한 사람의 인생에서 가장 중요하기 때문에, 먼저 관찰하고, 그 다음에 나머지 글자들과 관계를 연결해서 보는 거야.

사주에서 **계절**의 구분은 실제로 우리가 느끼는 것보다는 **한달** 정도 **빨라**. 날짜가 좀 다르니까 그것을 염두에 두고…
(지시봉으로 칠판의 오행도를 가리키며 시작한다.)

봄은, 대략 2월4일부터 5월4일까지. 새로이 만물이 소생하는 계절이니까, 봄 생은 어린 애들처럼 생기 있고, 호기심이 많고 용감하게 이것 저것 새로운 시도를 한다. 창조하고, 계획하고, 먹이고, 키우고, 기르고, 건축하고, 미화하고, 소개하고, 설명하는 일들…그리고, 화가나 연예인처럼 반복된 시행착오를 요하는 일도 인연이 많다.

이것저것 시도하다가, 자기가 좋아하는 일을 만나면 그것을 오래한다. 그러나, 직장변동이나 주거변동도 많고, 연애도 짧은 경우가 많다. 돈보다는 적성과 취미를 중시하는 경향이 있다. 봄의 상징은 나무이고, 나무의 에너지가 강하면 처음 갖는 자동차가 녹색이나 파란 색이 많아.

여름은 5월5일부터 8월6일. 여름에는 만물이 활발하니까 여름생은 좀 더 적극적이고 상류사회로 진출하는 능력이 강하고, 상황파악을 잘하고, 눈치가 빠르다. 일도 많고 사회활동도 많아 스케줄도 빡빡하고, 널리 알리고 교류하고, 브랜드 상품이나 폼 나는 직업, 기득권 직업을 선호한다.

바깥에 있는 시간이 많고 사람과 많이 부딪혀서, 오히려 집에 오면 조용하고 개인적인 분위기를 좋아한다. 여름의 상징은 화(火)이고, 화의 에너지가 강하면 화려한 모양과, 붉은 계통이나 화려한 색조의 차를 선호한다.

가을은 8월7일부터 11월5일. 가을은 자연에 먹거리가 풍부하니 가을생들은 경제적으로 중류이상이 많지. 이때는 새로 창조하기 보다는, 이미 만들어진 것을 가공하거나, 업그레이드해서 고부가가치를 만들고, 확실한 것, 안정된 것을 선호하지. 주로, 봄, 여름 생에 비해서 고가상품을 취급한다.

가을생들은 컨설팅이나, 전문분야에서 한가지를 오래 하고, 내 것을 지키려는 경향이 있다. 합리적으로 생각하려 하고, 직업적으로는 인간관계가 넓어도, 사생활에서는 가족이나 친한 소수그룹 중심으로 행동하는 경향이 있다. 가을의 상징은 금이고, 금의 에너지가 강하면, 자동차는 흰색과 인연이 많다.

겨울은 11월6일부터 2월4일. 겨울생은 외로움을 많이 타고, 추위를 대비해 저장해야 하니까, 잘 모으는 경향과, 항상 믿을만한 사람을 옆에 두려고 하지. 그리고, 걱정, 근심이 좀 많고, 좀 소극적이지. 확실한 준비후에 일을 하려고 하니까, 출세가 남들보다 늦은 경향도 있다.

겨울생은 또한, 축적, 충전, 오랜 인고의 세월을 거쳐 자기만의 재능이나 상품을 가진 한분야의 전문가가 된다. 그리고, 중년이후에는 중상류층이 많지. 겨울의 상징은 수(水)이고, 수의 에너지가 강하면, 주로 검은 색이나 어두운 색의 자동차와 인연이 많다.

소설가나 작가는 겨울생이 가장 많아. 초봄생도 꽤 많고. 추울 때는 몸보다 머리를 쓰잖아? 아이디어를 내는 일 같은 거. 물론 이런 얘기들은 옆에 있는 글씨들과 관계도 봐야하지만.

제니: 신기해요… 그럼 영호가 태어난 계절은 어때요?

할아버지: 영호는 늦 봄 (3월21일부터 5월4일 사이)에 태어난 나무 갑목(甲木) 수직나무다. 자연에서, 이때는 그동안 키운 작은 새싹을 모내기해서 넓은 세상으로 나가는 관문이지.

즉, 새로운 인물과, 1차 산업의 새로운 상품이 선보이는 곳. 백화점. 편의점. 홈쇼핑. 각종 경연 대회. 선거. 종합병원. 호텔. 은행 등등 여러가지가 종합된 곳, 청소년교육, 그리고 건축, 기획, 기차, 치과, 복사가게, 특히, 정보나 자료가 모이는 곳 등등. 용 진(辰) 자는, 다양성을 상징하니까, 이러한 여러 환경에서 일한다.

음식을 취급하면 활발하고 젊은 기운이므로 전통식이나 한식보다는 햄버거, 김밥같은 패스트푸드, 스시 등과 인연이 있고, 피부나 가죽 사업, 당뇨병도 인연있다. 반장, 팀장 같은 감투를 쓰는 경향도 있고.

중요한 순간에 대세를 보는, 소위 큰머리가 돌아가는 사람이다. 약자를 도우려는 정의감도 있고, 좀 화려한 것을 추구하는 경향도 강하다.

그런데, 일을 잘 벌리지만 금(金)이 없는 사람은 깔끔한 마무리를 못하는 단점이 있어. 그리고, 몸을 무리해서 건강을 해칠 수 있다.

할아버지: 이때 태어난 갑목(甲木)은 기운이 너무 세서, 정의의 사도, 전사, 투사 같은 기질이 있고 오지랖도 있어서, 좀 자제하면 좋겠지.

제니: 영호가 좀 그런 면이 있어요. 정의의 투사 같은…

할아버지: 나머지 글자가 닭, 토끼, 쥐… 지지에 화(火. 불)가 없어서, 연예인, 방송, 광고, 마케팅 같이 다수를 동시에 상대하는 화려한 직업이나, 많은 사람들과 교류하는 환경이 아니고… 일대일로 서비스하는 직업이나, 소수를 상대하는 환경, 남들 눈에 덜 띄는 환경에서 일을 하겠다.

그리고 구체적으로 자기가 하는 일은, 위의 네 글자와 12 동물들 속에 숨어있는 지장간을 보는데, 그건 어려우니까 나중에 얘기하고.

유미: 그럼 영호오빠 금년 운은 어때요?

할아버지: 내가 갑(甲)목, 즉, 나무인데 나와 같은 갑목이 하나 더 왔다. 그러면 일단 갑목을 가진 사람을 만나겠지. 그리고 공유할 일. 즉, 형제, 친구 등 원래 알던 사람들과 공동 작업… 그리고 여름에는 화가 강해지니 공동 작업 가능성이 더 크고, 그리고 수입이 생겨도 나누고…어디 갈 때도 같이 가고.

금년 운에 용이 여자도 데리고 온다. 연애도 하겠네. 지난 4월이 용의 달이니까, 지난달부터 재산, 재물도 생기는데, 금년은 여자들 때문에 골치가 좀 아프겠다.

제니는 '너는 좋겠다' 라는 표정으로 영호를 쳐다본다.

영호는 자신에 관한 이야기가 계속되자, 약간 관심을 보인다.

영호: 저, 이번에 장학금 신청하려고요.

할아버지: 어디 보자… 장학금? 작년에 받았지? 음… 재작년에도 받은 것 같은데.

영호: 어? 어떻게 아세요?

할아버지: 너는 나무인데, 작년과 재작년에 운에서 물이 왔어. 나무에게 물을 주는 것은 마치 배터리를 충전해주는 것과 같으니, 나무, 즉 나를 성장시키는 원동력, 부모의 사랑, 공부, 문서, 권리, 혜택, 공짜 점심, 학교나 기관등에서 받는 장학금도 되고, 투자를 받는다는 뜻도 되는데, 내 사주와 운이 소통이 잘 되면, 이런 일이 실제로 일어나는 거야.

그러나, 그 한 글자만 보고는 그 중 어떤 건지 정확히 알 수는 없어. 그러니까, 다른 글자들하고 관계를 보고 추리하는 거지.

제니: 그럼, 금년에도 장학금 받아요?

할아버지: 그래. 용이 와서 쥐와 합을 하니 물의 기운은 살아있어서 받기는 받는데, 액수는 전보다 적다. 용은 '쥐의 기운을 정리한다.'는 의미이니까, 장학금은 이번이 마지막인 것 같다. '5월말 달력에 비 오는 날' 소식이 올 것이다.

(잠시 숨을 고르고 나서)

할아버지: 6월은 편관에 상관이라. 에너지를 많이 쓰고 특별한 재주를 발휘해, 힘든 일을 처리하고 명예를 얻고 능력을 인정받는다. 그리고, 여우같은 미녀를 만날 것이다. 7월은 흰 양이 오니 또 다시 여자와 볼일이 있다. 여행운도 있고.

유미는, 자기의 남친이 다른 여자를 만난다는 말에, 질투나는 표정이다.

유미: 할아버지, 생강차 한잔 하실래요?

할아버지: 아니다. 나는 피곤해서 이만 자야겠다.

할아버지가 방으로 들어가시고, 거실에는 세 사람이 남았다. 잠시 이야기를 나누고 피곤한 표정으로 제니가 말한다. 이미 시간은 자정이 훨씬 넘었다.

제니: 우리도 그만 자자.

유미: 오빠는 거실에서 자고, 언니는 내방에서 자.

다음날, 일요일 아침. 유미의 집 거실.

유미, 제니와 영호가 거실에서 얘기한다.

유미: 오빠, 소파에서 자서 괜찮아?

영호: 응, 괜찮아. 운동 훈련하면서 그런 거 많이 해봤어.

제니: 아침 나가서, 사 먹자.

유미: 집에도 먹을 거 많은데

영호: 그래도… 오늘은 바닷가 식당에서, 해장국 먹으면 좋을 것 같은데.

제니: 그래. 해장국이나… 아니면 서양식도 좋고.

유미: 그래 나가자… 할아버지는 아마 혼자 집에서 드실 거야. 우리가 없는 게 훨씬 편하실 거야.

아침의 해변가는 바람이 시원하다. 세 사람은 집을 나와서 바닷가의 식당들이 모여 있는 방향으로 걸어간다.

같은 시간, 일요일 아침. 서울 서부 지역의 사찰.

도시내에 있는 '창광사' 라는 이 절은 규모가 작지만, 주변에 나무가 울창해서 마치 도시공원처럼, 자연을 접할 수 있는 좋은 공간이다. 꽃나무 향기가 주변을 가득 채우며… 경내에는 아침부터 매미소리가 울려 퍼진다.절의 내부는 일요일 법회에 참석하는 많은 사람들로 분주하다. 김보미와 김형사가 벤치에 앉아 이야기를 한다.

김보미는 영호의 고교 동창이며, 1년 후배인 유미와 각별히 친한 사이이다. 고3 졸업하기 직전, 작년 12월에 보험회사 수습사원으로 취업했다. 경찰서와 업무 협조 과정에서 김형사와 접촉하면서 자연히 가까워지고, 최근에는 김형사가 좀 더 적극적인 자세를 보이며, 연인으로 발전하는 단계이다.

김보미: 어제 크루즈 사건 때문에 피곤하셨을 텐데…

김형사: 아니에요. 사건은 항상 있는 걸요. 보미씨는 여기 자주 오시나 봐요.

김보미: 엄마 따라서 몇 번 왔었어요.

김형사가 보미의 손을 잡는다. 보미는 싫지 않지만 형식적으로 마다하는 척한다.

김보미: 여기, 신성한 절 이예요.

김형사: (농담의 표정) 좋아하는 사람끼리 손을 잡는 것도 신성한 일입니다.

두사람은 손을 잡고 천천히 걷기 시작한다. 잠시 후, 절의 법회가 끝나고 사람들이 몰려나온다. 60세 정도의 신사와 20대 젊은 여자가 함께 걸어 나오면서, 신사가 보미에게 손짓을 한다.

보미: (신사에게 인사하며) 회장님. 안녕하세요… 법회 끝나셨어요?

신사(회장): 네. 방금 끝나고 나오는 길이죠. 보미씨는 지금 오셨나봐요.

보미: 네. 좀 늦었습니다. 이쪽은 '김형사님'이라고 저하고 친한 분이에요.

신사(회장): 반갑습니다. 여기는 저의 '김비서'입니다.

회장과 김비서와 김형사는 서로 간단히 인사를 하고 회장이 제안을 한다.

회장: 아침 안 드셨으면… 우리 같이 브런치 먹으러 가요.

김비서: 그래요. 제가 아는, 괜찮은 브런치 뷔페가 이 근처에 있어요.

보미: 네. 저희도 아침 안 먹었습니다. 배고프네요.

근처의 뷔페 식 일식 집.

화려한 최신식 장식과 클래식한 음악이, 음식의 품격을 더 높이는 듯한 고급 뷔페 음식점이다. 손님들이 대부분 상류층으로 보인다. 보미를 포함한 네 사람이 다양한 일식으로 식사를 하고 있다.

회장: '경찰에 아는 분이 있었으면' 하고 은근히 생각하고 있었는데 금년에 제가 운이 좋은 가 봅니다.

김형사: 아이고… 오히려 제가 회장님 같은 분을 알게 되어서 영광입니다. 모범 기업인으로, 언론에서도 존경받는 분을 이렇게 직접 뵙게 되니…

김비서: (보미를 향해) 두 분이 어떻게 알게 됐어요?

보미: 저희 보험회사하고 경찰서하고, 업무협조 관계로 자주 만나다가 가까와 졌어요.

김비서: 잘 어울리시네요… 확실한 사람 만나면 빨리 결혼하는 게 좋아요. 생활도 안정되고, 정신적으로도 안정되고… 청첩장 기다릴께요.

보미: 아니에요. 아직 정식으로 사귀는 사이도 아닌데요.

이 말에, 김형사는 보미에게 미소를 짓는다. 한편, 보미는 자신의 말과는 반대로, 김형사의 어깨를 감싸 안으며 몸을 밀착한다. 마치 '우리는 매우 가까운 사이입니다.' 고 말하듯이,

다시, 일요일 오전 11시경. 유미의 집 거실.

유미, 제니, 영호는 아침식사후 집에 돌아와서 소파에서 할아버지와 얘기한다.

제니: 할아버지, 저… 가기 전에 제 사주 얘기 좀 해주세요.

할아버지는 차를 마시면서 제니의 사주를 설명한다.

할아버지: 제니는 초겨울에 태어난 병(丙)화, 태양이다… 태양은 원래 밝고 명랑한데, 여름에 태어나면 너무 더워서, 성격이 불같을 수 있지만, 제니처럼 겨울에 태어나면, 음양의 조화가 맞아 착하고 온화하다. 태양은 어둠속에 있는 사람들한테, 정보나 상품을 전달하거나 깨우쳐주는 선생님 같은 역할을 한

다… 그런데, 제니는 겨울생이 따뜻한 글자가 너무 많아.

제니: 그러면 안 좋아요?

할아버지: 안 좋은 게 아니고, 별로 고생 안하고, 온상의 화초, 공주님처럼 자랐네. 게다가 힘든 일은 안 하려하고… 그래서 부모님이 걱정이시지.

영호: 네, 맞아요. 제니는 정말 '공주님 과'예요.

할아버지: 그래도 혼자 열심히 한가지 실력은 쌓았어. 그걸로 나중에 성공하겠다.

태어난 월이 돼지. 해월생(亥月生)은 사주 균형이 아주 나쁘지만 않으면, 대개 중산층 이상은 살지. 해월과 자월의 전반, 즉, 11월6일~12월22사이 출생자는 주로, 수집하고 분배하는 일, 대기하는 일, 우체국, 은행, 배달, 유통, 야간작업, 외딴 공간의 작업, 일반 사회에서 격리된 곳, 요식, 숙박, 사우나, 유아교육…

격이 좋으면 아나운서, 변호사, 외국문화 중계자, 통역, 번역, 고급관리 등등의 분야에서 일하지. 물론 옆의 글자도 같이 봐야 하지만 기본은 그래.

옛날 고전, 황제내경(黃帝內經)에 뱀과 돼지는 혼인, 교역, 통신, 여행에도 크게 인연이 있다고 했으니… 부모님이나본인이 그런 일과 인연 있다…그래, 제니는 무슨 일을 하고 싶니?

제니: 저는 아나운서 하는 게 꿈이에요.

할아버지: 그래. 사주와 잘 맞네. 그럼, 부모님이 유통, 무역이나 교육 분야에 계시나?

제니: 네, 엄마는 전에 중학교 선생님 하셨고, 지금은 아빠하고 같이 무역하세요.

할아버지: 여기 맨 왼쪽 위에 갑(甲)목은 인복(人福)과 학문에 대한 의지를 말하는데, 시(時)에 있으니까 외국이나 멀리 가서 공부하고 인덕을 얻겠다. 또

한 해(亥)중 임수(壬水)는 정보나 상품을 모으고, 외국문물을 받아들여 차후에 사용하고 전달하는 의미가 있다. 금년에 갑목이 왔으니 학문을 위해 외국 갈 일도 있겠다. 특히 해월생은 젊어서 청소년기에 물 건너갈 일이 있다.

그런데, 금년의 문제는 사주에 돼지와 용이 같이 있거나, 돼지와 개가 같이 있으면, 용이 올 때 원진살이 생긴다. 그래서, 학교는 완전히 마음에 들지는 않겠다. 남자문제도, 원치 않는 방향으로 가거나, 불미스러운 일도 가능하다.

그러나 큰 일은 아니다. '천을귀인 (天乙貴人)'이 있으니 위기가 생겨도 구해주는 사람이 있다. 옛날에 어떤 도사님이 이런 모습을 이렇게 말했지. '어여쁜 나비가 철없이 화원을 날다가 거미줄에 걸렸네. 때마침, 천수성이 와서 구해주더라.'

같은 날. 일요일 오후. 유미 집 마당.

마당에 네 사람이 모여 있다. 제니와 영호가 집으로 돌아가려는 참이다.

제니: 할아버지, 건강하세요.

할아버지: 그래. 외국 가서 공부 잘하고… 다음에 보자.

영호: 또 놀러 오겠습니다. 건강하세요.

이때, 갑자기 유미가 제니의 팔을 잡아끈다. '단 둘이 할 말이 있다.'는 시늉이다.

유미: (제니에게) 언니 잠깐 이리 와봐. (할아버지와 영호에게) 잠깐만요.

유미와 제니는 멀찌감치 자동차 옆으로 자리를 옮긴다. 영호와 할아버지는 그 쪽을 흘긋 보면서, 서로 잠시 대화를 나눈다. 그러나, 거리가 멀어서 유미와 제니의 대화는 알아들을 수 없다.

할아버지와 대화하던 영호가, 다시 고개를 돌리고 보는 순간, 유미가 제니의 스커트를 약간 위로 올리는 모습이 보인다. 제니의 하얀 허벅지가 드러난다. 그리고는 제니의 스타킹밴드를 만지작거리며 뭔가 얘기를 한다.

잠시 후, 제니가 손짓으로 영호를 자동차 쪽으로 오라고 부른다. 차에 오르기 전, 두 학생은 다시한번 할아버지께 인사하고 유미에게 손을 흔든다. 차가 출발한다.

차가 떠나는 모습을 보면서 할아버지가 유미에게 말씀한다.

할아버지: 유미야…너는 다른 여자 애들보다, 일찍 결혼할 팔자인데, 사주를 보니 영호가 너의 짝인 것 같구나.

유미는 부끄럽다는 표정으로 어색한 미소를 짓고, 먼저 집안으로 들어간다.

잠시 후. 서해안 고속도로. 북쪽방향.

영호와 제니를 태운 차가 서울을 향해 가고 있다. 일요일 늦은 오후라서 상행선은 통행량이 더 많아 보인다.

제니: 너는 사주팔자 안 믿지?

영호: 응. 사실 나는 별로 관심이 안가.

제니: 근데, 너, 유미 좋아하지? 아니, 사랑하지?

영호: 다 알면서… 왜 또 물어봐?

제니: 그래서 갈등이지? 유미는 좋은데, 사주는 별로고… 그런데 어느 정도 일리는 있는 것 같지 않니?

영호: 글쎄… 그거야, 눈치가 아주 빠르거나, 추리력이 엄청 좋으면 좀 맞출 수 있지 않을까? 그리고 혹시, 유미가 할아버지한데 우리 얘기를 미리 해줬을 수도 있고.

제니: 만에 하나 그럴 수도 있지만… 내 생각에는 그럴 것 같지는 않고.

영호: 별로 관심은 없지만, 너무 그런 내색하면 유미가 기분 상할 수도 있으니까.

제니: 그래서 너는 가능하면 유미 기분 맞춰줄려고? 열부(烈夫)라고 하나? 이런 경우에?

영호: 야, 농담 말고… 너 아까 차 뒤에 서서 유미하고 무슨 얘기했어?

제니: 어… 요즘 세상이 험하니까 남자랑 단 둘이 만날 때 조심하라고.

영호: 근데 왜, 유미가 너 치마를 올리고 다리를 만져?

영호는, 아까 유미가 만지던 제니의 허벅지를 힐끔 훔쳐보며 말한다.

영호: 너네… 레즈냐?

제니: (손을 들어 한 대 때리려는 자세로) 야! 미쳤냐? 죽을래?

영호: 아니, 좀 신기해서… 농담이야.

제니: (웃으며) 왜? 내가 네 애인 뺏어갈까봐?

제니: (진정하는 목소리) 그게 아니고, 유미가 만약을 대비해서 한가지 아이디어를 줬어.

영호: 그게 뭔데?

제니가 대답하는 말은 들리지 않고, 차는 서울 방면으로 멀어져 간다.

02

할아버지의 예언, 영호에게 이루어지다.

며칠 후. 수요일 아침. 영호의 집. 중산층 아파트의 2층.

아침 등교시간. 주방 옆의 식탁에 차영호와 여동생인 차민희, 그리고 엄마. 세 사람이 식사하고 있다.

영호: 아빠는요?

엄마: 일이 있어서, 일찍 아침 드시고 나가셨다… 참, 이거 받아라. 아빠가 너 주라고 하신거야.

엄마가 불룩한 흰 봉투 하나를 식탁에 올려놓는다. 봉투를 보고, 민희는 눈이 둥그래지면서 부러운 표정이다.

영호: 아니, 오늘 어버이날인데, 저희가 오히려 부모님께 뭔가 해드려야 하는데.

엄마: 응, 그건 그거고… 이건 너 자동차 비용 많이 든다고, 그리고 민희 등교시켜주는 거… 생각해서 아빠가 주시는 거야.

영호: 감사합니다. 잘 쓰겠습니다.

엄마: 그래. 저녁에 가족모임 늦지 말고… 삼촌네도 오실거야.

집밖의 주차장.

영호와 민희는 집에서 나와서 영호의 차에 탄다.

민희: (애교있는 말투로) 오빠, 그거 다 가질거야? 혼자?

영호는 시동을 걸면서, 엄마가 주신 돈 봉투를 민희에게 넘겨준다.

영호: 얼만가 봐.

민희: (봉투를 열어본다.) 와! 5만원 짜리 열 댓 장도 넘는 것 같은데? 거의 백만원.

영호: 반 반 씩 나눠.

민희는 갑자기 얼굴에 함박 웃음을 띄우며 애교를 부린다.

민희: 오, 역시… 오빠, 최고. 사랑해~.

영호: 야, 징그럽게. 그런 말은 진짜 사랑하는 여자한테 들어야 되는데.

민희가 갑자기 영호를 빤히 쳐다보며 말한다.

민희: 오빠가 좋아하는 애. 누군지 알아.

영호: 알아?

민희: 3학년 정유미지? 여우같이 생긴 애. 걔 사주 본다고 소문났는데.

영호: 어떻게 알아?

민희: 애들이 다 알아. 걔 사주 본다고…근데 얼굴은 예쁜데 얼음처럼 차가와. 냉정하고, 애들하고 말도 잘 안 해.

영호: 나한테는 착한데.

민희: 그래? 걔가 오빠 좋아하나보지? 걔, 나랑 동갑이야. 2007년생. 돼지띠. 나는 고2지만, 걔는 어릴 때 학교를 일년 일찍 들어가서 고3이야.

영호: 와, 너는 아는 것도 많네. 그래, 너는 참 오지랖도 넓고 정보도 많고… 심심치 않아서 좋겠다.

같은 날. 수요일. 오후 3시경. 어느 주유소.

영호의 차가 들어온다. 주유기가 1~10번까지 열 대가 있다. 그 중 3번, 4

번, 5번은 주유하는 차가 있고, 나머지는 모두 비어 있다.

영호는 1번 주유기에 차를 세우고, 차에서 내려서…기계에 신용카드를 꽂는다.

그런데 기계가 반응이 없다. '고장났나?' 생각하며, 다시 한번 시도한다. 그러나 역시 작동이 안된다.

영호는 어떻게 된 건지 물어보기 위해서, 사무실로 걸어간다.

주유소 사무실 내부.

주유소 직원이 영호에게 사과하고 있다.

직원: 죄송합니다, 손님. 1번이 고장 난 것 같은데 다른 주유기를 이용해주세요. 정말 죄송합니다.

영호는 할 수 없다는 표정으로 나와서 차로 걸어간다. 주위를 둘러보니 모든 주유기에 차가 서있다. 한참을 기다려야 한다. 영호는 짜증나는 표정이다.

영호는 할아버지 예언이 떠오른다. '1을 버리고 7을 선택하면 좋을텐데.'

같은 날. 수요일. 오후 4시경. 영호의 대학교. 실내수영장.

외부에는 현수막이 걸려있다. '서울시 서부지역 춘계 대학생 수영대회'

수영장의 내부.

수영복 입은 10여명 남학생들과 수영복 입지 않은 사람들, 그리고 심판과 관계자들이 대회준비로 분주하다. 3미터 스프링 다이빙보드 위에 영호가 서있다. 영호는 심호흡을 하고 자세를 잡고 물로 뛰어든다. 곧 바로 영호는 물에서 나와 친구들과 대화를 나눈다.

전광판 옆에 있는 대형 스피커에서 실내 방송이 나온다

'잠시 후 4시 정각에 대회가 시작될 예정이니, 참가선수들은 지금 곧 사무실에 등록하시기 바랍니다.'

수영장 건물 내부의 기계실.

각종 기계와 장비들이 있고, 허름한 기술자 복장의 중년 남자 (홍기사)와 20대 중반의 젊은 남자(남기사)가 컴퓨터 앞에 서있다.

중년남자 (홍기사): 남기사! 경기시작하기 전에 수온 맞춰야 하니까, 온도체크하고 25도에 맞춰 놔. 나 화장실 갔다 올께.

남기사: 네, 선배님, 걱정마시고 다녀오세요.

남기사는 컴퓨터를 조작해서 수온을 25도에 맞춘다. 화면에 한글로 '화씨 25도'라고 뜬다.

수영대회장. 경기 시작 직전.

전광판에 '스피드 자유형 100미터' 라는 글씨가 보이고, 영호는 1번 레인에 서 있다. 10개의 레인에 7명의 선수가 출발신호를 기다리고 있고, 3개 레인은 비어 있다. 심판이 선수들에게 큰 소리로 말한다.

심판: 오늘은 일곱명이 참가했습니다. 레인이 열개인데… 2번, 4번, 7번이

비어 있습니다. 빈 레인으로 자리를 바꾸기 원하는 선수는 지금 말씀하세요.

잠시 후, 7명 중에서 아무도 자리를 바꾸겠다는 선수가 없다.

심판: 그러면 레인 변경 신청자가 없으므로 원래 그대로 진행하겠습니다.

심판이 호각을 든다.

'준비'… '휘리릭'

호각소리에 7명의 수영선수가 동시에 물로 뛰어든다. 경기가 시작된다.

다시, 수영장 건물 내부의 기계실

화장실을 다녀온 중년남자(홍기사)는 컴퓨터로 다가가서 화면을 보더니 깜짝 놀란다.

홍기사: 어? 이거 뭐야?

그는 급히 컴퓨터를 조작해서 25도 F 에서 25도 C로 바꾼다. 홍기사는 옆에서 어쩔 줄 모르고 당황하는 남기사를 큰 목소리로 나무란다.

홍기사: 야! 너 섭씨, 화씨도 몰라?

남기사: 죄송합니다… 제가 부주의해서.

홍기사: 부주의가 아니고 이건 무식한 거잖아… 초등학교 나왔어?

남기사는 고개를 숙이고 아무 말이 없다.

홍기사: 으이구… 이 멍청아… 이거 3분이나 찬물이 들어갔으니 어떡하지?

다시, 수영장 경기중. (카메라 수중촬영).

1번 레인에서 영호가 수영하는 중에, 1번 레인에 근접한 수면 아래의 입수구에서 갑자기 찬물이 밀려 들어온다. 영호가 수영하다가 깜짝 놀라며 몸을 움츠린다. 따라서, 실력을 제대로 발휘할 수 없다.

종착점을 찍고 물에서 나온 영호는, 이미 다른 선수가 결승점에 먼저 도착한 모습을 본다. 영호는 불만스러운 표정으로 심판에게 걸어간다.

잠시 후, 영호와 심판이 대화하는 장면.

심판: 갑자기 찬물이 나왔다고요?

영호: 네, 엄청나게 찬물이 갑자기 나와서 제대로 수영할 수가 없었습니다. 기계실에 알아봐야 할 것 같습니다.

심판: 알았어요. 잠시 기다려봐요. 내가 기계실에 가서 물어볼께요.

다시, 수영장 건물 내부의 기계실.

심판과 홍기사가 이야기하는 모습이 보인다.

심판: 혹시 수온조절기에 문제가 생겼나요? 찬물이 나왔다고 하는데.

홍기사가 심판에게 굽신거리며 사과한다.

심판: 알았어요… 내가 알아서 처리할테니까 나중에 소주나 한잔 사세요.

다시, 수영장 경기 현장.

심판이 다시 영호에게 돌아와서 얘기한다.

영호: 거기 뭔가 문제가 있었죠?

심판: 아니…기계실에 아무 문제없는데.

영호: 그럴 리가 없어요. 분명히 찬물이 나왔는데.

심판: 혹시, 학생 요새 너무 연습 많이 해서 컨디션이 좀 나빠진 게 아닐까? 그래서 갑자기 몸이 으스스하고 한기를 느끼는 것 아닌가?

영호: 에이, 그건 말이 안되요. 전 컨디션 멀쩡하고요. 분명히 차가운 물이 나왔다고요.

심판: 그런데, 그 찬물이라는 것이 이미 다, 다른 물하고 섞여서, 따뜻해져 가지고 증거를 찾을 수가 없잖아요… 나도 이런 경우는 어떻게 해야 할 지 곤란하고.

영호는 어이없다는 듯이 한숨을 내쉬며 응답한다.

영호: 할 수 없죠 뭐… 운이 없다고 생각해야죠.

이때 할아버지의 말이 생각난다. '1을 버리고 7을 선택하면 좋을텐데.'

'한기寒氣와 1번의 공격'. ' 한 (寒)'이란 글자가 떠 오른다.

영호는 시무룩한 표정으로 심판에게 형식적으로 끄떡, 인사하고 돌아서서 수영장을 걸어나온다.

수영장 정문 밖.

영호가 문을 나서는데, 앞에 젊은 여자가 서있다.

영호: 어? 보미야. 여긴 웬일이야?

김보미와 영호는 고교동창이며, 여러 가지로 서로 돕는 친구사이다. 김보미가 미소를 짓는다.

보미: 너 응원하러 왔지, 전광판 보니까 일등 못했나 보구나. 너무 실망하지 마.

영호: 설마, 나를 응원하러 왔다고?

보미: 아아…실은, 요즘 영업도 잘 안되고 해서, 대학사무실하고 동아리 찾아다니고 있어. 홍보하러 왔다가 현수막보고, 너 생각나서 이리로 와 본거야.

잠시 후. 수영장 근처의 대학 구내 카페.

영호와 보미는 음료를 마시며 얘기한다.

보미: 너하고, 유미하고 나하고, 우리 오늘 한번 뭉칠까?

영호: 근데, 오늘 어버이날이잖아? 가족 모임이 있어서 오늘은 안될 것 같고.

보미: 그럼 유미한테 '톡' 해 봐야겠네. 둘이 만나지 뭐.

영호: 그래. 그렇게 해.

보미가 유미에게 카톡하고 나서 영호에게 묻는다.

보미: 너 차 샀대며? 시승식 해야지.

곧 유미의 답장이 온다. '6시반 학교정문'

영호: 그래, 지금하자… 유미네 학교까지 데려다 줄께.

03

분식집에서, 유미는 보미를 도울 생각을 하다.

같은 날. 수요일 저녁 6시 반 경. 유미의 학교 앞

김보미가 차에서 내리고, 영호는 손을 흔들며 차를 몰고 떠난다. 유미가 교문 앞에서 기다리고 있다가 보미를 만난다. 둘은 마치 친자매처럼 다정한 모습이다.

잠시 後. 학교 앞 분식집.

유미와 보미는 단골 분식집에 왔다. 주인 아주머니가 반갑게 맞이한다.

주인: 어머, 유미학생 왔구나?

유미: 네, 안녕하세요?

주인: 글쎄 말이야… 지난번에 가르쳐준 대로 점포를 옮겼더니, 정말로 훨씬 장사가 잘되네. 우리 그이가 신났어.

유미: 그래요? 잘됐네요.

보미는 무슨 말인지 모르겠다는 표정으로 두사람을 보다가, 주인이 다시 돌아가자 유미에게 묻는다.

보미: 무슨 말이야? 점포를 옮겼다? 너 부동산 공부하니?

유미: 아니, 그게 아니고, 저쪽 시장에 옷가게 많은 패션골목 있잖아? 저 아줌마 남편분이 거기서 옷가게를 하고 있는데… 다른 가게는 잘되는데, 자

기네 가게만 잘 안된데.

보미: 그래서?

유미: 사진을 봤더니, 거기 문제점이 뭐냐 면, 바람이 많은 구조야.

보미: 근데?

유미: 모든 업소는, (선풍기가게 빼고) 바람이 너무 세면 돈을 못 번다. 그리고 경사가 급한 장소도 안 좋고. 물론 다른 요소들도 있지만, 그게 첫째야.

보미: 그런 건 어떻게 알아?

유미: 풍수(風水)에 나오는 기초야.

보미: 너 별거 다하네. 사주에… 풍수에.

유미: 그래서 바람 안부는 자리로 옮겨서 지금 잘된다는 거야.

보미: 그런데 그런 말들이 다 맞냐?

유미: 방금 결과를 봤잖아… 그러나 저러나 언니는 어때? 직장생활. 돈 좀 벌어?

보미: 돈은 무슨… 스트레스만 많고 수입은 별로야. 보험회사는 능력제라서, 계약을 많이 못 따면 수입이 적어. 게다가 우리 팀장이 여잔데, 좀 히스테리야. 사람 짜증나게 하고… 잔심부름 같은 거 맘대로 시키고 그래…말도 막 하고.

유미: 언니 말 들으니까, 직장생활도 쉽지 않네… 그럼, 엄마는 잘 계시고?

보미: 응. 태양산업 회장님이 우리 고객이잖아… 어떻게 하다가 나하고 좀 친해져서 우리엄마를 그 회사에 취직시켜 주셨어. 미화부에.

유미: 오, 잘됐네.

음식이 나오자 말이 중단되고, 잠시후 식사를 하며 대화가 계속된다.

유미: 언니 수입을 늘리려면 어떻게 해야 돼?

보미: 당연히, 사람을 많이 만나서 계약을 잘 따내면 되지.

유미: 그건 내가 도와줄 수 없는 거네.

보미: 도와주긴 뭘 도와줘? 고등학생이… 공부나 열심히 해.

時	日	月	年	김보미.
丙	癸	辛	乙	여자.
辰	丑	巳	酉	2005. 5. 29. 진시
72 2077	62 2067	52 2057	42 2047	32 2037	22 2027	12 2017	2 2007
己	戊	丁	丙	乙	甲	癸	壬
丑	子	亥	戌	酉	申	未	午

유미: 그럼 내가 사주공부 쪼끔 했으니까, 사주로 뭐 도와줄 거 없을까?

보미는 피식 웃으며 말한다.

보미: 그래, 그럼… 내 사주 한번 봐라. 금년에 돈 벌 운이 좀 있는지?

두사람은 핸드폰에서 보미의 사주를 찾아서 같이 본다.

유미: 언니는 초여름, 뱀 월에 태어난 작은 물 계수(癸水)야. 화사한 미소로 사람을 반기는 사교적인 스타일. 상황판단 잘하고 분위기 메이커.

뱀은 다수의 사람을 상대하고 사람을 많이 만나는 환경. 사무실에 외부인이 많이 드나드는 환경이고, 소식과 말을 전달하는 재주가 있고, 성격이 부드러워 절대 직접충돌을 피하고 좋은 방식으로 타협하는 능력도 좋아.

유미는 물을 한 모금 마시고 말을 계속한다.

유미: 여름생은 대개, 사람들이 선호하는 직업, 의사, 교수, 금융, 보험, 항

공, 정치, 방송, 엔터테인먼트, 미술 등에 인연 있고, 을목(乙木), 즉, 수평나무가 있는데, 초여름의 을목(乙木)은 말로 설득하는 기술, 영업, 마케팅, 음악, 미술 등에 인연이 있어.

계수(癸水)는 머리 쓰는 일, 후방에서 지원해주는 능력과 창작, 연구, 전략, 아이디어, 임기응변 등에 재능 있고… 소, 뱀, 닭 중 두가지 이상이 연결되면 특히 금융, 은행, 보험 등에 인연이 많아.

금년은 용이 와서 뱀을 도와주니, 월에 뱀이 있으면 직장이나 사회생활이 잘 풀린다. 계수에게 뱀은 재물도 상징하니까, 여기에 나무가 있으면, 재물복도 좋다.

닭띠는 사주 구조가 아주 나쁘지만 않으면, 올해 고위층이나 윗사람을 만나고, 발탁되거나, 혜택을 받는다. 언니도 구조가 좋은 편이니까, 좋다고 볼 수 있어.

올해의 갑(甲)은 새로운 사람들이 언니를 도와주겠다는 뜻이고, 그리고 상관(傷官)이니, 조직이나 윗사람에 대항하거나 윗사람을 설득할 일도 있고, 새로운 아이디어를 내고, 내 의지를 관철한다.

보미: 그래, 어쨌든 무슨 말인지 잘 몰라도…좋은 얘기 같은데…나 기분 좋으라고 일부러 그렇게 말하는 거 아니야? 내가 보기엔 별로 나아질 징조가 없는데… 팀장 히스테리만 없어도 좀 나을텐데.

유미: 아. 팀장이 스트레스 준다고 그랬지? 그 분 생일 알아봐. 혹시 다른

데로 이사 가거나 전근 갈 운이 있는지 보게.

보미: 생년월일은 사무실 서류에 있는데, 시간은 어떻게 알아내지?

유미: (잠시 생각하다가) 이렇게 해봐. '사주 잘 보는 사람이 있는데, 팀장님 사주에 맞는 꽃을 사무실에 놓으면 운이 좋아진데요.' 이런 식으로… 맘에 안 들어도 애교 좀 부리고, '손해볼 거 없으니까, 한번 해보세요.' 이렇게.

보미: 그래, 자기한테 좋은 일이라는데, 굳이 마다하지는 않겠지?

유미: 그건 그렇고… 수입을 늘리는 다른 방법은 없어?

보미: 글쎄… 어쨌든 회사에 도움되는 일을 하면 뭔가 나한테도 남는 게 있지 않겠어?

유미: 도움되는 일이 뭔데?

보미: 회사수입을 늘리는데 기여를 많이 못하면… 지출을 줄이는 것도 도움이 되겠지. 나가는 돈을 줄이는 것.

유미: 어떻게?

보미: 며칠 전 크루즈 추락사건 들었지? 그거 우리회사 손님이야. 그래서 보험금이 지급될건데… 그렇게 보험금으로 나가는 그 액수를 줄이면 그것도 회사에 공로가 되지.

유미: 그럼 보험금이 안 나가게 하려면 어떻게 하면 돼?

보미: 안 나갈 수는 없지… 계약서가 있는데. (잠시 생각하다가) 아, 이런 경우는 있지. 만약 사고사가 아니고 누가 죽인 경우, 그러니까 살인사건으로 판명나면 보험금이 안 나가.

유미: 그래? 살인사건이면 보험금을 지급 안 해? 그러면… 살인사건이 되면 보험회사는 큰 이익이네.

보미: 그렇겠지. 그런데 이번에, 보험 조사관들하고 경찰하고 다 같은 결론인가봐. 이번 사건은 살인사건이 아니고, 사고사로… 왜냐하면, 당시 상황으로 봐서 누가 일부러 밀어서 죽였다고 보기에는 말이 안되거든…동영상도 있고. 경찰서에 '김형사'라고 내가 아는 분이 있는데, 그렇게 말해주시더라고.

유미: 그래도, 가능성은 적지만, 한번 알아보자. 그 사망자 생일 알려줘. 내일.

보미: 너 괜히 골치 아픈 일 하는 거 아니야? 사주로 그런 걸 알 수 있냐?

유미: 혹시 모르니까…

보미: 생일은 서류에 다 있지만, 시간은 어떻게 알지?

유미: 유가족에게 전화해서 얘기 첫 마디에, 보험금이 곧 지급될 거라고 기분 좋게 먼저 띄워줘, 그리고 나서 '우리 회사에서 사망자 애도하는 간단한 추모회가 있는데, 돌아가신 분의 사주에 맞는 꽃으로 명복을 빌려고 합니다.' 이런 식으로 알아서 해봐.

보미: 그래. 해볼께.

유미: 그럼, 언니. 내일 밤에 우리집에 와서 자고 가. 얘기도 좀 많이 하고.

보미: 그래.

다음 날. 목요일. 오후 3시경. 김보미의 보험사무실.

보미는 사무실에서 전화통화를 하고 있다.

보미: 네, 네, 얼마나 상심이 크시겠어요? 젊으신 분이 갑자기? …저희가 일주일 내로 보험금 지급해드릴 예정입니다. 네…

그리고 이번에 돌아가신 분을 위해 저희가 간단한 추모식을 하는데, 동생분 사주에 맞는 꽃을 마련해서, 명복을 빌려고 합니다. 그래서 동생분 태어난 생시를 좀 알려주세요.

1시간 후, 같은 보험사무실.
팀장, 김보미, 남직원, 여직원. 모두 네 명이 각자의 책상에서 일하고 있다. 김보미가 팀장에게 말을 건다.
보미: 팀장님, 사실은…
팀장: (도도한 태도로) 그래. 말해봐.

보미: 사주 잘 보는 사람이 있는데요. 팀장님 사주에 맞춰서, 사무실에 꽃을 놓으면 우리 사무실에 행운이 온대요.
팀장: 그런 게 맞아?
보미: 어쨌든 손해볼 건 없을 것 같은데요.
팀장: (무관심한 척하며) 그럼 내 생일 알려줘. 서류에 다 있잖아?
보미: 네. 그런데, 출생시간도 알아야해서.
팀장: (잠시 생각하다가) 오후 2시에서 3시 사이인가 그럴거야. 혹시 나중을 위해서 우리 남편 것도 여기.

팀장은 자신과 남편의 생일과 생시를 메모지에 적어 던져주고 일어난다. 그리고 화장실로 걸어가다가, 뒤를 돌아보면서 직원들에게 소리친다.
팀장: 야, 니들, 그딴 쓸데없는 거 신경 쓰지 말고, 계약이나 좀 따와. 좀 뛰어다녀! 여기저기 전화도 하고… 젊은 사람들이 너무 쉽게 살려고 하지말고.

04

제니의 데이트 위기, 유미와 영호가 구하다.

목요일 저녁. 6시경. 제니의 S 대학교 정문 앞.

빨간색 외제 스포츠카, 페라리 한 대가, 많은 사람들의 시선을 받으며 정문에 멈추고, 제니가 조수석으로 올라탄다. 차가 출발하며, 주변에서 보고 있던 친구들이 부러운 시선으로 바라본다.

잠시 후. 근처 고급 레스토랑의 VIP룸.

정민과 제니가 들어오고 웨이터가 안내한다. 제니가 자리에 앉을 때, 정민은 제니의 의자를 당겨서 신사도를 보여준다. 웨이터가 주문을 받고 떠난다.

정민: 어제 어버이날인데 부모님 뭐 좀 해 드렸어?

제니: 응. 저녁식사 같이 하고 꽃도 달아드렸지… 오빠는?

정민: 이번주에 부모님 여행 가셔서, 혼자 있었어.

제니: 언제 오셔?

정민: 일요일 날 오실거야… 저녁 먹고 우리집으로 가자.

제니: 왜? 뭐 좋은 구경할 거라도 있어?

정민: 아니, 그냥… 남들 없이 조용히 얘기하기 좋잖아? 술도 한잔 할 수 있고. 밖에서 술 마시면 남들 이목이 있어서, 집에서 마시는 게 좋아. 가끔 친구들하고.

제니: 오빠 집이 어딘데?

정민: SS대학병원 알지? 그 앞에 큰 마트가 있는데 '하나마트' 라고.

제니: 근데?

정민: 그 옆에 3층집이 우리집이야. 바로 옆에 한의원도 있고.

제니: 아… 여기서 멀지 않네… 근데, 오빠도 올해 미국으로 유학간다고?

정민: 응, 9월 학기나 아니면 겨울에 뉴욕으로 갈려고.

제니: 나 잠깐 화장실…

제니가 일어서서 핸드백을 들고 화장실로 간다.

여자 화장실

제니는 화장실에서 유미에게 전화로 메시지를 보낸다. 지난 일요일날 제니가 유미집을 나올 때, 유미가 제니에게 충고하던 장면이 떠오른다.

(회상장면) 유미: 최소한 동선은 계속 알려줘야 해. 그래야 추적할 수 있어.

제니는 곧 자리로 돌아와서 정민과 식사를 계속한다.

같은 날. 목요일 저녁. 7시경. 유미의 집.

앞마당에 보미가 택시에서 내리는데, 손에는 마트 봉지를 들고 있다. 유미가 보미를 반기며 같이 집안으로 들어간다.

유미: 택시 타고 오면 너무 비싸지 않아?

보미: 아니야. 근처 마트까지는 버스 타고 왔어. 거기서부터 택시타면 기본
요금이야. 할아버지 계셔?

유미: 응. 오랜만에 왔네. 우리집에…

보미: 그래. 할아버지 좋아하시는 호두과자 사왔어.

같은 날. 목요일 밤 8시경. 정민의 집.

신정민과 제니는 식사후에 정민의 집으로 향한다. 그 동네에서 돋보이는 3
층 고급 주택. 집안에는 3층짜리 본 건물 옆에 잔디밭을 건너 정민의 독채가 1
층에 있다.

정민의 스포츠카가 접근하며 차고의 자동문이 위로 스르르 열린다. 차가
차고로 들어간다.

집 내부의 독채. 정민의 방.

정민과 제니가 방으로 걸어 들어온다. 정민의 침실 겸 서재로 쓰는 이 방은
보통 침실의 두배 이상으로 사이즈가 크고, 고급 가구와 와인 진열장, 컴퓨터,
오디오시스템, 그리고 구석에는 넓은 킹사이즈 침대가 있다.

제니가 소파에 앉고, 정민은 오디오로 가서 스위치를 켠다. 바흐의 클래식
이 흘러나온다.

같은 시각. 목요일 밤 8시경. 유미의 집.

유미는 영호와 전화통화를 하고, 보미가 옆에 앉아서 듣고 있다.

유미: 오빠는 그 위치에 대기하고 있다가, 신호 받으면 즉시 출동해. 집 앞

에서 2분, 아니 정확히 120초 후에 사이렌 울려. 증거 녹음하는 시간이 필요하니까. 남자가 급히 나와서 차를 타고 도망갈 거야. 그 때 들어가서 언니를 케어하면 돼. 병원가서 책업하고 나한테 알려줘.

영호: 알았어. 그런데, 신호가 안 오면 어떡하지? 한시간 내내 기다려도 신호가 없으면?

유미: (옆에 앉아있는 보미를 보며 웃는다.) 신호 안 오면? … 그러면, 둘이 아무 일없이 좋게 헤어졌던가, 아니면…

영호: 아니면?

유미: 그러면? 둘이 잘 돼서, 얼레리꼴레리… 하는거지.

다시, 정민의 방.
정민과 제니는 다정하게 얘기를 나누고 있다.
정민: 우리 와인 한잔 할까? 술 마실 줄 알아?
제니: 나는 술 못해. 한잔 마시면 그냥 잠들어.
정민: 그럼, 밤이니까 커피는 좀 그렇고… 주스 마실래? 냉장고에 있어.
제니: 그래, 내가 가져올께.
정민은 와인을 한 모금 마시고, 제니가 주스를 가져와 입에 대고 맛을 음미한다.
제니: 맛있네. 이거 브랜드가 뭐지?
정민: 요새 새로 나온 것 같은데.

유미의 방.
유미는 헤드폰과 마이크를 걸치고, 컴퓨터를 열심히 주시하며 보미와 얘기를 하고 있다. 긴장된 모습이다.

다시, 정민의 방.

정민과 제니는 다정하게 얘기를 나누고 있다.

정민: 향수냄새 좋다. (가까이 접근하며) 반지 예쁘네.

정민은 제니의 머리 결을 살짝 쓰다듬고, 곧 제니의 가운데 손가락에 낀 반지를 만진다. 그의 표정에 본능적 욕망이 점차 표출된다.

제니: 응, 이거? 싼 거야.

정민: 넌 결혼하면 신혼여행 어디로 갈 거야?

제니: 아직 생각 안 해봤어. 결혼하려면 아직 멀었는데.

정민: 나는 하와이로 가고 싶어. 와이키키 해변에 최고급 고층 호텔! 거기서 낭만있게.

동시에 정민의 손이 제니의 어깨를 감싸고 스킨십이 더 해진다.

정민: 난, 태어나서 너처럼 예쁜 여자는 처음 봤어.

제니: 피… 남자들은 다 원래 그렇게 말하는 거 아냐?

정민: 아니야. 정말이야. 너 처음 봤을 때, 하늘에서 선녀가 내려온 줄 알았어.

제니는 씨익 웃으며, 더이상 접근하지 말라는 식으로, 몸을 약간 움츠린다.

정민은 아랑곳하지 않고, 더 강하게 제니를 끌어당겨 거의 강제로 입을 맞춘다. 제니는 반항하는 척하지만, 완강하지는 않다. 정민이 오른손을 올려 제니의 블라우스 첫 번째 단추를 푼다.

두번째 단추를 푸는 순간, 제니가 갑자기 옷 매무새를 추스리며 자리에서 일어선다.

제니: (토라진 말투로) 안돼… 우리 만난 게 인제 세번째인데, 이건 너무 빠른 것 같아.

정민: 뭐 어때? 요즘 세상에.

제니: 안돼, 내 성격으론… 난 아직 좀 더 만나보고.

정민: 서로 좋으면 되는 거지, 뭐가 문제야. 조선시대도 아니고.

제니는 일어나서 창가로 걸어간다.

제니: 그래도 어느정도 만나보고나서… 서로 좋으면 잠자리하는 거 아니야? 최소한 한두 달 정도는?

정민의 생각: 어떡하지? 기회가 왔을 때 잡아야 하는데.
(욕심과 양심의 충돌이 얼굴에 묘하게 표현된다.)

정민의 생각: 할 수 없다. 그거 써 봐야지.

제니가 몇 초간 창밖을 내다보는 사이, 정민은 주머니에서 작은 용기를 꺼내, 투명한 액체를 재빨리 제니의 주스에 넣는다.

제니가 돌아서서 말한다.

제니: 진도 더 빼려고 하면 나, 갈꺼야.

정민: 알았어. 미안해. 안 그럴께. 이리 와서 앉아.

제니가 자리로 돌아와서 남은 주스를 조금씩… 결국 다 마신다. 정민이 이 모습을 유심히 보다가 제니가 잔을 비우자, 일어서서 오디오로 걸어간다.

유미의 방.

유미와 보미는 신호가 오기를 계속 기다리고 있다.

보미: 그런데, 왜 핸드폰이나 다른 녹음기를 안 쓰고, 스타킹 밴드를 쓰는 거야?

유미: 가장 중요한 건 '동시송신'이야. 동시송신이 안되면, 핸드폰이나 다른 녹음기로 녹음해도 상대방이 완력으로 뺐으면 무용지물이야. 그러면, 우리가 구하러 갈 수가 없어.

그리고, 핸드폰은 내가 한 눈 팔거나, 방심한 사이에 상대가 무슨 짓을 할지 모르잖아. 스타킹 밴드에 부착하면 발견하기 힘들고, 내가 스스로 허락하기 전에는 비교적 안전하잖아.

정민의 방.

클래식 음악이 섹시한 음악으로 바뀐다.

정민: 어때? 이 음악 좋지?

제니: 응. 좀 익숙하지는 않은 멜로디네.

이때, 제니의 얼굴. (클로즈업) 눈앞이 잠깐 1~2초동안 흐려졌다가 원상태로 돌아온다. 수면제의 효과가 나타나는 것 같다.

제니는 뭔가 이상하다 것을 감지하고, 상대가 눈치 채지 못하게 조심스럽게 스커트 밑으로 손을 넣는다. 그리고, 스타킹 밴드에 부착된, 백원 동전 크기의 송신기를 누른다. 동시에, 파란 불이 켜지고 송신이 시작된다.

유미의 방.

신경을 곤두세우고 기다리던 유미는, 컴퓨터에 신호가 오자 즉시, 작전 실행에 들어간다.

유미: 왔다!

유미는 즉시 영호에게 전화를 건다.

다시, 정민의 방.

제니는 자세가 흐트러져 있고, 정민은 얼굴을 제니에게 바싹 다가오며 제니의 모습을 살핀다. 제니는 점점 앞이 흐려진다. 얼굴을 부비며 정신을 차리려고 하지만 결국 기운이 빠지며 소파에 비스듬히 쓰러진다.

정민: (음흉한 미소로) 그래 진작 그랬어야지. 그 수면제가 효과가 있네. (한숨을 크게 들이키고) 자, 얌전하게 있어… 오빠가 옷 벗겨줄께…

정신이 흐려진 제니가 모기같이 작은 목소리로 말한다. '아, 안돼… 그러지마.'

정민은 제니를 들어서 침대로 옮긴다. 그리고, 제니를 바른 자세로 눕힌다. 제니는 의식이 약간 있는 듯이, 조금씩 몸을 이리저리 움직인다.

정민이 제니의 블라우스 단추를 풀기 시작한다. 단추를 모두 풀자, 빨간 브라를 입은 제니의 상체 앞모습이 드러난다.

정민은 브라를 벗기기위해, 제니의 몸을 돌려 엎드린 자세를 취하게 한다.

그때, 제니의 스커트를 올리면서 제니의 허벅지를 본 순간, 반짝이는 작은 불빛이 정민의 눈에 들어온다.

정민: 이게 뭐지?

이때 제니가 최후의 남은 정신력을 살려서 입을 연다.

제니: 도청기! 친구, 경찰. 연결…돼 있어. 바로 전화 와!

제니는 의식을 잃고 쓰러진다.

정민이 당황하며 어쩔 줄 몰라 하는 순간, 정민과 제니의 전화기가 동시에 울린다. 정민이 급히 전화를 받는다. 제니의 전화기는 더이상 울리지 않는다.

정민: 여보세요? 누구야? 당신?

전화기속의 목소리 (유미의 음성 변형): 도청하고 있어요.

'삐' 소리와 함께, 정민이 방금 전에 했던 말이 그대로 전화기에서 나온다.

'그래 진작 그랬어야지. 그 수면제가 효과가 있네…자, 얌전하게 있어…오빠가 옷 벗겨줄께'.

자신이 좀 전에 했던 말이 전화기에서 다시 나오자, 정민은 몹시 놀란다.

전화기속의 목소리 (유미의 음성 변형): 경찰 가고 있어요.

그 순간 밖에서 사이렌 소리가 들린다. '삐오삐오'.

정민은 비상사태인 것을 직감하고, 급히 전화기를 주머니에 넣고, 자동차 키를 집어든다. 정민은 주차장을 향해 뛴다. 급히 시동을 걸고 차를 출발시킨다.

정민의 집 정문 밖.

영호의 차에서 사이렌이 울리고 있다. 정민의 차가 나가자, 영호는 차고 문이 내려가기 전에, 급히 자기 차를 차고로 넣고, 사이렌을 끈다. 용호는 시동을 켜 놓은 채로 집으로 들어가 제니를 찾는다.

거대한 집의 내부는 모두 어둡고, 잔디밭 옆의 독채, 즉, 정민의 방에만 불이 켜져있다.

영호는 즉시, 정민의 방에 들어가서 쓰러져 있는 제니를 발견한다. 제니는 엎드린 자세인데 브라의 끈이 풀어져 있다.

제니의 뒤태를 보고, 영호는 크게 심호흡을 한다. 제니의 브라 호크를 채우고 뒤로 돌려서 블라우스를 다시 입힌다. 영호는 제니의 가방과 자켓을 집어 들어 왼손에 걸고, 제니를 양손으로 들어올려 앞가슴에 안는다.

잠시 후, 영호의 차가 정민의 집 차고를 나온다.

잠시 후. 목요일 밤. SS대학병원.

제니를 안고 집에서 나온 영호는 즉시 근처의 대학병원으로 간다. 침대에 제니가 누워있고, 영호는 유미와 통화를 하고 있다.

유미: 그래서, 병원으로 바로 갔어? 별 이상 없대?

영호: 응, 그냥 수면제래. 간호사가⋯ 아침까지 자고 나면 괜찮을 거래. 제니엄마도 지금 오시고 있어.

유미: 그래 수고했어. 오빠⋯ 나중에 뽀뽀해줄게.

05

크루즈 사건의 실마리

같은 날. 목요일 밤. 10시경. 유미의 집.

영호와의 통화가 끝나고, 유미와 보미는 거실로 나가 칠판 앞에 선다. 칠판에 두 사람의 사주가 올려져 있다.

時	日	月	年	보이회사 팀장.
丁	壬	乙	癸	양미경
未	寅	卯	亥	여자. 41 세
				1983. 3. 15. 미시

77	67	57	47	37	27	17	7
2060	2050	2040	2030	2020	2010	2000	1990
癸	壬	辛	庚	己	戊	丁	丙
亥	戌	酉	申	未	午	巳	辰

時	日	月	年	크루즈 사고자.
丁	己	己	辛	마동수
卯	亥	亥	未	남자. 33 세.
				1991.11.25. 묘시

76	66	56	46	36	26	16	6
2067	2057	2047	2037	2027	2017	2007	1997
辛	壬	癸	甲	乙	丙	丁	戊
卯	辰	巳	午	未	申	酉	戌

유미와 보미는, 칠판에 올린 두 사람의 사주를 보며 말을 주고 받는다. 할아버지가 방에서 나와서 냉장고로 가신다. 할아버지가 맥주 한 캔을 꺼내서 방으로 돌아가려는 순간, 유미가 할아버지를 부른다.

유미: 할아버지!

할아버지: 왜? 아직도 공부하니?

유미: 네, 다른 일 없으면 저 좀 도와주세요.

할아버지는 맥주를 들고 소파에 와서 앉는다.

할아버지: 그래 말해봐.

유미: 이 두 번째 사주가, 며칠 전 크루즈 추락 사망자인데요. 사주로 이 사람이 어떻게 죽었는지 알 수 있어요? 그러니까, 사고로 죽은 건지, 아니면, 남이 죽인 것인지? 즉, 살인인지… 알 수 있어요?

할아버지: 글쎄… 내 실력으로 아직 그런 건 알 수 없어. 나보다 훨씬 뛰어난 도사님들은 알 수도 있겠지.

유미: 그러면, 안돼요? 알 수 없어요?

할아버지: (고개를 가로 저으며) 하여튼, 내 실력으로는 불가능해… (약간 명령조로) 네가 열심히 공부해서 그렇게 돼, 나중에.

유미: 그럼 죽었는지 살았는지는 알 수 있어요?

할아버지: 사주만 보고? 다른 정보 없이 그냥, 이 사람이 지금 살아 있는지 죽었는지 알 수 있냐고? 안돼. 알 수 없어.

유미는 낙담하는 표정이다. 그런데 할아버지의 마지막 한마디.

할아버지: 다만…

낙담하던 유미의 눈이 번뜩인다.

유미: 다만? 다만이요? (말을 계속하라는 표정)

할아버지: 이런 경우는 있지. 어제까지 멀쩡하던 사람의 사주를 내놓고, 이 사람이 오늘 죽을 운이냐? 고 물으면… 죽었는지는 정확히는 몰라도 최소한 '죽을 정도로 매우 나쁜 운인가? 아닌가?' 정도는 알 수 있지.

유미: 그러면 역으로, 어제까지 멀쩡하던 사람이, 오늘 운이 죽을 정도로 나쁜 운이 아니라면, 죽지 않고 살아있을 수도 있겠네요.

할아버지: 그렇지. 물론 여러 글자들을 자세히 봐야 하지만…자, 어디보자.

세 사람은 칠판으로 가까이 다가선다.

할아버지: 사고 날짜가 언제야?

보미: 5월5일이요.

할아버지: (달력을 보고) 무진(戊辰)일이구나.

유미와 보미는 숨을 죽이고 다음 말을 기다린다.

할아버지: 이 사람 '개인사고' 라면, 이 사람은 이 날 죽을 정도로 나쁜 운이 아닌데.

보미와 유미는 놀라서 서로 쳐다본다.

유미: '개인사고' 라는 게 무슨 뜻이에요?

할아버지: 단체사고는 비행기, 기차, 배, 천재지변, 전쟁 이런거야. 동시에 많은 사람이 희생되고 언론에 나오고… 그런 거는 사주 전체를 보는게 아니고, 태어난 년도, 즉, 띠와 금년에 오는 글자를 맞춰봐서… 원진, 백호, 괴강살이 손상되고…자기 자신도 백호, 괴강, 원진살을 가지고 있어서 나쁜 글자가 겹칠 때, 그리고 금년의 자기 운세가 안 좋을때, 이런 게 겹치면… 가능성이 큰데… 사실 그건 사주로 미리 맞추기는 불가능해. 사고가 난 후에야 알게 되지.

그리고, 개인사고는 사주전체를 봐야해서 복잡해. 자세한 건 유미한테 나중에 얘기하고, 지금은 보미는 어려운 말 쓰면 이해 못하니까. 어쨌든, 이 사람이 그 전날 중환자가 아니었다면 이 날 죽는 것은 거의 불가능한데… 약간 안 좋은 운이 있긴 하지만.

유미와 보미는 다시 놀라는 표정이다.

유미: 그럼, 살아있을 가능성이 크네요.

할아버지: 그렇다고 봐야지.

보미: 할아버지, 사주풀이가 틀린 적 있어요?

할아버지: 많지. 처음 몇 년 동안은 많이 틀렸었지.

보미: 지금은요?

할아버지: 지금은 아는 것만 얘기하니까. 별로 안 틀리지. 아까 저 사람처럼 앞뒤 상황 설명없이 다짜고짜로 '이 사람 죽었냐, 살았냐?' 물으면… 난 그냥 모른다고 할 수밖에 없지. 손님한테는 좀 미안하지만.

보미: 그러면, 이 사람이 살아있을 가능성은 커요?

할아버지: 그 날 운으로 보면 죽는 것은 힘들어… 내가 보기에는 살아있어. 그 이후의 운은 어떻게 됐는지는 다시 또 봐야하지만…

할아버지는 들어가시고 둘이 남았다.

유미: 언니, 그러면, 사주를 보고 개인사고 가능성 높은 사람을 골라 낼 수 있다면… 사고가 적게 나면 보험회사가 더 이익이겠네.

보미: 그걸 무슨 수로 아냐?

유미: 알 수 있어.

보미: 어떻게?

유미: 내가 아는 지식과 지금 할아버지 말씀을 합쳐보면, 사고 가능성이 큰 사람들을 골라낼 수 있을 거야.

1. 남자가 여자보다 더 확률이 높고, 청년이 중년이나 노년층보다 가능성이 높다. 이건 상식이고.

2. 목, 화. 즉, 양기(陽氣)가 강하고 음기(陰氣)가 적으면, 활동성이 너무 강하고 자제력이 부족하다.

3. 금년 운에서 괴강살, 백호대살, 원진살 등이 중복적으로 손상되어있는 경우.

4. 판단착오 가능성이 높은 글자가 활성화 된 사람. 예를 들어, 임(壬) +기(己). 정(丁)+임(壬) 등등.

위의 해당 사항이 많을 수록 사고를 낼 가능성이 높은 거야.

보미: 그럼, 어떻게 하면 되지?

유미: 명단을 나에게 줘. 사주를 보고 골라볼게.

보미: 골라서 그 다음엔?

유미: 그 다음은 언니가 알아서 해야지. 핑계를 만들어서, 재계약을 안 하든가 다른 회사로 보내든가.

보미: 알았어. 우선 한 100명쯤 젊은 사람부터 시작해 보자.

유미: 그래서 나중에 사고율이 떨어지면 언니 사무실은 칭찬받겠지?

보미: 물론이지. 특별 보너스도 가능하지.

할아버지가 다시 나오셔서 냉장고에서 물병을 꺼낸다. 이때, 보미가 기회를 놓치지 않고 할아버지를 부른다.

보미: 할아버지 이 사주 하나만 더 봐주세요.

할아버지는 다시 유미와 보미 쪽으로 다가와서, 보미의 팀장 사주를 보며 말한다.

할아버지: 이 여자는, 초봄에 큰 물 임수라. 신강(身强) 하니, 금년에 자식인 목(木)의 기운은 살아나서 괜찮고, 가정도… 나쁘지 않고…이 사람, 일 열심히 하지? 삼합(三合)이 되어 있어서 바쁘겠네. 실력도 늘이려고 애쓰고, 여러가지로.

보미: 네. 너무 열심히 해서 아랫사람이 피곤해요.

할아버지: 작년에 약했던 정(丁)화가 갑(甲)목의 힘을 받아 강해지니, 다 좋은데. 연애사가 있는데… 금년에 팔자에 없는 남자가 있네… 임수에게 용은 직장이나 단체도 되고 남자도 된다.

직장 생활은 좋은데, 사생활에서 남자와 종교문제가 보이네. 그러나, 그 남자는 6월에 경금(庚金)이 와서 멀어진다. 잠깐 일탈하다가 제자리로 돌아온다.

할아버지는 얘기를 마치시고, 방으로 들어가신다.

보미: 할아버지, 감사합니다. 안녕히 주무세요.

할아버지: 그래 너무 늦게 자지 마라. 유미도 내일 학교 가야지.

잠시 후, 할아버지가 방으로 들어가시고 나서, 보미가 말한다.

보미: 아까 종교문제라고 하셨지?

유미: 응… 사주에서 용, 소, 양, 개 는 종교와 인연이 많고, 특히, 용과 양은 기독교와 인연이 있고, 운이 와서 이 글자들과 관계가 안 좋아지면 종교 관련 문제가 생기기 쉬워. 특히 판단력을 흐리는 운에서.

보미는 공부를 너무 많이 해서 골치가 아프다는 표정이다.

보미: 우리도 방에 들어가서 얘기하자.

유미의 방.

유미와 보미는 침대에 누워서 얘기한다.

보미: 근데, 난 경찰서에서 뭐라고 말하지? '사주를 보니까 이 사람 안 죽었다.'… 이렇게 말해? 그럼 사람들이 믿겠어? 나만 이상한 사람 되지.

유미: 아니야. 내가 계속 생각해 봤는데, 사주와 관계없이, 동영상의 물체는 사람이 아니야.

보미: 어째서? 동영상을 보고 아무도 판단할 수 없다고 그러던데… 전문가들도.

유미: 내 얘기 들어봐.

화면이 어두워진다. 둘이 속삭이는 소리가 희미하다.

다음 날. 금요일 아침. SS대학병원. 제니의 병실.

영호와 제니엄마가 제니의 옆에 앉아 있다. 방금 깨어난 모습의 제니가 침대에 앉아서 엄마에게 말한다.

제니: 그래서, 정민오빠는 어떻게 됐어? 경찰 불렀어?

엄마: 아니, 안 불렀어. 아까 아빠하고, 영호하고 상의해 봤는데, 일단 여기서 덮는 게 낫겠어.

제니: 왜?

엄마: 잘 들어봐… 성폭행을 한 게 아니고 미수에 그쳤기 때문에, 실형을

살 가능성이 없고, 권력자 집안이라서 쉽게 풀려날 것이고, 오히려 우리가 더 손해 볼 수 있다. 그러나, 녹음된 증거를 우리가 가지고 있는 한, 더 이상 우리를 함부로 할 수 없다. 이런 이유야.

제니는 엄마의 설명에 끄덕이며, 유미가 전에 한마디 하던 장면이 떠오른다.

유미의 말: **터진 폭탄은 잠깐 무섭지만, 안 터진 폭탄은 계속 무섭다.**

06

보미는 경찰서에서 설명하다.

금요일. 점심시간. 보미의 사무실.

사무실에는 보미가 혼자 있고, 다른 사람들은 외근중이다. 보미는 식사를 마치고 사진전문가인 남 사친과 전화 통화를 한다.

보미: 그럼, 잘 있지… 그래… 방금 보낸 동영상 있잖아? 피사체까지 거리 좀 알 수 있을까?

전화속 남자: 그래. 잠깐. 지금 컴퓨터 프로그램 돌려… 보니까… 아 나왔다. 화면이 깨끗하지 않아서 정확한 거리를 찍어서 말할 수는 없지만… 45미터에서 53미터 사이라는 것은 확실해.

보미: 오케이. 화면 캡쳐해서 보내줘. 나중에 점심 살께.

보미가 생각한다.

장면 1: 크루즈 선 위에 사람들이 대여섯명 모여 있다.

장면 2: 남자가 추락한다. (갑판에서 보는 장면)

장면 3: 남자가 추락한다. (수면 위 원거리에서 본 장면)

잠시 후, 보미는 경찰서의 김형사에게 전화를 건다.

김형사: 보미씨, 웬일이에요?

보미: 크루즈 추락사건 아직 최종결제 안 났죠?

김형사: 아직 안 났지만, 다음주 월요일이나 화요일쯤 결제 날 거에요. 별다른 이의 제기가 없으니까… 그쪽에도 바로 결과 보고서가 갈 거에요.

보미: 그거 상부에다가 며칠만 연기 요청해주세요. 제가 그 문제에 대해서 할 얘기가 있어요. 네… 네. 퇴근하고 바로 경찰서로 갈게요.

같은 날. 금요일 오후 5시반 경. 경찰서 회의실.

김형사(남자), 윤순경(여자), 이형사(남자), 그리고 그들의 상관인 최형사와 보험회사 김보미. 5명이 모여있다. 윤순경이 미리 준비한 촬영기를 켠다.

최형사: 그래요. 김보미 보험설계사께서 크루즈 추락사건에 관해, 할 얘기가 있으시다고?

보미: 네. 제가 보기에는 동영상 속에 물체는, 사람이 아닌 훨씬 가벼운 물체이고, 실종된 사람은 살아있을 것 같습니다.

모두 놀란 표정이다.

최형사: 그렇게 생각하는 근거가 있습니까? 우리가 참고할 수 있는 것은 동영상 밖에 없는데.

보미: (미소를 지으며) 제 후배 '정유미'라고 사주보는 애가 있는데, 그렇게 말했어요.

윤순경: 네? 사주요?

최형사: 아니, 점쟁이 말을 듣고, 지금 우리 바쁜 사람들에게 그 얘기하러 왔습니까?

김형사: 농담마시고… 그럼 사주말고, 합리적인 근거는 있습니까?

보미: 네. 있습니다.

보미는 일어나서 보드 앞으로 걸어간다. (미리 준비한) 보드위의 참고도를

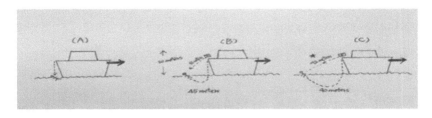

가리키며 설명한다.

보미: 자 여기 보시면… 갑판위에서 수면까지 높이 20미터. 오늘 동영상을 전문가에게 보여줬더니 핸드폰에서 물체까지의 거리가45미터에서 53미터 사이라고 했습니다. 여기 화면캡쳐 있습니다. 그러면 중간값으로 50 미터라고 합시다.

보미: 가장 중요한 것은, 사람이 물에 빠지면 바로 그 자리에 (A)처럼 떠있는 것이 아니고, (B)와 (C)처럼 물속으로 어느 정도 내려갔다가, 다시 올라온다는 것입니다. 아주 가벼운 물체가 아닌 한 그렇죠… 그리고 그 동안 배는 진행하고 있겠죠.

보미: 제 친구, 최영호라고 수영선수가 있습니다. 물론 다이빙도 하고요. K튜브에 많은 다른 선수들 영상이 있지만… 제가 물어봤더니 3미터 스프링보드에서 다이빙할 경우, 대개 물속으로 들어갔다 나오는데 3초 정도 걸립니다. 물론 더 높은 곳에서 떨어지면 더 늦게 올라오겠죠?

그러면, 만약 20미터 높이에서 떨어지면 어떨까요? 누구든지 합리적으로 보면 아마 4~5초 이상 걸릴 거라고 생각할 겁니다. 여러분은 어떠세요?

최형사: 아마, 5~6 초 이상은 걸릴 것 같은데.

윤순경(여자): 그래요. 제 생각에도 5초이상은 걸릴 것 같아요.

보미: 갑판에서 수면까지는 20미터, 자유낙하 공식에 의해서 2초 걸리고, 물속에 들어 갔다가 나오는데 최소 5초라면. 도합 7초… 그런데, 그 7초동안 배는 앞으로 가겠죠.

배의 속도는? 배 운항회사에 전화했는데 그 사람들이 바빠서 정확한 대답은 못 들었지만, 인터넷에 찾아보면 비슷한 상황에서, 평균속도는 25노트, 즉 시속 46.3 키로… 초속으로 하면 12.86미터… 7초를 곱하면?   12.86 X 7 = 90.02

7초동안 배는 90미터…즉, 물체가 떠올랐을 때 배는 이미 90미터 전진했겠죠? 갑판의 카메라에서 물체까지 거리는, 피타고라스 정리를 사용하면 92.2 미터.
사진에 찍히려면 최소 92미터가 떨어져야 합니다. (C)와 같이.

그런데, 실제로는 사진이 찍힌 거리가 45~53미터? (B)의 경우죠. 왜 그럴까요? 이 물체는 사람보다 훨씬 가벼운 인형이나 마네킹이나 풍선 같은 겁니다. 물에 떨어져서 바로 사진에 찍힐 수 있죠.
최형사: (진지한 표정으로) 말이 되네.

보미: 물론 여기서 다른 고려해야할 요소들이 있습니다.
최형사: 그런데… 사람이 떨어질 때 원래 가고 있던 초기속도가 있으니까 배의 진행방향 쪽으로 비스듬히 떨어지지 않겠습니까? 그러면 사진 촬영가능한 거리가 더 짧아지겠죠?

보미: 네, 그렇습니다. 그 점도 중요하게 고려해야합니다. 그러나, 지금 정확히 계산할 수 없는 요소지요. 그런데, 맞바람의 영향이 강하다면 촬영가능 거리는 더 길어지죠. 그리고 배의 스크류에서 뒤로 밀어내는 물의 영향이 강하면 거리는 더욱 멀어질 겁니다. 그리고 또, 파도의 영향도 있습니다.

김형사: 그런 요소들은 여기서 우리가 계산할 수 있는 게 아니고, 국과수에 요청해야 할 겁니다.

보미: 그래서 제가 확실하다고 말씀드릴 수 없는 겁니다. 가능성이 높다는 거죠. 저는 90% 이상 확신합니다.

최형사는 보미를 보며 끄덕인다. 곧 최형사는 부하들에게 지시를 내린다.

최형사: 상부에는 내가 말해서 이 사건 결론 보류하라고 할께. 윤순경은 유가족 만나서 수상한 점 있나 보고… 이형사는 국과수에 지금 회의내용 보내서 타당성과 정밀조사 요청하고.

윤순경: 그럼 추락한 사람한테도 연락해볼까요? 살아있는지?

최형사: 보험 사기 친 사람이 전화번호 그대로 쓰겠어? 벌써 바꿨지… 유가족을 만나봐… 아, 그리고 이형사는 움직이는 마네킹 만드는 업체 수소문하고.

이형사: 네, 알겠습니다… 그러니까, 처음에 세명이 탔다가, 동생은 먼저 수영해서 도망가고, 나중에 마네킹을 바다에 던져서 동생이 빠진 것처럼 꾸몄다?

보미: 제 추리는 그렇습니다.

최형사: 점쟁이 말 듣는 것 보다, 보미씨가 더 낫네. 그 머리로 대학 갔으면, 서울대 감인데.

보미: 사실은, 이거… 점쟁이 유미 아이디어에요.

07

보미는 영호에게 부탁해서 팀장을 미행하다.

다음 주. 월요일 오후 1시경. 보미의 사무실.

팀장과 다른 두 직원은 외출 중이고 보미는 혼자 창밖을 내다보며 생각에 잠겨있다. '팔자에 없는 남자? 외간 남자? 종교? 교회? 절?'

보미는 교회와 사찰들의 모습들을 상상한다. 여러가지 생각하다가, 보미는 팀장의 책상서랍을 뒤진다. 서랍내부가 복잡하다.

보미의 독백: 교회나 절, 종교 관련된 건 아무것도 없는데. 차에 놔뒀나?

보미의 생각: 교회 다니는 사람의 특징! 믿음에 대한 확신, 긍정적인 마음이 생기면 남을 전도하려고 한다.

(보미는 기독교인이 전도하는 모습을 떠올린다.)

그런데 팀장님은 나한테 전혀 교회얘기를 하지 않는다. 팀장님은 교회에 대해 부정적인 마음이다. 왜? 술 한잔하면서 대화를 통해 힌트를 얻어내자.

이때, 팀장이 문을 열고 들어온다.

보미: 식사… 하셨어요?

팀장: 그래. 보미씨는 점심 먹었어? 아, 참. 또 까먹었네. 편의점에서 스타킹 하나 사다 줄래? 그리고, 오면서 내 차에서 내가 마시던 주스 좀 갖다 줘. 키 여깄어.

팀장이 보미에게 5만원권 한 장과 자동차 키를 건네준다.

보미는 팀장 심부름으로 편의점에 다녀오면서, 주차장에 들러 팀장의 차를 열고, 플라스틱 주스 잔을 꺼낸다. 뒷자리를 돌아보니 바닥에 교회 주보와 영양죽 (음식) 포장지가 보인다.

사무실로 돌아온 보미는 스타킹과 주스를 팀장의 책상위에 놓고 새로 사온 꽃을 가리키며, 애교있는 목소리로 말한다.

보미: 팀장님, 오늘 꽃 사온 거 보셨어요?

팀장: 응. 예쁘네. 잘했어.

보미: 앞으로 우리 사무실 잘 될거예요. 모두 화목하고 돈도 잘 벌고.

팀장: 그래. 그러면 좋지…그런데, 그렇게 운만 바라지 말고 직접 뛰어야지.

보미: 네, 열심히 하겠습니다…그런데, 팀장님, 오늘 저녁 시간되세요?

팀장: 왜? 뭐. 할 말 있어?

보미: 제가 저녁식사 간단하게 대접하고 싶어서요. 제 형편에 비싼 건 못해도 치맥은 대접할 수 있어요.

같은 날. 월요일 저녁 7시경. 보미의 사무실 근처 치킨집.

팀장과 보미는 치맥을 먹고 있다. 이미 두 사람 다 취기가 올라 얼굴이 붉은 색이다.

팀장: 그리고, 이번 크루즈 추락 얘기한 거. 들어보니까, 좋은 지적인 것 같애. 잘 되면 회사에게 크게 배려해 줄 것 같아. 근데, 그 생각이 보미씨 머리에서 나온걸까?

보미: (무시하지 말라는 듯이) 그럼요.

팀장: 보미씨는 남자 없어? 애인? 생길 나이도 됐잖아?

보미: 아직 없어요. 저는 남자 사귀는 재주도 없어요.

팀장: 김형사가 보미씨 좋아하는 눈치던데.

보미: 저도 사실 그분 좋아하지만, 그 분이 너무 바쁘고… 저보다 나이가 너무 많아요. 여덟 살이나.

팀장: 나이가 무슨 상관이야? 서로 좋으면 되지.

보미는 심호흡을 한다.

보미: (용기를 내며) 그런데, 혹시… 팀장님…교회다니세요?

팀장: (잠깐, 멈칫하다가) 어… 친구따라 몇 번 가봤는데, 나하곤 잘 안 맞는 것 같아… 그건 왜? 자기 교회 나가려고?

보미: 네… 혹시 교회 나가시면, 저도 따라서 가볼까 해서요.

팀장: 잘 맞는 사람도 있지만, 나는 좀 아닌 것 같아서, 요즘은 잘 안나가.

보미: 교회 나가서… 뭐. 안 좋은 점이라도 있어요?

팀장: 글쎄…교회다니는 거야, 물론 자유겠지만, 여자들은 좀 조심해야 돼. 다른 남자들과 불미스러운 일이 생길 수 있거든.

보미: 아, 그래요? 혹시 실제로 그런 일 보셨어요?

이 순간 보미는 팀장의 표정을 유심히 살핀다. 팀장은 여유있는 표정이지만 행동이 약간 어색하다. 팀장은 천천히 핸드백을 챙기면서 말한다.

팀장: 글쎄… 내 친구 중에 그런 경우가 있어서. (자리에서 일어서며) 나 그만 가봐야겠어. 집에 애가 있어서.

다음 날. 화요일 오후 1시. 보미의 사무실.

보미의 생각: 만약 불륜이라면, 교회에서 알게 된 남자와? 언제 만날까? 가정에는 문제가 없다. 그러면 주말 빼고 월~금 점심시간 과 오후 외근시간? 가능성은 점심시간이 더 크다. 전혀 남의 눈치보지 않고 나만의 자유 시간이므로.

(보미는 러브호텔에 남녀가 들어가는 장면을 떠올린다.)

만약 점심시간에 만난다면, 멀리 가지 못하고 가까운 모텔? 당연하지… 시간 절약을 위해서. 그리고, 식사는? 시간절약? 김밥이나 샌드위치?

보미는 갑자기 무언가 떠오른 듯, 가방과 핸드폰을 챙겨 사무실을 나선다.

사무실 근처의 김밥 집.

보미가 핸드폰 화면의 팀장 사진을 보여주며, 주인과 대화한다. 주인은 고개를 가로 저으며 모르겠다는 표정이다. 보미는 이어서 근처의 김밥집과 샌드위치 가게를 열 군데나 다녔지만 팀장 사진을 보고 알아보는 사람이 없다.

마지막 김밥집을 나오면서 실망한 보미는 근처 편의점 야외 테이블에 앉는다.

보미의 독백: 김밥도 아니고 샌드위치도 아니다?

보미가 음료수를 마시고 있는데, 60대 정도의 여자가 손에 포장된 음식을 들고 지나간다. 봉지의 상표가 눈에 띈다.

'영양 죽'. 팀장의 차에서 봤던 죽 포장지.

보미는 눈빛이 번쩍이며, 일어나서 다시 걷는다.

잠시 후, 어느 영양 죽 집.

보미가 핸드폰 화면의 사진을 보여주지만, 주인은 모른다는 듯이 고개를 가로 젓는다.

다른 영양 죽 집의 내부.

보미가 핸드폰 화면의 사진을 보여주며, 여주인과 대화한다. 여주인은 상냥한 미소로 친절하게 대답한다.

주인: 아, 네 알지요. 그 분, 항상 금요일 점심때 오세요. 그런데, 왜 그러시는데요?

보미: 아, 네, 우리 회사 팀장님인데요. 이 집이 맛있다고 추천해 주셔서, 얼굴 확인해보시라고.

주인: 네, 맞아요. 이 분. 이 분 성격 좋죠. 호탕하고… 그럼 무슨 죽으로 드릴까요?

보미: 네. 저는 새우죽 1인분만 주세요.

같은 날. 화요일 오후 6시경. 보미의 사무실.

다른 직원들은 퇴근하고, 사무실에 혼자 남은 보미는 영호에게 전화한다.

보미: 내가 직접하기 어려워서. 들키면 정말 곤란하거든… 그래. 금요일 점심시간. 11시 50분부터 1시까지.

영호: 아침 일찍 수업 있고 11시 이후엔 한가해. 그런데, 이런 일은 도청기를 쓰는 게 편하지 않겠어? 사람이 직접 쫓아다닐 필요없이.

보미: 물론 그게 편하지만, 만약 들키면 '누가 도청기를 넣었을까?' 의심할 거고. 그러면 사무실 분위기 이상해질 거고. 그보다도, 돈이 문제지… 도청기 없어지면 돈이 얼마냐? 우리 형편에.

08

크루즈 사건 해결

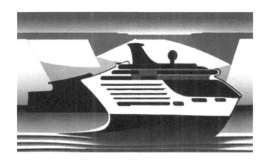

목요일 오후 5시경. 보험사무실.

팀장, 남직원, 여직원, 보미. 네 사람은 퇴근 준비를 하고 있다. 김형사가 문을 열고 들어온다. 손에는 서류봉투가 들려있다. 김형사는 밝은 표정에 높은 톤으로 말한다.

김형사: 안녕들 하십니까? 마침 모두 계시네.

모두 김형사에게 주목한다.

김형사: 좋은 소식 하나 가져왔습니다.

팀장: 그럼, 크루즈 추락사건인가요?

김형사: 네. 맞습니다. 보미씨 추리가 맞았습니다. 범인은 살아있고, 형과 형수가 공범입니다. (서류봉투를 치켜들며) '국과수 보고서' 나왔습니다.

남직원과 여직원은 큰 소리로 환호하고, 김형사는 서류봉투에서 보고서를 꺼내 읽는다.

'추락자가 추락시부터 잠수했다가 떠오르는 시간, 갑판의 높이, 선박의 당시 속도, 추락자의 초기속도, 풍향, 풍속, 파도의 영향, 스쿠류에서 밀어내는 물의 영향 등을 고려해볼 때, 다시 떠올랐을 때 배와의 최단 가능거리 105미터.

(보미의 상상 장면 1: 승객이 찍은 동영상 5초)

동영상에서 피사체의 거리는 경찰이 제출한 48미터에서 53미터 사이가 확실함.

(보미의 상상 장면 2: 용의자가 마네킹을 큼직한 여자 핸드백에 넣는다.)

따라서 추락자는 성인 남자가 아니고, 부피에 비해 무게가 매우 가벼운 물체, 즉, 무게10 킬로그램 이하의 인형이나 마네킹 등이다.'

낭독이 끝나자, 사람들이 보미를 주목하며, 축하의 눈길을 보낸다. 사람들은 각각 사건에 대해서 한마디씩 덧붙인다.

(보미의 상상 장면 3: 마네킹의 소형모터와 팔이 움직인다.)

팀장: 특수재질로 만든 상반신 마네킹에 고성능 소형 모터를 달아 팔을 움직이게 한다. 접으면 여자핸드백 정도 크기… 그럼 추락시간을 7시로 잡은 이유는?

(보미의 상상 장면 4: 크루즈 배에서 남자가 추락한다. 원거리촬영)

남직원: 해가 아직 떠 있어서 사진이 잘 찍힐 수 있고, 잠시 후 해가 지니까 당국에 연락하고 구조대가 오면, 이미 어두워서 찾기 힘들만한 가장 좋은 시각. 또한 식사시간이라 갑판이 너무 붐비지 않고.

(보미의 상상 장면 5: 배에 승객들이 승선하고 있다.)
여직원: 인천항에서 처음에 세명이 타고,

(보미의 상상 장면 6: 동생이 수영해서 도망간다.)
여직원: 곧바로 배가 출항 전에 동생은 수영해서 도망가고,

(보미의 상상 장면 7: 형 부부가 사람들과 칵테일 마시며 어울린다.)
(보미의 상상 장면 8: 여러 다른 복장의 형 부부가 사람들과 갑판에서 어울린다.)
여직원: 형 부부는 마치 일행이 세명 온 것처럼, 옷을 자주 바꿔입고 사람들과 친분을 쌓아서 증인을 만든다.
(보미의 상상 장면 9: 매우 비슷한 모습을 한 두 남자가 함께 서있다.)
보미: 형제가 아주 비슷하게 생겨서 좀 떨어져서 보면 구분하기 힘들죠.
(보미의 상상 장면 10: 용의자의 형이 갑판에서 마네킹을 던진다.)
보미: 형 부부는 7시쯤 갑판으로 올라가, 사람들 눈치를 보다가 마네킹을 던지고 여자가 소리를 지른다. 다른 승객이 발견하고 즉시 핸드폰으로 촬영한다.

(보미의 상상 장면 11: 경찰이 승객들을 검문한다.)
보미: 경찰이 승객들을 검문할 때, 촬영한 승객이 그 동영상을 경찰에게 넘

겨준다. 아마 범인들도 동영상을 찍었을 겁니다. 증거를 만들기 위해.

여직원: 그런 특수 마네킹은 어디서 구해요?

남직원: 요즘 같은 첨단기술 시대에 돈만 주면 기술자는 많지요. 그런 거 만드는 게 불법도 아니고.

김형사: 오케이. 나머지 얘기는 밥 먹으면서 합시다. 출출한데.

잠시 후. 목요일 저녁. 돼지갈비 집.

김형사, 보험회사 김보미, 남직원, 여직원. 4명이 회식을 한다.

김형사: 팀장님은 안 오셨어요?

여직원: 네, 집에서 연락이 와서 먼저 가셨어요.

종업원이 와서 주문을 받는다. 각자의 주문이 끝나고 대화가 계속된다.

보미: 그런데 범행동기가 뭐예요? 그 사람들 괜찮게 사는 것 같던데. 보험료도 잘내고.

김형사: 그 형이 컴퓨터 기술자라서 돈 잘 벌었는데, 한 1년전부터 주식, 도박 같은 걸로 빚을 졌나봐요. 생활수준이 높던 사람은 그 수준을 낮추는 게 아주 힘든가봐요.

보미: 그 사람들 엄청 똑똑하네요. 컴퓨터기술자라서 그런지… 보험도 한사람만 가입하지 않고, 의심받지 않으려고 똑같은 조건으로 세 사람 모두 가입하고… 보험상품도 의심받지 않을 정도의 수준으로… 당시 수입으로 부담이 크지 않을 정도. 그래서 경찰이나 조사관들이 별로 의심을 안 한 것 같아요.

김형사: 마네킹도 미리 예행연습을 했대요. 작동시험, 추락실험 등등.

4사람은 식사와 술을 하며 즐겁게 대화한다.

약 1시간후,

취기가 오른 김형사가 입을 연다.

김형사: 보미씨는 좋겠네⋯ 큰 공을 세웠으니 회사에게 뭔가 보상이 있지 않겠어요?

보미: 보너스라도 좀 나오면 좋지만, 별로 큰 기대는 안 해요⋯ 다 내 운대로 가겠죠.

김형사: 최형사님한테, 지금 괜찮으시면 와서 한잔 하시라고 할까?

잠시 후, 최형사가 합세해서 술자리는 5명이 되었다.

최형사: 보미씨, 대단해⋯ 자 한잔. (건배를 독려한다)

김형사: 최형사님, 요즘 주식 잘 되세요?

최형사: 어? 그저 그래. 난 돈 버는 재주는 없나봐. 범인 잡는 재주만 있고.

김형사: 저도 주식투자 좀 해볼까 해서요.

술잔이 돌아가고 한동안 즐거운 분위기가 흐른다.

보미: 제 후배, 사주보는 애 있죠? 유미라고. 걔한테 한번 물어볼까요?

김형사: (반신반의하는 표정으로) 글쎄요⋯ 주식투자에, 사주를 보는게 도움이 될까요?

보미: 그래도, 한번 물어나 보죠?

최형사가 한잔 들이키더니 입을 연다. 취기가 약간 도는 목소리다.

최형사: 대한민국 경찰이 사주를 보고 주식투자를 한다? 가장 합리적으로 생각하고 판단해야 할 민중의 지팡이가 점쟁이 말에 따라 어떤 일을 결정하고 행동한다?

(보미를 향해서)

보미씨, 지난번처럼 합리적 논리를 펴면 얼마든지 환영이지만, 이 첨단 컴퓨터 기술 시대에 사주얘기는 좀? (아니지요? 라고 말하는 표정)

보미는 미소를 보이며 대답대신, 보란듯이 유미에게 전화를 한다.

보미: 어… 나야. 혹시, 주식투자 할 때 사주보는 게 도움이 되니? 응… 된다고? 응, 알았어, 토요일날 보자.

보미는 전화를 끊고 당당하게 말한다.

보미: 도움이 된데요… 토요일날 유미 만나는데 혹시 시간되시면 같이 가서 물어보세요.

김형사는 고개를 끄덕끄덕하고, 반대로 최형사는 고개를 가로젓는다.

금요일 낮 12시경. 보험사무실근처의 영양 죽 가게.

죽집에서 나오는 팀장을 영호가 미행한다. 영호는 사진을 찍는다. 팀장이 죽집에서 나오는 장면. 팀장과 키 큰 남자가 함께 걷는 장면. 두 사람이 밀착하고 함께 걷는 장면. 두 사람이 모텔로 들어가는 장면. 모텔에서 나오는 장면.

남자는 특이한 디자인의 갈색 양복을 입고 있다. 영호는 미행이 끝나고 편의점에 앉아 라면을 먹으며, 핸드폰으로 사진들을 보미에게 전송한다.

09

유미는 김형사에게 주식투자 힌트를 주다.

토요일 점심시간. 경찰서 근처의 중국 음식점

김형사는 직업상 항상 바쁘지만, 오늘은 점심시간에 잠시 시간을 내서, 유미와 보미를 만나러 왔다. 세 사람이 함께 점심식사를 하고 있다.

유미는 김형사의 생년월일을 받아서 사주를 찾는다.

時	日	月	年	김형사
乙	庚	戊	丁	남자
酉	子	申	丑	1997. 8. 26. 유시

76 2073	66 2063	56 2053	46 2043	36 2033	26 2023	16 2013	6 2003
庚	辛	壬	癸	甲	乙	丙	丁
子	丑	寅	卯	辰	巳	午	未

유미: 결혼자금 준비하려고 하세요?

김형사: 결혼자금도 그렇고… 나중에 혹시 사업하려면 미리 준비 좀 해야 될 것 같아서요. 그리고, 어머님도 혹시 편찮으실 때를 대비해야 되고.

유미: 효자시네요.

보미: 맞아. 김형사님, 부모님한테 잘해.

김형사: 나도 사실, 사주나 점 같은 거. 안 믿는데, 보미씨가 추천하니까 한번 들어보려고요.

유미: 돈을 버는 방식은 여러가지가 있죠. 자기 재능으로 상품이나 서비스를 제공하는 것. 남의 상품이나 서비스를 유통하는 것. 공무원이나 회사 다녀서 월급 받는 것.

그리고, 부동산이나 로열티, 인세수입처럼 노동없이 지속적으로 들어오는 것… 주식투자, 경매 같이 기존의 시스템에 올라타는 일종의 불규칙적인 불로소득 등등이 있죠.

유미: 주식투자는 일단, 화극금(火剋金)이 필요해요.

보미: 그게 뭐야?

유미: 손쉽게 돈 버는 방법을 말하죠. 노동을 적게 하고, 자판기나 투자처럼. 자기 사주 내에 일단 화(火)와 금(金)이 있어야해요. 목과 토도 필요하고. 토가 없으면 투자상담자처럼 남의 돈을 불리는 거죠.

김형사: 나는 그 조건이 됩니까?

유미: 네, 됩니다. 그러나, 그 보다도 본인의 금년 운을 먼저 봐야죠. 금년에 금전유통의 운이 중간이하라면, 지금 하지 말고 운이 좋아질 때까지 기다리세요.

김형사: 저는 어때요?

유미: 괜찮아요. 중간이상은 되니까, 해 볼만 합니다. 크게 벌지는 못해도.

김형사: 이 달은 어때요?

유미: 5,6,7 월 괜찮아요.

김형사: 종목은 어떤 걸로 하죠?

유미: 우선 AI관련, 첨단기술이 유망하고, 금년 운과 맞춰봐서 화(火)의 기운이 도움이 되니까. 유명한 것, 엔터테인먼트, 고가 소비재, 항공, 의학, 금융 쪽으로 해보세요. 구체적인 것은 거래하시기 전에 저에게 연락주세요.

김형사: 잘 알았어요. 그렇게 해볼께요. 잘되면 한 턱 쏘겠습니다.

보미: 그러실 것까진 없어요. 잘 되시길 바라요.

유미: 두 분 사주를 보니까, 서로 인연이 있네요.

김형사와 보미는 마주 보면서 미소를 짓는다.

10

보미와 유미의 집요한 추적

5월20일 월요일. 오후 5시경. 보험사무실.

보미와 팀장이 단둘이 얘기하고 있다. 팀장의 책상위에 보미의 핸드폰이 놓여있고, 화면에는 팀장과 남자가 함께 걷는 장면이 보인다. 화면상의 여자는 얼굴이 잘 보이고 남자는 다른 방향으로 고개를 돌려서 얼굴을 알 수 없다.

팀장이 사진을 보더니 씨익 웃으며 보미에게 묻는다.

팀장: 이게 뭐야? (표정이 날카로와진다)

보미: 팀장님 맞죠?

팀장: 그래. 나 같은네…(당당하게) 근데 이게 뭐?

보미는 약간 주눅들은 목소리로 대답한다.

보미: 저는 다른 뜻이 있어서가 아니라, 주변에 혹시 누가 볼까봐… 팀장님 조심하시라고 …도와드리는 차원에서…

팀장: (비꼬는 말투로) '도와드리는 차원에서' 에서가 아니고, '복수하려는 차원'에서겠지? (보미를 노려본다) 내가 잔 심부름 좀 시키고, 신경질 좀 낸다고 삐졌다 이거지?

보미: (당황하면서) 아니 그게 아니고.

팀장: (목소리가 커진다) 뭐가 아니야? '불륜사진 가지고 있으니까 나한테

함부로 하지 마세요.' 이거잖아?

보미: 사실 저도 여기 들어온지 6개월 지났는데… 별로 직원 대우도 못 받고.

팀장이 창문으로 걸어가서 밖을 내다본다. 두 사람 사이에 침묵이 흐르고, 잠시 후, 팀장이 다시 입을 연다.

팀장: 알았어… 무슨 말인지 알겠어. 내가 좀 지나친 면도 있었다는 건 인정하고, 앞으로 좀 개선하려고 생각하고 있어. (갑자기 팀장의 목소리가 커진다.) 근데… 너… 잘못 짚었어!

보미는 눈을 둥그렇게 뜬다.

팀장: 이 남자… 내 남편이야!

팀장이 자기 핸드폰에서 가족사진을 보여준다. 사진에는 남편과 아들과 자신, 3명이 앉아 있는데, 남편의 양복 윗도리가 영호의 사진 속 남자의 옷과 똑같다.

보미는 놀라서 할말이 없다.

팀장: 집안이 하도 어수선해서, 가끔 남편하고 모텔로 가…하기야 너 같은 애들이 어른들 잠자리 사정을 이해하겠니?

보미: (죄 지은 사람 같은 태도로) 죄송해요.

팀장이 문을 나서며 큰소리로 말한다.

팀장: 이딴 짓, 또 한번 하면 진짜 혼날 줄 알아. 이번에 크루즈사건 공로가 있어서 한번 봐주는 거야.

같은 날. 월요일 밤. 9시경. 김보미의 집.
김보미는 엄마와 둘이 평범한 서민 아파트에 살고 있다.

보미의 방. 보미가 맥주를 마시며 전화통화를 한다.

보미: 유미야, 나, 오늘…

유미: 그래, 오늘… 팀장 사진, 어떻게 됐어?

보미: 야, 나 오늘 팀장한테 개망신 당했다.

유미: 왜?

보미: 같이 가던 남자있지? 그 남자가 자기 남편이래. 팀장남편.

유미: 그래? 그러면… 우리가 잘못 짚은건가?

보미: 가족사진 보여주던데. 자기 남편하고 찍은 거.

유미: 그럼 영호오빠가 찍은 거 나한테 보내줘. 좀 더 연구해볼께.

잠시 후. 월요일 밤 9시반 경. 유미의 집. 유미의 방.

유미가 보미에게 전화를 건다.

유미: 언니, 그 팀장 가족사진에 남편하고, 영호오빠 사진 남자가 같은 사람인지 어떻게 알아?

보미: 아니, 워낙 당당하게 말하고… 너도 사진 보면 알겠지만, 두 사람 옷이 똑같아. 아주 특이한 디자인인데 다른 사람이라고 생각하기는 힘들어.

유미: 언니, 그 팀장 사진속에 남편이 키가 커?

보미: 아니… 앉아서 찍은 가족사진이라서 키는 알 수가 없지.

유미: 영호오빠 사진 속에, 남자는 키가 큰데. 팀장의 남편사주를 보니까, 키가 중간 이하인데…

보미: 어? (신기하다는 목소리) 사주로 그런 것도 알아?

유미: 알지… 그렇지만 확실하기 위해서, 그 남편 서 있는 사진이 필요한데.

보미: 영호한테 한번 더 부탁할까? 두 번 얘기하기는 좀 미안한데. 네가 부탁하면 들어줄거야. 영호는 네 말이라면 지옥에라도 가잖아?

유미: 에이, 언니. 또 쓸데없는 얘기…하여튼 내가 말할게. 이왕 시작한 거. 결말을 봐야지.

5월25일. 토요일 오후. 유미의 집 거실.

사주칠판 앞에서 유미와 보미가 커피를 마시며 얘기한다. 유미와 보미의 핸드폰이 테이블에 나란히 놓여있고, 영호가 처음 찍은 사진과 이번에 찍은 남편사진이 올려져있다.

유미: 얼굴은 확인할 수 없지만, 키가 달라. 그렇지? 체격도 다르고.

보미: 그런 것 같네.

유미: 내가 보기엔 같은 사람이 아니야.

보미: 근데, 사주로 외모도 알 수 있어?

유미: 자세히는 알 수 없지만, 키가 크고 작고, 뚱뚱하고 마르고. 그런 정도는 알 수 있어.

보미: 와, 대단하다.

유미: 사주에서 성장기에, 수직나무, 즉, 갑목이 잘 크는 환경. 즉, 물과 나무와 불이 조화가 잘 돼 있으면, 대개 키가 크지. 그리고 목, 화가 부족하고 금, 수 위주로 되어있으면, 아담하고 단단하고 내실있는 스타일이고.

보미: 재밌네.

유미: 천천히 공부하다 보면 재미도 있어.

보미: 근데… 이거 진짜 믿어도 되는거야? 지난번 팀장한테 혼났는데, 이번에도 실수하면? 나 짤릴 거야.

유미: 언니는 올해, 짤릴 운이 아니야. 오히려 직장 생활 잘되고 동료와 화목하고 사람들을 내편으로 만들거야.

11

보미는 동료와 보상금을 나누다. 그리고 팀장의 고백.

5월28일. 화요일. 오후 5시경. 보험사무실.

팀장이 문을 열고 들어오며 큰 소리로 보미에게 말한다.

팀장: 김보미씨, 은행 입금 확인해봐요.

보미는 핸드폰을 열어 확인을 시작하고, 남직원과 여직원은 팀장과 보미를 번갈아 쳐다본다.

팀장: 본사에서, 이번 크루즈사건 공로로 김보미설계사에게, '천만원' 특별 보너스 나왔어요. 좀 전에 연락 받았는데 본인 통장으로 바로 입금해준다고 그랬어요.

두 직원은 크게 환호하고, 입구에서 일하던 청소아줌마도 부러운 눈으로 보미를 바라본다.

남직원: 보미씨, 오늘 크게 쏴야겠네요.

여직원: 한우에 백세주? 아니면, 오마카세?

남직원: 5성급 호텔 뷔페?

보미: (잠시 생각하다가) 돼지갈비에 소맥. 아니면 치맥?

여직원과 남직원은 동시에 '에이' 하고 실망의 비명을 지른다.

팀장의 생각: 그럼 그렇지, 네가 그 수준을 벗어나겠니?

팀장: 그래. 좋지. 보미씨는 서민적인 게 체질에 맞을거야, 그렇지?

보미: 네… 근데, 돼지갈비는 제가 쏘는 거 아니에요.

모두 이상하다는 듯이 보미를 주목한다.

보미: 제가 쏘는거는? (잠시 멈췄다가) 은행계좌 들 가르쳐주세요. 지금.

팀장: 뭐하게?

보미: 우리 다 한 식구인데, 상금을 저 혼자 다 가질 순 없죠. 인원수대로 똑같이 나눠요. 계좌번호 들 주세요. 바로 입금 해드릴께요.

순간, 이 말을 들은 세 사람은 자신들의 귀를 의심할 수밖에 없었다.

팀장: 보미씨, 지금 한 말. 진심이야?

보미: (자신있는 말투로) 네. 진심이에요.

여직원: 우와, 보미씨 다시 봐야겠는데?

남직원: 그러면, 1천 나누기 4 하면, 일인당 250?

보미: 아니 일인당 200만원 이요.

팀장: 왜?

보미: 청소하시는 염언니도, 매일 우리 사무실 깨끗하게 해 주시는데, 우리 식구죠. 그러니까, 다섯 명. 일인당 200. (청소아줌마를 향해) 염언니도 은행 계좌번호 가르쳐주세요.

청소아줌마: 어머, 세상에, 보미씨. 이렇게 고마울 데가 있나! 내가 어제 밤 무슨 꿈을 꾸었나?

남직원: 자 그럼, 돼지갈비로 갑시다.

보미는 지난번 같이 잘 때 유미가 침대에서 하던 말이 떠오른다.

유미의 말: 할아버지가 그러시는데, '돈은 물과 같아서 계속 흘러야된다. 정체되면 썩는다. 혼자 가지고 있지 말고 좋은데 베풀어라.'

잠시 후, 화요일저녁. 돼지갈비 식당.

보험회사 4명이 식사와 술을 하고 있다. 자리가 거의 끝날 무렵. 여직원이 먼저 인사하고 나간다. 잠시 후, 남직원도 인사하고 일어나서 나간다. 팀장과 보미만 남았다. 둘 다 술 기운에 얼굴이 붉으스레하다.

팀장: 보미씨, 요즘에 도 닦아? 아니면 부처님 공부 같은 거 하나? (손을 합장한다)

보미: 아니 그냥…사주하는 후배, 유미 만나서 몇 번 얘기하다 보니까. 여러가지 생각을 하게 됐어요. 인생이란 무엇인가? 죽음이란 무엇인가? 이런 것들이요.

팀장: 젊은이가 노인네 같이… (한 모금 마시고) 그래. 살면서 그런 것도 생각해 봐야지.

보미: 유미는 나이는 어리지만, 보통 사람이 아니에요.

보미는 갑자기 핸드폰을 열고, 새로 찍은 남편사진과 처음 남자사진을 보여준다.

보미: 팀장님의 남편분은 키가 중간인데, 이 사진은 키가 커요. 옷은 같은 것을 입었지만, 같은 사람이 아닙니다. 이 사람은 더 호리호리하고. 교회하고 관련 있죠?

팀장은 보미의 말에 당황한다.

보미: 유미의 사주풀이로 추리한 겁니다.

팀장의 취기 띈 얼굴에 놀라움이 더해진다. 팀장은 허공을 보며 크게 한숨을 내쉰다.

팀장: 우리 조용한데 가서 칵테일 한잔 할까?

잠시 후. 근처의 칵테일 바.

팀장과 보미가 구석자리에 앉아있다. 팀장은 눈물을 흘린다.

팀장: 실은… 두 달쯤 전에 지인을 따라 교회에 갔는데, 거기 목사하고…

팀장은 말을 멈춘다. 보미가 팀장의 두 손을 꼭 잡는다.

보미: 팀장님 제가 도와드리고 싶어서 그러는 거에요.

팀장: 그 사람 유혹에 넘어가서 그동안 몇 번 만났어. 처음엔 좋은 사람 같았는데, 알고보니까… 바람둥이야. 이 여자 저 여자 건드리고. 돈뜯어가고. 얼마전에는 여고생을 건드려서 자살하게 만들었다는 소문도 있고… 하여튼 쓰레기야. 어떻게 떼어 버릴까 고민중인데…

보미: 마음고생 많으셨네요. 그런데, 왜 경찰에 신고 안하세요?

팀장: 경찰에 신고하면, 그 인간도 처벌을 받겠지만, 사람들이 알게되면, 남편하고 자식이 알면 내가 더 곤란해지잖아? 그리고 또 회사에서 알게되면?

보미: 그 사람 생년월일시 알아보세요. 자세히는 몰라도 팀장님하고 그 사람하고 인연이 어느정도 오래 갈지 알 수 있을거예요.

팀장은 다시 한번 눈물을 흘린다.

팀장: (감격한 목소리로 보미를 끌어안으며) 미안해, 보미씨… 그동안 내가 너무 못되게 굴어서…흑흑… 이렇게 좋은 사람을 내가 …

두 사람이 껴안는다.

12

영호 장학금 편지 받다. 그리고 목사 실종사건.

5월 29일. 수요일. 오전 10시경. 영호의 Y 대학교.

영호는 강의실에서 법학개론 수업에 참여중이다. 영호의 핸드폰에 문자신호가 온다. '교무처. 우편물 수령하세요. 담당: 이순기'

강의 후. 11시경. 교무처에 영호가 들어온다. 앉아있는 남자직원에게 다가간다. 명찰을 보니 '이순기'.

영호: 저, 문자 받고 우편물 수령하러 왔습니다.

직원: 아, 법학과 1학년 차영호 학생입니까?

영호: (학생증을 보여주며) 네.

직원이 영호에게 서류봉투를 건네준다. 영호는 인사하고 교무처를 나온다.

영호는 구내카페에 앉아 봉투를 연다. '장학금 수혜자 선정 결과'.

영호는 핸드폰 어플에서 오늘 날짜에 해당하는 사주의 글자를 찾는다.

'계사(癸巳). **비 오는** 뱀의 날.'

영호는 봉투를 열어 서류를 읽는다.

'귀하는 2023년도 체육 우수 대학생 장학금 심사에서 Y대학 재단 장학금 대상자로 선정되지 않았고, 대한체육회장학금 대상자로 선정되었습니다.'

영호의 독백: 작년, 재작년은 사립재단에서 받았는데, 금년은 사립은 안되고, 국공립은 됐다? 그런데, 액수는 전보다 적다?

5월31일. 금요일 점심시간. 보미 사무실 근처의 어느 모텔.

객실에 팀장과 목사가 거의 벌거벗은 채로 스킨쉽을 하면서 얘기한다. 방금 격렬한 사랑게임을 치른 표정이다.

팀장: 자기는, 운명이란게 있다고 생각해?

목사: 운명? (미소를 지으며) 나, 그런 거 안 믿어. 사람이 다 자기 생각대로 행동하고 살다 가는 거지… 어떤 정해진 길이 있어서 그 길을 따라간다? 그렇게 생각은 안돼.

팀장: 그렇지? 그런데 우리… 하나님한테 혼나면 어떡해? 하나님은 다 알 거 아냐? 우리 지금 이러고 있는 거.

목사: 자기는, 하나님이니 천국이니, 이런 게 진짜 있다고 생각해?

팀장: 그러면, 자기는 목산데, 하나님을 안 믿어?

목사: 순진하긴… 하나님이니, 천국이니, 지옥이니…그런 거 다… 똑똑한 놈들이 어리숙한 놈들 등쳐 먹으라고 만든 거야. 종교라는 이름으로 세뇌시켜서 좀비로 만들어 이용해 먹는 거야.

목사는 마치 여때까지 묵혀왔던 가슴 속 스트레스, 즉, 항상 사람들에게 거짓말을 해야만 하는, 직업에서 오는 스트레스를 시원하게 해소하는 듯이 신나서 말한다.

목사: 생각해봐. 전지전능한 하나님이 진짜로 있다면 지진, 홍수, 산불… 온갖 천재지변이나 사고로 수 없이 많은 사람들이 죽고, 고통받는데, 왜 그런 걸 막지못하는가? 결론은 간단하잖아? 하나님은 원래 없거나… 있어도 무능하다!

(한숨을 크게 들이키고 계속한다.)

그리고, 전지전능하다는 그 대단한 하나님이 만들어 놓은 인간들은, 왜 그렇게 불량품이 많은가? 나도 그 불량품 중 하나지만.

창조자의 실력이 형편없잖아? 이걸 봐도, 마찬가지로, 하나님은 원래 없거나, 있어도 무능하다!

팀장은 동의한다는 듯 끄덕이며 한숨을 내쉰다. 곧이어, 팀장은 표정을 바꾸고 애교있게 미소를 짓는다.

팀장: 사주 잘 보는 사람이 있는데, 우리 궁합 좀 볼까? 자기 생일하고 시 알지?

목사: 사주니 궁합이니 이런 점치는 것들도 다 사기야. 생각해봐. 그 사람들이 그렇게 남들 모르는 것을 많이 안다면, 그런 정보로 더 부와 권력을 누릴 거 아냐?

팀장: 그래도…우리 사이 오래 잘 갈까? 물어보려고…이번에 특별히 공짜로 해준대.

목사는 잠시 망설인다.

팀장: 자, 여기다 써줘. 말로 하면 금새 잊어버리니까.

팀장은 핸드폰을 건네 준다. 목사가 자신의 생일과 시를 핸드폰에 메모한다.

6월1일. 토요일 오후. 시내의 한 카페.

유미, 보미, 팀장이 앉아있다. 테이블 위의 유미 핸드폰에 방목사의 사주가
올려져 있다.

時	日	月	年	빙성훈 목사,
丁	甲	壬	丙	닝지. 1976. 4. 12. 묘시
卯	午	辰	辰	

78 2054	68 2044	58 2034	48 2024	38 2014	28 2004	18 1994	8 1984
庚	己	戊	丁	丙	乙	甲	癸
子	亥	戌	酉	申	未	午	巳

유미: 이 분은 수직나무 갑(甲)목을 가지고 있는데, 사주원국과 대운을 비
교해봐서 성장기에 이 나무가 잘 자랄 조건이 맞으니까 키가 큽니다. 그런데
남편분은 사주에 갑목이 없고 금, 수 위주라서 중간 이하 키입니다.

보미와 팀장은 착한 학생들처럼 얌전히 듣고 있다.

유미: 이 분, 말도 유창하게 잘하죠? 근데 결과가 없죠?

팀장: 맞아요.

유미: 자꾸 이랬다 저랬다 하고, 즉흥적이죠.

팀장: 그래요. 부동산 한다고 했다가, 무슨 기업에 투자한다고 그랬다가,

계속 바뀌어요.

유미: 어려서부터 똑똑하고 공부 잘했을 겁니다.

팀장: 그랬다고 하더라고요. 어릴 때 반장도 하고, 상도 받고.

보미: 근데, 어떻게 해서 남편하고 목사님 양복이 똑같아요?

팀장: 목사가 나하고 두번째 만날 땐가? 남편하고 같은 양복을 구해달라고 하더라고요. 혹시 남의 눈에 띌 경우에 대비해서, 특이한 디자인으로.

유미: 그런데, 고등학교 졸업 후에 공부와 인연이 멀어, 딴 길로 가고. 가장 중요한 것은, 나무 기운이 강한데 금(金)이 부족하다는 것…금은 규정, 법과 질서, 정의감, 어려운 것도 참고 견디는 인내심, 조직에 적응력 등을 상징하는데…

금(金)이 없으면, 나무가 질서 없이 자라듯이, 법과 규칙을 무시하고 제멋대로 살려는 경향이 생깁니다. 현재 운에서도 금이 약하니… 욱하는 폭력성도 있습니다.

보미: 이 분 금년 운은 어때? 여자가 많이 생길 운이야?

유미: 조직을 갈아탄다. 여자가 생겼다가 없어진다. 6월은 여자와는 헤어지고 자신은 안 좋은 일이 생긴다. 멀리 여행 갈 일도 있고. 그렇게 보이네요.

팀장: 안 좋은 일이라면 어떤 거죠?

유미: 사주로 그 이상은 몰라요. 일하러 가든가 선교 활동하러 가서 노동을 하든가, 아니면 어떤 유혹에 넘어갈 수도 있고… 농촌이나 멀리 봉사활동 갈 수도 있고요.

팀장: 나하고 관계는 어떻게 될 것 같아요?

유미: 두 분이 더 이상 인연이 없어요. 아마 자연적으로 헤어질 거예요. 오늘이 벌써 6월이니까.

팀장: 정말, 그렇게 됐으면 좋겠는데.

6월 5일. 수요일 저녁 7시경. 경찰서 부근의 햄버거 가게.

김형사와 보미가 햄버거를 먹으며 대화한다. 김형사는 보미를 좋아하는데, 바빠서 만날 기회가 별로 없다.

보미: 웬 일이세요? 바쁘실텐데.

김형사: 이번에 고마워서. 보미씨하고 유미학생한테 저녁사주고 싶어서… 그런데, 혼자 왔어요?

보미: 네. 유미가 내일 숙제가 있어서, 다음에 뵙겠대요. 감사할 일이 뭔데요?

김형사: 한 이주일 전에 유미학생이 주식투자 힌트를 줬잖아?

보미: 그랬었죠.

김형사: 그래서 그 말 대로 따라했더니, 2 주 만에 15% 올랐어요.

보미: 오, 그래요? 잘됐네요.

(보미의 상상: 컴퓨터 화면에 주식 상승곡선이 보인다.)

김형사: 그리고 언론에서도 내가 산 주식이 앞으로 계속 전망이 좋다고 하네요.

보미: 근데, 햄버거로 때워요?

김형사: 햄버거로? 네. 그럼요. 나, 여기서 자주 햄버거로 때워요.

보미: (웃으며 농담으로) 아니, 그게 아니고 감사의 표시를 햄버거로 때워요?

김형사: 아… 내가 시간 여유있을 때 멋지게 한번 대접할께요.

보미: 아니, 농담에요. 항상 바쁘신거 다 아는데요.

김형사: 사실, 형사란 직업이 저녁식사도 맘놓고 제대로 못해요. 상황이 생기면 바로 튀어 나가야 하니까. 그럴 때는 이렇게 주머니에 넣을 수 있는 음식이 편해요. 우리처럼, 아마 하루 한끼도 맘 편히 못 먹는 직업이 많지 않을 겁니다.

보미: 그렇게 말이에요. 경찰분들이 이렇게 수고하시는 거, 국민들이 알아야 하는데.

이때 보미의 전화가 울린다. 화면을 보니 팀장이다.

팀장: 보미씨, 이상해. 방목사가 오늘 저녁 6시 예배에 안 나왔대.

보미: 아, 오늘 수요일이니까 저녁에 예배 있죠? 팀장님은 지금 교회에 계세요?

팀장: 아니. 난 요즘 교회 안 나가는데… 교인들이 나한테도 전화하고… 서로 전화 들 하고… 난리 났나봐.

보미: 목사님이 미리 연락도 없었나보죠?

팀장: 그런가 봐. 여태까지 이런 일이 한번도 없었다는데.

보미: 그럼, 경찰에 실종신고 해야하지 않아요? 잠깐만요. 여기 김형사님 계시니까 물어볼께요.

보미는 전화를 스피커폰으로 하고, 김형사에게 묻는다.

보미: KY 교회 방목사가 6시 예배에 안 나왔대요. 여태까지 이런 일이 한번도 없었다는데, 실종신고 해야되죠?

김형사: 신고해야죠. 그런데, 정말 실종인지 스스로 잠적인지 그런 게 골치 아픈 경우가 많아요…그래서 대개 성인은 하루 정도 상황을 지켜보는게 관례죠. 그러나 범죄 피해등의 정황이 확실하면 바로 수사 시작해야죠.

보미: 들었죠? 경찰서에 가서 일단 그 사람에 대해서 자세히 설명하라고 하세요.

팀장: 알았어. 그럼 끊을게. 김형사님도 안녕히 가세요.

6월6일 목요일 오전. KY 교회근처. 어느 옷가게.

김형사는 실종된 방목사에 관해 알아보기 위해, KY 교회 교인들을 탐문한다. 첫째로, 김형사는 옷가게에서 30대 남자주인에게 질문한다.

김형사: 방목사님에 대해서 아시는 거 있으면 좀 말씀해주세요.

옷가게 주인: 그 사람 겉으론 멀쩡해 보이는데, 여자관계가 안 좋다는 소문이 있어요.

두번째로, 김형사는 부동산중계소에서 50대 남자에게 질문한다.

50대 남자: 지난달에 교인 한사람이, 그 목사한테 돈 빌려주고 떼여서 싸우고 다른 교회로 갔어요.

김형사는 다음으로 화장품 업소를 찾아, 30대 여자 주인과 얘기한다.

여주인: 그 목사님, 여신도들 하고 안 좋은 소문이 있어요.

화장품 가게를 나오면서 김형사는 중얼거린다.

김형사의 독백: 세상에는 훌륭한 목사님도 많던데… 그런데 이 사람은 어떻게 좋은 평이 하나도 없어. 목사가?

김형사는 다음으로, 한식 음식점을 방문해서 주방 아줌마에게 질문한다.

주방 아줌마: 지난 달에 자살한 여고생 있었죠? 그 목사와 관계가 있다는

것이 사실인 것 같아요. 그 애 엄마 민순애씨가 여기서 전에 나하고 같이 일했어요. 그래서 나하고 좀 친하거든요.

그 엄마가 말하는데, 자기가 보기는 목사때문이 확실하대요. 일기장인가 메모인가 그런데 뭔가가 써있었다고 하더라고요.

김형사: 아, 그랬었군요. 정말 안됐네요. 그럼, 그 분 전화번호 좀? 그 민순애씨.

주방 아줌마는 자기 핸드폰에서 여고생 엄마 민순애의 전화번호를 찾아서 가르쳐준다.

주방 아줌마: 네… 여기 있네요 … 그 엄마 마음이 얼마나 기가 막히겠어요. 나 같아도, 그런 인간은 그냥…

같은 날. 목요일 저녁. 여고생 엄마 민순애의 집.

엄마인 민순애와 김형사가 얘기하고 있다. 식탁에 소주와 간단한 안주가 있고, 민순애는 꽤 많이 취한 모습이다.

민순애: 제가 했어요.

김형사: 뭘 했어요?

(잠시 침묵이 흐른다.)

김형사: 목사님을 죽였어요?

민순애: 아니요.

김형사: 그럼, 뭘 했어요?

민순애: 그 인간 혼내 달라고 부탁했어요.

김형사: 누구한테요?

민순애: 메리라는 뒷골목 여자애한테… 돈 주고.

김형사: 자세히 얘기해보세요.

민순애: 죽이려고 했는데… 도저히 내가 직접 할 용기가 안 나서… 망설이고 있는데, 마침 일진애들이 찾아왔어요.

며칠 전, 일진애들 여자 1명, 남자 1명이 찾아와서 민순애를 협박하는 장면.

일진여: 아줌마 딸네미가 우리한테 빚진 돈. 주셔야죠?

일진남: 오늘 안 주면, 우리 여기서 안 나가요.

다시, 민순애와 김형사의 대화.

민순애: 그때, 생각이 떠올랐어요. 아, 얘들을 이용하자. 그래서 돈을 주고 걔들한테 부탁했어요.

김형사: 그래서, 걔들이 그 목사님을 납치했어요?

민순애: 아니요. 걔들이 직접 한 게 아니고, 인천에 뒷골목에 있는 메리라는 여자애를 소개해줘서 만났어요.

며칠 전. 인천의 허름한 노래방. 민순애와 메리가 만나는 장면.

음악은 약하게 들리고, 실내는 어두운 편이다. 메리는 야한 옷차림의 20대 중반의 미인이다. 테이블에 돈 봉투가 놓여있다.

메리: 그러니까, 이 사람을 꼬셔서… 어떻게 하라고요? 죽여요?

민순애: 아니, 꼭 죽이라는게 아니고… 아주 나쁜 놈이니까, 죽이든 살리든 다시는 이사회에 발 못 붙이게 해달라고요.

메리: 우리가 직접 사람을 죽이지는 않아요… 살인은 큰 일이에요. 그냥 사람들 등쳐 먹는 거하고 범죄의 차원이 달라요. 그래서, 우리는 물건을 중국 조

폭이나 러시아 마피아에게 넘겨요. 그러면 걔네들이 알아서 처리해요.

민순애: 그 다음엔 어떻게 돼요? 중국이나 러시아로 팔려가면?

메리: 장기적출하고 물고기 밥으로 던져주든가… 남자는 벌목노예, 여자는 성노예로 평생 감옥생활… 남자나 여자나 이삼년이면 거의 다 죽어요. 몸이 망가져서.

메리와 민순애는 심각하게 서로를 쳐다본다.

메리: 어떻게 하실래요? 그렇게 하실래요?

민순애: 네. 해주세요… 결과는 어떻게 알죠?

메리: (허름한 전화기 하나를 건네주며) 일회용 대포폰으로 사진과 동영상 보낼겁니다. 보고나서 바로 하수구에 버리세요.

민순애: 그래요. 잘 부탁해요. 그럼 연락 주세요.

다시, 김형사와 민순애의 대화.

김형사: 목사님이 따님한테 어떤 몹쓸 짓을 했다면, 일단 경찰에 먼저 신고를 하셔야지, 직접 복수를 하려고 하시면 안되죠. 법치국가에서.

민순애: 경찰에 신고를 해봐야 무슨 소용있어요? 결국 판검사들이 나쁜 놈들은 다 풀어주는데.

(소주 한 모금을 마시고 술기운에 점점 목소리가 커진다)

나, 이 나라에서 평생 살면서, 그 끔찍한 흉악범들… 사형시키는 거 한번도 못 봤어요. 내가 북한은 공산주의라서 싫어하지만, 북한도 그런 흉악범들을 쉽게 풀어주지는 않을거에요…

법치? 좋아하시네. 힘있고 빽있는 사람들을 위한 법치? 힘있고 빽있는 집

새끼들은 왜, 죄를 지어도 그렇게 쉽게 풀려납니까?

김형사: 판검사 분들도 다 올바로 처리하고 판결하려고 노력하고 있습니다.

민순애: 어련하시겠어요? 공부 많이 하신 양반들이.

김형사: 그래서 그 돈을 주고 부탁한 다음에, 곧장 집으로 왔어요?

민순애: 네. 그 날이 토요일이었는데. 오늘 아침에 문자하고 동영상 왔어요. 보고나서 바로 하수구에 버렸어요.

김형사: 방목사 얼굴 확인했어요?

민순애: 네.

김형사: 목사가 처음에 어떻게 접근하고 유혹한데요?

민순애: 예쁘고 젊은 여자애가 남자 꼬시는 거? 맘만 먹으면 세상에 제일 쉬운 일이에요. 사람들 얘기 들어보니까, 교회에 처음 온 사람은 전화번호와 주소를 등록하고, 목사하고 잠깐 개인 면담하는데…

(한 숨 쉬고)

예쁘고 좀 헤퍼 보이는 여자가 꼬리치면, 방목사가 먼저 전화해서, 특별히 성령을 불어넣어준다는 둥, 이상한 소리해서 만나자고 한대요. 목사든 뭐든 간에, 여자 좋아하는 놈들은 꼬시기 쉽지요. 특히 닳고 닳은 콜걸들에게는 밥이죠. 이번에 임자 제대로 만났지, 뭐…

며칠 전. 노래방에서 목사와 메리가 단둘이 즐기는 장면.

두 남녀가 서로 스킨쉽이 진하고 음악도 섹시하다. 목사가 여자(메리)의 치마속으로 손을 넣고 여자는 약간 움추린다.

메리: 아이… 이거 한잔 더하고 우리 호텔로 가요.

목사: 그래, 그래. 화장실 갔다 와서, 한잔 더하고 가자.

목사가 일어나서 화장실로 걸어간다. 이때 메리는 목사의 맥주 잔에 수면제를 타고, 동시에 핸드폰으로 문자를 보낸다. '대기. 5분후 나감'

화장실에서 돌아온 목사가 맥주를 들이켜고, 여자를 끌어안는다. 곧 이어, 목사가 메리의 가슴을 만지며, 상의를 벗기려 하자 메리가 몸을 피하며 말한다.메리: 자. 여기서 이러지 말고 우리 호텔로 가요. VIP밴 불렀어요. 나가요.

목사: 그래. 그런데 '비아-그라'가 있나? 모르겠네.

목사는 점점 의식이 흐려지며 메리의 부축을 받는다. 두 사람은 방을 나와 복도를 지나 입구의 카운터를 지난다.

메리: (카운터 직원에게) 수고하세요. 우리 오빠가 좀 취해서.

노래방 건물 외부.

두 사람이 건물 밖으로 나오자 바로 앞에, 검은색 7인승 밴이 대기하고 있다. 덩치 큰 남자가 다가와 인사를 한다. 목사는 힘없이 자세가 흐트러져 있다.

남자: 최고급 VIP 밴 왔습니다. 타시죠.

목사와 메리는 가운데 좌석에 오른다. 남자는 문을 닫아주고 앞자리 조수석에 오른다.

잠시 후, 달리고 있는 밴의 내부.

목사는 의식을 잃고 누워있다.

남자: (북쪽 지방의 억양) 아새끼, 완전 뻗었네.

메리: 요즘 약이 잘 들어요.

남자: 요즘은 장기적출보다는, 인건비가 비싸니까 벌목노예로 주로 가요.

메리: 그럼 나는 여기서 내려주세요.

다시, 김형사와 민순애의 대화 장면.

김형사: 알았습니다. 그럼 저는 이만 서(경찰서)로 들어가보고.

민순애: 저는 어떻게 해야되죠?

김형사: 아주머니는 증거인멸이나 도주의 우려가 없다고 상부에 보고할테니까, 어디 멀리 여행가지 마시고 경찰서에서 연락오면 잘 받으세요.

민순애: 네.

6월7일. 금요일 오전 경찰서 회의실.

최형사, 김형사, 윤순경, 이형사. 4명의 경찰관이 회의를 하고 있다.

최형사: 이번엔 우리 빨리 해결했네.

김형사: 네. 운이 좋았나 봅니다. 그런데, 이게 해결된건가요?

윤순경: 글쎄 말입니다… 이 여고생 엄마 민순애씨가 죄를 자백했다고 하는데, 이게 무슨 죄에 해당됩니까?

이형사: 살인도 아니고… 납치를 사주했다는데, 문제는 가장 중요한 증거, 즉, 납치당한 피해자가 없단 말이에요.

윤순경: 일진애들 전화번호를 민순애씨가 가지고 있을테니까 그 애들을 찾아볼까요?

최형사: 일진애들하고 인신매매단을 추적해서 잡는 것도 힘들지만, 만약 잡아도, 증거가 전혀 없는데 말야. 무슨 죄로 기소하나?

이형사: 아무 증거도 없는데, 피의자 말만 믿고 검찰에 넘기면 우리만 우습게 될 수도 있지 않을까요?

김형사: 피해자 행방을 알때까지는 어쩔 방법이 없을 것 같습니다. 실제로 납치를 당한건지, 여자하고 도피행각으로 스스로 잠적한 건지도 알 수 없잖아요?

최형사: 그럼 상부에 건의해서, 이 사건은 확실한 증거나 피해자가 발견될때까지 일단 보류하도록 해봅시다.

13

태양산업 USB도난사건 추적 1부

6월 8일. 토요일 오후. 1시경. 유미의 집.

유미는 방에서 컴퓨터를 하고 있다. 유미의 핸드폰이 울린다. 화면은 '보미 언니'.

유미: 언니, 웬일이야?

보미: 사주 볼 사람이 있는데, 만나볼래?

유미: 언제? 오늘?

보미: 응. 좀 급한 일인 것 같아서.

유미: 어떤 분인데?

보미: 지난번 우리 엄마 다닌다는 회사있지? 그 회사 회장님인데, 아주 좋은 분이야.

유미: 그런 대단한 분이, 왜 나같은 어린애한테 사주를 보신대?

보미: 응, 내가 너 자랑 좀 했지. 얘기 들으시더니 너를 꼭 보고싶다고 그러시네.

유미: 그럼, 어떻게 만나? 우리집으로 오실건가?

보미: 아니, 얘기는 회장님 사무실에서 할건데…바빠서 직접 가실 수는 없고, 회장님 여비서가 차가지고 너 모시러 갈거야. 내가 전화하면 한시간쯤 후에 너의 집에 도착할 거야. 그리고, 나도 그 회사로 갈테니까 거기서 봐.

유미: 알았어. 준비하고 있을께.

약 1시간후. 유미의 집 마당.

고급 승용차가 들어온다. 차가 멈추고 뒷자리에서 검은 정장에 선글라스를 쓴 젊은 여자가 내린다. K-pop걸그룹 멤버를 연상시키는 패션모델 같은 스타일의 여자는 다가오면서 선글라스를 벗는다.

그녀는 20대 중반으로, 다른 여자가 보기에도, 감탄이 저절로 나올 정도로 뛰어난 미모이다.

유미는 현관문에 손님을 마중하러 미리 나와 기다리고 있다.

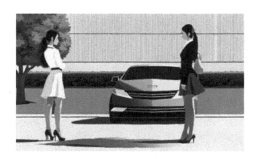

(의미심장한 첫 대면 장면)

두 사람은 가까운 거리에서 서로를 마주본다.

여자: 정유미 양?

유미: 네. 안녕하세요?

여자: 안녕하세요? 태양산업 회장비서실 김이경입니다. 정유미양을 모시러 왔습니다.

두사람은 서로 가볍게 인사를 하고, 함께 뒷좌석에 오르며, 곧 차가 출발한다.

달리고 있는 자동차 내부.

유미: 회장님 생년월일, 시 알려주세요.

김비서: 지금요?

유미: 네. 미리 보면 미리 연구해볼 시간이 더 많지요.

김비서는 자기 핸드폰을 열어 회장의 정보를 찾아서 화면을 유미에게 보여준다. 유미는 회장의 생년월일, 시를 자신의 핸드폰에 옮겨 적는다.

유미: 김비서님 생일도 알려주세요.

김비서: 글쎄요. 제 건 필요 없으실 것 같은데.

유미: 그래도 알면 참고하는데 도움이 될 수도 있어요.

김비서: 사실은 저의 엄마가 당시 기억이 안 좋으셔서 생일하고 시간이 정확하지 않아요.

유미: 아, 네. 그러면. 다음에 혹시 알게 되면 가르쳐주세요.

잠시 후. 토요일 오후. 4시경. 태양산업 회장실.

태양산업의 김재명 회장, 최비서(남자), 김보미. 세 명이 앉아서 대화중이다. 김비서가 유미를 데리고 들어오자 모두 일어나서 반긴다.

회장: 오. 정유미 양. 어서 와요. 내가 직접 가야 되는데, 이렇게 오시게 해서 미안해요. 내가 워낙 바쁘고, 요즘 건강도 그렇고 해서.

유미: 안녕하세요? 정유미입니다. 회장님 여러가지로 바쁘실텐데, 당연히 한가한 제가 찾아 뵈어야죠.

회장: 저희가 지금 좀, 중요한 일이 생겨서, 이렇게 뵙자고 했습니다.

유미: 근데, 훌륭하신 도사님들이 많으신데 어떻게 저같은 어린 애한데 사주를 물으시는지? 저는 나이도 어리고 경험도 부족해서 아직 초보수준입니다.

회장: 원, 겸손의 말씀을. 여기 보미양이 칭찬이 대단하던데요. (회장은 바깥쪽을 향해 큰 소리로 주문을 한다.) 여기 차 좀 가져와요.

회장: 사실은 나도, 전에 사주 멘토 해주시던 분이 계셨는데, 연로해서 돌아가시고, 그 동안 사주 볼 일이 별로 없어서 몇년간 잊어버리고 있다가, 이번에 문제가 생겨서, 몇 분 연락을 해봤는데. 영… 신뢰가 가지 않아서요.

유미: 왜 신뢰가 가지 않으세요?

회장: 어떤 분은, '태어난 시간을 모르면 안됩니까?' 했더니, 자기는 시간을 몰라도 자신있게 맞춘다고 하더라고요. 나도 사주기초는 좀 아는데. 시간을 몰라도 맞춘다면 8글자 중에, 시간의 2글자는 왜 필요한 겁니까? 그래서 신빙성이 없어요.

유미: 옳으신 말씀입니다.

회장: 어떤 사람들은 띠만 보고 금년에 운세가 어떻다고 말하는데, 그것도 믿을 수 없고. 그런데, '유미양은 시간을 모르면 사주를 볼 수 없다.' 는 말을 들으니까 오히려 더 믿음이 가더라고요. 그리고 보미양이, 지난 몇 가지 일을 얘기해 줘서 정유미 양의 실력은 대략 짐작하고 있습니다.

사람들이 동의한다는 듯 끄덕인다. 이 때, 문이 열리고 보조직원인 듯한 남자가 커피 5잔을 들고 들어와 테이블에 내려놓는다.

회장: 본론에 들어가기 전에… 우리가 오늘 처음 만나서 내가 유미양 실력을 모르니까… 간단히 테스트 좀 해봐도 될까요?

유미: 네. 좋습니다.

회장: 제가 현재 와이프가 있습니까? 없습니까?

時	日	月	年	태양산업회장 김재명. 남자 1960. 8. 17. 미시
丁	丁	甲	庚	
未	丑	申	子	

77 2037	67 2027	57 2017	47 2007	37 1997	27 1987	17 1977	7 1967
壬	辛	庚	己	戊	丁	丙	乙
辰	卯	寅	丑	子	亥	戌	酉

유미는 핸드폰을 열어 회장의 사주를 띄운다. 잠시 후, 유미가 대답한다.

유미: 현재 사모님이…없습니다.

회장: 어떻게 알죠?

유미: 대운의 흐름을 보면, 1997년에 큰 회사와 연결되고, 2000년에 본인의 쥐와 원숭이에다가, 운에서 오는 용이 '업무삼합'을 이루니까… 회사 일로

외국 갈 일이 있었고… 원숭이까지 합하니, 이때, 여자분을 만났습니다.

그러나, 2007년경 헤어져서 멀어질 운이고, 2017년에는 호랑이와 원숭이가 충돌이 되어서, 더욱 멀어지는 운입니다. 그 이후 아내를 얻을 운이 없었으니, 아직 혼자이신 것 같습니다.

회장: 네. 그렇습니다. 맞아요… 역시, 실력이 있으시네… 그러면 하나 더 질문 할께요… 내가 자식이 하나 있는데, 올해 23살, 뱀띠인데, 아들인지 딸인지? 알 수 있어요? 그리고 그 판단의 근거는?

유미: 엄마의 기운이 양기(陽氣)가 강하면, 출생년도가 음기(陰氣)일때 균형이 맞으니까 아들이고, 출생년도가 양기일 때는 균형이 안 맞아서 딸이 됩니다.

회장님 사주내에서, 당시의 사모님은 더운 글자 원숭이 신금(申金)입니다. 2001년 뱀이 와서, 더운 원숭이 기운을 살리고, 더운 양(未)과도 합하니, 화가 급격히 강해져서 양기가 많아, 균형이 안 맞습니다. 그래서 딸이라고 봅니다.

회장: 맞아요, 딸이야… (흐뭇한 표정으로 유미를 바라본다.)

유미: 그런데, 2년쯤 전에 자녀분이 멀리 가셨나요?
회장: 네. 재작년에 일본가서 지금 도쿄에 살고 있어요.
유미: 그런데, 한 명 입니까?
회장: 네, 한 명이지요.
유미: 제가 보기엔 두 명인 것 같아서요. 두 명이라면 한 명이 2022년에 멀리 간 것 같고, 한 명은 가까이 있고. 그렇게 보여서요.

갑자기, 회장은 무언가 숨기는 듯이 급히 화제를 돌린다.

회장: 아, 아니… 딸 하나입니다… 근데, 그거야, 별로 중요한 게 아니니까. 자, 차 드시면서 천천히 얘기합시다.

5 사람은 각자 음료수를 한 모금씩 마신다.

잠시 후,

회장: 그럼 이제, 중요한 질문을 할께요.

모든 사람의 시선이 회장과 유미에게 집중된다.

회장: 내가 하고 있는 이 회사의 장점과 단점은 무엇입니까?

유미: (진지한 표정으로 자세를 바로하며) 태어나신 달이 입추와 처서 사이 신월입니다. 이때 사업에 있어서 주도적인 글자는 정화(丁火) 와 경금(庚金)입니다.

정화는 독자적인 높은 기술. 경금은 리더의 직위와 자재와 인력을 잘 갖추었다는 의미이고… 을목(乙木)이 없어서 경험과 실력을 갖춘 고참 사원이 좀 부족하지만, 갑목(甲木)이 있어서 자격과 스펙을 갖춘 새로운 인재가 있고, 먼 훗날을 보고 준비하는 차세대 상품이 있습니다… 금년 하반기에 아마 신제품을 시장에 선보이실 겁니다.

유미는 잠시 숨을 쉬고 계속한다.

유미: 약 7년전 2017년부터 호랑이 정인(正印) 대운이 와서 새로운 기획을 하고 정부의 관련 기관과 연결도 가능하고, 투자를 유치할 수도 있습니다.

양(未)과 소(丑)에는 기토(己土)가 있으니 좋은 연구소와 사무실이 있지만, 무토(戊土)가 없어서 시장 변화에 즉각 대처하지 못하고 시대에 뒤떨어지거나 너무 앞서가는 경향이 있습니다.

그런데, 마지막으로 매우 중요한 임수(壬水)가 부족합니다. 물론 월에 있는 원숭이가 임수를 생하지만 대운이 호랑이 이므로 원숭이 힘이 약합니다.

임수는 시장성이고, 외국문화와 교류하고, 세상의 인정과 라이센스를 얻는 능력이죠. 사원의 복지 시설도 의미합니다. 그 기운이 약합니다.

결론은, '장점은 미래형 기술과 실력, 자본, 자재, 인력 등 잘 되어있다. 단점은 업계 내에서 쌓아온 경험이 좀 부족하고, 라이센스, 시장성 부족, 유통시스템, 복지시스템 부족' 입니다.

유미의 말이 끝나자, 모두 감탄하며 자리에서 일어나 기립박수를 한다. 회장은 손뼉을 치며 좋아한다.

회장: 역시. 어리지만 도사님 맞네. 내가 오늘 복이 있어서 귀인을 만났네… 우리회사의 문제가 바로 역사가 짧고, 경력사원이 부족하고, 라이센스 받는 것과 해외시장 개척입니다… 사원복지도 좀 부족하고.

사람들은 고개를 끄덕이며 감탄한다. 한편, 김비서는 유미를 유심히 쳐다보며 생각한다. '저 어린 애가, 보통 사람이 아니다. 내 생일 알려주지 않길 잘했어'

회장: 자, 그럼… 김비서! 본론을 시작하지.

벽에 걸린 보드에는 중역 네 명 (정이사, 문이사, 송전무, 이상무)의 사진과 프로파일이 올려져있다.

김비서: 사건의 개요를 말씀드리겠습니다. 어제 밤 8시에, 중역회의가 있었습니다. 회의가 끝나고 참가했던 중역 네 분이 나가신 직후에, 컴퓨터에 꽂혀있던 USB가 없어졌습니다.

사건 당시. 어제(금요일) 밤 회의장면

회의실에, 회장, 김비서, 최비서, 중역 4인, 도합 7명이 앉아서, TV화면을 보고 있다. TV는 출입구 근처에 있고 그 옆 컴퓨터에는 라이터 크기의 USB가 꽂혀있다. TV화면에는 신제품 드론(Drone)의 설계도와 비행하는 모습이 보인다.

회장이 설명한다.

회장: 지금 보신 바와 같이 이 신제품 '호크(Hawk)' 드론은 비행시간이 길고, 소음이 거의 없어서 기존의 헬리콥터를 대체할 획기적인 상품입니다. 통근용과 관광용 모두 가능합니다.

김비서: 일단 제주도 항공택시 사업에 투입될 것입니다.

문이사: 그러면 제주도 사업에서 연간 수익예상은 어느정도 됩니까?

회장: 처음 5년간 연간 600억 정도로 예상하고 있습니다.

김비서: 아직까지 극비사항이니까, 비밀유지 부탁합니다. 그럼 오늘 회의는 이것으로 마치겠습니다.

사람들이 모두 일어난다. 이때, 중역들 중 한 사람의 손이 자신의 핸드폰을 소파의 틈 속에 잘 안보이게 밀어 넣는다. 중역 4명이 인사하면서 입구 쪽으로 걸어간다. 맨 뒤에 정이사가 서있다. 좀 전에 핸드폰을 숨긴 사람의 손이 컴퓨터에서 USB를 빼낸다.

회장과 김비서와 최비서는 문 앞에서 중역 네 명을 배웅한다. 최비서는 볼일이 있어서 다른 복도로 가고, 회장과 김비서는 회의실로 다시 들어온다. 김비서는 뒷정리를 한다. TV로 다가간 김비서가 갑자기 소리친다.

　　김비서: 회장님! USB 챙기셨어요?

안쪽에 있던 회장이 걸어나온다.

　　회장: 아니. 나 안 만졌는데. 컴퓨터에 없어?

　　김비서: 없어요… 큰일났네. 어디 갔지?

컴퓨터를 다시 보니, 꽂혀있던 USB가 없다.

다시, 회장실의 토요일 오후 회의장면

회장, 최비서(남자), 김비서(여자), 보미, 유미. 5명의 회의가 계속된다.

　　보미: 그러니까, 저 네 분 중 한 명이 가져갔다는 거죠?

　　김비서: 당시 상황으로 봐서 그렇다고 봐야합니다. 다른 가능성은 없습니다. 신제품 개발자료를 빼돌려 외국이나 다른 회사에 몰래 팔려는 거죠.

　　보미: 경찰에 신고하면 안되나요?

　　김비서: 그러면, 범인을 잡을 수는 있겠지만, 다른 손실이 너무 큽니다. 경찰이나 언론이 알게 되면, 내부경영진 분열, 비밀자료 유출 같은 신문 기사 나오고, 회사 이미지 실추, 주가하락, 투자자들의 자금회수 등으로 이어지겠죠. (최비서를 향해서) USB 못 찾으면 손해는 어느 정도로 추정됩니까?

　　최비서: 경쟁회사로 유출될 경우, 6개월이면 제품을 출시할 수 있습니다. 그러면 저희 수익은 반정도로 감소한다고 보면, 손실액은 연간 약 300억 정도입니다.

　　회장: 그런데, 가장 큰 고민은… 섣불리 중역 4명을 모두 뒷조사할 수는 없어요. 잘못하다간, 자가당착(自家撞着). 충성스러운 내 팔을 내가 자를 수도 있어요. 그리고, 이런 일은 공모할 만한 일이 아니니까, 분명히 그 중 한 명이라

고 봅니다.

회장은 유미에게 얼굴을 가까이 다가와서, 유미의 두 손을 꼬옥 잡는다… 회장은 진지하고 간절한 목소리로 부탁한다.

회장: (유미의 두 눈을 보며 간절한 목소리로) **그 한 명을, 유미양이 찾아주세요!**

한동안 심각한 침묵이 흐른다. 잠시 후, 보미가 농담으로 침묵을 깬다.

보미: (농담으로) 그러니까, 네 개의 사과 중에 속이 썩은 사과가 하나 있는데, 겉으로 봐서는 아무도 알 수 없다. 그런데 딱 한 개만 잘라보고 찾아내라. 멀쩡한 사과를 건드리면 안된다. 이런 거네요.

김비서: (미소를 지으며) 원래 도사님들이 그런 거 하는 거 아닙니까?

유미: 알겠습니다. 그럼, 그 네 분 생년월일, 시 알려주세요.

김비서: 생년월일은 알기 쉽지만, 시는 어떻게 하죠?

유미: (김비서와 최비서를 번갈아 보며) 두 분의 능력을 보여주실 때가 온 것 같습니다. 가족, 친구, 지인, 주변의 누구든지 점 보러 갔던 사람과 그에 관련된 사람 찾아보고, 출생지 병원 탐문하고, 유능한 탐정도 알아보고… 최대한 뛰셔야죠.

김비서는, 큰 숙제를 받은 학생처럼 대답없이 서서 잠시 숨을 크게 쉰다.

유미: 안되면 할 수 없지만, 가능한한 해보시고.

김비서: 아무리 해도, 시간을 알 수 없는 사람은 어떡하죠?

유미: 그 사람의 성격, 프로필, 지나온 인생, 자식 관계 등을 사주와 자세히 비교하면 시에 어느 두 글자가 들어가야할 지 찾을 수 있어요. 저는 아직 그럴

실력은 안되지만, 할아버지가 전에 하시는 거 봤어요. 그런데, 시간이 오래 걸려요.

김비서: 알았어요. 시간이 촉박하니 저도 최선을 다하겠습니다. 3일 내로 알아내겠습니다.

회장: 그러면, 오늘이 토요일이다… 금요일 밤에 빼돌렸다. 저쪽 회사하고 연락하고 협상하는데 최소 2,3일은 걸리겠지.

김비서: 네, 그렇습니다. 아마, 월요일이나 화요일쯤, 약속을 잡고.

최비서의 생각: 그러면, 전달은? 언제 갖다주나?

최비서: 첫번째 가능성이, 금요일 밤. 특히 이번주는 저녁에 회식이 많아서, 목요일 까지는 곤란하고 금요일은 회식이 없으므로, 금요일 퇴근후가 가장 좋습니다. 물론, '항구에 배 들어오는 날이 언제냐?' 에 따라 좀 다르겠지만…

최비서: 평일은 장시간 사적으로 자리를 비우기가 곤란하므로 주말을 이용할 겁니다. 금요일 밤이 가능성이 큽니다.

보미: 그런데, 그 USB 복사해서 인터넷으로 보내면 될텐데. 왜, 직접 가지고 가죠?

김비서: 그 USB는 특수제작된 복사방지 장치가 있어서 복사가 불가능합니다. 원본 하나만 존재합니다.

마침 이때, 보미는 화장실에 가려고 자리를 뜬다. 그리고 회장이 미소를 띄며 유미에게 말한다.

회장: 보수는 충분히 해드릴께요.

유미: 아닙니다. 보수는 바라지 않습니다.

회장: 그래도, 그럴 수 있나? 그러면... 젊은 사람이니까, 요즘 새로 나오는 테슬라 (Tesla) 전기자동차 어때요?

유미: 아. 아닙니다. 저는 운전하고 싶은 마음도 없고. 지금 필요한 것도 없습니다.

회장: 그러면, 나중에 생각해보고 알려줘요.

유미: 혹시 부인께서 외국인이신가요?

회장: 그걸 어떻게?

유미: 아니, 확신으로 말씀드린 건 아니고 사모님을 의미하는 글씨가 공망이라서, 외국인과 인연이 되시는 것 같아서.

회장: 맞아요. 일본인이에요.

유미: 그런데, 떨어져서 살아오신 것 같고, 2017년경에 더 멀어지는 기운이 보여서.

회장: 맞아요. (크게 한숨을 쉬며) 병으로⋯2017년에 세상을 떠났어요.

유미: (위로의 표정으로) 아⋯ 그러셨군요.

이 때 보미가 돌아와서 두사람의 대화가 끊긴다.

회장: 그래요. 개인적인 문제는 나중에 시간내서 다시 얘기합시다.

보미와 유미는 인사를 하고 회장실을 나온다.

잠시 후. 토요일 늦은 오후. 태양산업 빌딩 근처의 햄버거 체인점.

유미와 보미는 프렌치 프라이와 샐러드 등으로 간단한 요기를 하고 있다.

보미: 너 진짜 괜찮겠어? 난, 이렇게 큰 일인지 몰랐어.

유미: 괜찮지 않을 게 뭐 있어?

보미: 혹시 실수해서 잘못 짚으면?

유미: 걱정 마. 나도 할아버지처럼, 확실하지 않으면 그냥 모른다고 해버려. 손님은 실망하고 돌아가겠지만, 엉뚱한 말 하는 것보단 낫잖아.

보미: 그렇겠지.

유미: 언니… 7월초에 시간 있어? 나하고 3박4일쯤 일본 여행 갈래?

보미: 일본? 나도 가고 싶은데… 6월말에 상반기 결산있고, 7월 2일부터 4일까지 연수 캠핑, 그 다음 주엔 행사 등등. 7월은 시간내기 힘든데.

유미: 그래? 난, 외국 한번도 못 가봤거든. 그래서 이번 방학 때 가보려고.

보미: 넌, 입시공부 안 하니까, 정말 편하구나. 아마 우리나라 고3중 최고 행복한 고3일거다… 그럼 영호한테 말해봐. 영호도 방학이니까 3박4일 정도는 같이 갈수 있을 것 같은데.

유미: (정색을 하며) 언니! 남자하고 단둘이 해외여행 가라고?

보미: 너희 둘이 좋아하잖아? 사람들 다 아는데 뭘.

유미: 그래도. 난 고3인데, 그게 말이 돼? 할아버지가 허락하시겠어?

보미: 그렇겠지? 이상하겠지? 미성년 여자하고 남자대학생이? 그래. 어쨌든, 제니는 미국가고, 너는 일본가고… 좋겠다.

6월11일. 화요일 밤. 9시경. 유미의 집.

유미는 방에서 공부하고 있다. 유미의 핸드폰에, 김비서가 보낸 문자 메시지, 중역 4사람의 생년월일이 들어온다.

時	日	月	年	문이사:
甲	癸	庚	己	남자 1969. 6. 7.
寅	丑	午	酉	인시

71 2040	61 2030	51 2020	41 2010	31 2000	21 1990	11 1980	1 1970
戊	癸	甲	乙	丙	丁	戊	己
戌	亥	子	丑	寅	卯	辰	巳

時	日	月	年	송전무
辛	乙	癸	甲	남자 1964. 9. 23.
巳	亥	酉	辰	사시

75 2039	65 2029	55 2019	45 2009	35 1999	25 1989	15 1979	5 1969
辛	庚	己	戊	丁	丙	乙	甲
巳	辰	卯	寅	丑	子	亥	戌

時	日	月	年	정이사 남자 1971. 10.17. 미시
癸	乙	戊	辛	
未	亥	戌	亥	

73 2044	63 2034	53 2024	43 2014	33 2004	23 1994	13 1984	3 1974
庚	辛	壬	癸	甲	乙	丙	丁
寅	卯	辰	巳	午	未	申	酉

時	日	月	年	이상무 남자 1964. 9. 26. 사시
丁	戊	甲	甲	
巳	申	戌	辰	

74 2038	64 2028	54 2018	44 2008	34 1998	24 1988	14 1978	4 1968
壬	辛	庚	己	戊	丁	丙	乙
午	巳	辰	卯	寅	丑	子	亥

유미는 답장을 보낸다. '1시간 후 연락 드릴께요.'

같은 시각. 화요일 밤. 9시경. 태양산업 회장실.

회장, 김비서, 최비서, 김보미. 4사람이 앉아있다. 김비서가 문자를 받으며 회장에게 보고한다.

김비서: 1시간 후 연락한답니다.

회장: 자, 그럼 이제 구체적인 계획에 들어갑시다… 김비서?

김비서: 네.

회장: 도청은 보미씨 어머니가 도와주신다고?

보미: 네. 엄마한테 벌써 얘기해 놨습니다.

김비서: 제가, 김보미씨 모친 최영자 씨하고 구체적인 얘기중입니다.

회장: 최비서는 신기사 연락해서 대기시키고.

최비서: 네. 이미 연락해놨습니다.

회장: 자네는 도청기 설치되면, 며칠간 수고 좀 해주게. 길어봐야 닷새 이내에 끝날걸세.

잠시 후, 같은 장소. 회장실.

4사람이 야식을 먹고 있다. 회장이 입을 연다.

회장: 아, 가장 중요한 것을 잊고 있었네.

김비서: 행동대원이죠, 회장님.

회장: 그래. 우리 팀에서 누가 범인을 추격해서, 직접 물건을 빼앗느냐? 몸싸움이 벌어질 수도 있는데. 상대가 총기를 사용할 가능성은 거의 없지만 칼 같은 것은 가능한데.

최비서: 경호팀 중에서 뽑으시는 게, 어떠실지?

회장: 나도 그 생각을 했는데…나중에 말이 샐 수 있기 때문에, 우리회사와 관계없는 전혀 외부인을 쓰면 더 나을 것 같은데… 마땅한 사람이 없어.

보미: 적당한 사람이 있어요.

회장: 있어요? 이 일을 할 만한 사람이?

보미: 네, 제 친구 차영호라고 국정원 지망생인데요, 지금 Y 대학 다니고 있습니다.

회장: 보미씨가 추천하는 사람이라면 믿을 수 있겠죠.

보미: 네. 제가 보기엔 적임자입니다. 자기는 007 체질이라고 하던데요. 태권도 3단이고, 본인 말로는 건장한 남자 두 명은 상대할 실력은 된답니다.

회장: 그래요? 가능하면 내일 만나볼 수 있을까요? 아니, 내일 내가 바쁘니까 김비서가 만나보면 좋겠는데.

같은 날 화요일 밤. 유미의 집. 9시 50분경.

유미는 보드에 올린 사주를 보며 연구 중이다. 유미는 최종 결론을 내리기 전에, 할아버지를 부른다.

유미: 할아버지! 주무세요?

할아버지: 아직 안 잔다.

유미: 저 좀 잠깐 도와주세요.

할아버지가 방에서 나오신다.

유미: 사기꾼이나 배신자 찾는 법을 가르쳐 주셨는데,

1. 금년에 격(格)이 손상되거나, 중요 글자가 무력해지면, 판단력이 흐려져서 어리석은 짓을 할 수 있다.

2. 원국에 당령(當令)에 따른 주 오행 (主 五行)의 균형이 안 맞는 사람이, 운 에서도 역시 균형이 안 맞으면 치우친 생각으로 나쁜 판단을 할 수 있다.

3. 금년에 갑목이 오면 무(戊)토를 극하고, 무토가 누르고 있던 임(壬)수가 살아나니, 임수의 영향을 많이 받는 사람은 돈 욕심에 휩쓸릴 수 있다.

4. 천간에 정관(正官)이 있고, 지지에 관(官)이 없던가, 금년 운과 비교해서 지지에 관이 무력화 될 때 자기 합리화를 한다.

5. 자신에게서 나가는 기운이 없고, 받는 기운, 즉 정인(正印)과 편인(偏印) 만 강하면 이기적이고, 비밀리에 사기를 칠 수 있다.

6. 정인이 없을 때, 상관(傷官)이 강해지면, 법과 질서를 어길 수 있고, 지지에 근(根)이 강하면 사고 칠 가능성이 더 크다.

7. 운에서 영향을 받아서 사주 내의 겁재(劫財)와 편재(偏財)가 강해지면 투기, 도박, 불로소득을 추구할 수 있다.

8. 괴강, 백호, 원진, 육해살이 운에서 오는 글자와 부정적으로 작용할 때 나쁜 일을 꾸밀 수 있다.

이런 여러가지 조건에 맞춰 보면, 문이사와 이상무는 정상이고, 송전무도 약간 가능성이 있지만, 충성심은 여전히 변함없고, 결론적으로 정이사가 범인 이라고 봐요.

할아버지: (대견하다는 듯이, 유미의 머리를 쓰다듬으며) 그동안 많이 늘었 구나. 우리 애기! 그래, 내 생각도 그게 맞는 것 같다.

같은 날 화요일 밤. 10시경. 태양산업 회장실.
회장, 김비서, 최비서, 김보미. 4사람이 긴장한 표정으로 앉아있다. 김비서 의 전화기에 유미가 보낸 문자가 들어온다. 김비서가 핸드폰을 회장에게 보여 준다.

회장: 음… 정이사? 역시… 내가 그 친구 요즘 좀 느낌이 이상했어. 그리고 송전무는 가능성은 약간 있어 보이지만 충성심에 변화는 없다. 그리고 나머지 두 사람은 의심의 여지없이 성실하다? 이게 결론이네.

김비서: 네. 제 생각에도 유미양이 맞는 것 같습니다. 그날 회의 끝나고 정이사님이 가장 마지막으로 나가셨어요. 참, 그때, 핸드폰 놓고 왔다고 하면서, 다시 소파에 갔다가 나가셨어요.

회장: 정이사 방에 도청기 설치할 수 있을까?

최비서: 그 분, 엄청 보안이 철저하시던데요. 보안 때문에 여자비서도 안 쓴데요.

김비서: 네, 지난번 그 방에 가본적이 있는데요. CCTV가 사방에 있어요.

보미: 몰래 들어가서 설치하는 것은 불가능하겠네요.

김비서: 내부에 설치하기가 쉽지 않겠는데. 제가 좀 더 연구해 보겠습니다.

회장: 위치추적기는 그 비서 두 사람 차에 붙이고.

김비서: 정이사님 차에도 붙일까요?

최비서: 그 차는 쓰지 않을겁니다. VIP 차는 블랙박스를 경비회사에서 직접 관리하기 때문에 운행 기록이 노출됩니다.

회장: 보미양은 최영호군에게 연락해서, 대답을 빨리 우리에게 알려줘야 돼요. 만약 노(NO) 하면 빨리 다른 사람을 구해야 하니까. 예스(YES) 하면 김비서가 내일 중으로 만나보고.

같은 날. 화요일 밤 11시 반. 보미의 방.
보미가 영호에게 카톡을 한다.

보미: 지금 자니?

영호: 아직

보미: 그럼 전화로 할께.

보미는 바로 전화를 건다.

보미: 수사관연습 아르바이트가 있는데, 해볼래?

영호: 뭐하는 건데?

보미: USB 훔쳐간 범인 잡는 건데.

영호: 위험하지 않은 거야?

보미: 위험할 수도 있지. 수사관 연습이니까. 그렇지만, 상대가 총기를 갖고 있을 가능성은 없고, 칼은 소지할 수는 있어. 그런데 우리는 두 명 또는 세 명이고, 상대는 한 명 또는 두 명이니까 그렇게 위험하지는 않을 것 같은데.

영호: 남자 한두 명이면 칼이 있어도 문제없어. 그런데, 언제?

보미: 금요일 오후부터 일요일 저녁까지 대기하다가, 연락오면 태양산업 건물에 모여서 출동할거야.

영호: 보수는?

보미: 글쎄. 그건 안 물어봤는데. 아마 보통 사람들이 생각하는 것보다 훨씬 많을거야.

6월12일. 수요일 아침. 태양산업 빌딩.

사람들 출입이 없는 조용한 창고. 김비서와 최비서와 보미엄마 최영자, 세 사람이 도청기 설치 연습 중이다.

최비서가 걸어갈 때 최영자가 마주보고 오다가 실수하는 척하며 부딪힌다. 그리고 양복 왼쪽 위의 명함주머니에 백 원 동전 크기의 도청기를 집어넣는다. 몇 번 실수를 반복하며 점차 익숙해진다.

김비서: 최언니! 이제 거의 완벽해지셨네요.

최영자: 절대 실수 없어야죠. 그동안 입은 은혜에 보답해야죠.

최비서: 그런데 박비서가 양복을 바꿔 입으면 어쩌죠?

김비서: 걱정마세요. 제가 오래 관찰해왔는데, 그 사람은 정이사님 방에 들어갈 때는 항상 같은 옷을 입어요. 그래서 제가 이 방법을 택한 거예요. 며칠 동안 세탁소에만 가지 않으면 돼요.

최영자: 배터리 수명은 얼마나 되요?

최비서: 1주일이에요.

수요일 낮. 점심 시간. 태양산업 빌딩내 복도.

직원들이 복도에 많이 걸어다닌다. 복도에서 최영자가 박비서 옆에 접근하지만, 다른 사람들 때문에 기회를 잡지 못한다.

그러나, 주차장에서 최영자가 자동차 두대에 위치추적기를 부착한다.

다시, 퇴근시간에 다른 복도에서 최영자가 박비서에게 도청기를 설치하려고 시도하려고 하지만 역시 여의치가 않다.

수요일 저녁. 퇴근시간 후. 회장실.

김비서는 최영자와 통화하고 있다.

김비서: 어떻게 됐어요?

최영자: 도청기는 아직 못했어요. 추적기는 두 대 다 부착했어요.

김비서: 수고하셨어요. 내일은 꼭 성공해야 돼요.

수요일 밤. 퇴근 후. 고급 일식집.

실내는 크게 붐비지 않고 은은한 조명과 음악이 낭만적인 분위기를 살린다. 테이블에는 일식요리와 와인. 김비서와 차영호가 와인 잔을 부딪힌다. 김비서는 영호에게 그들이 할 일을 설명한다.

영호: 말씀하신 내용, 대충 파악했습니다. 제가 할 수 있을 것 같습니다.

김비서: 영호씨 정도의 체격과 실력과 지성이면, 이번일 잘 할 것 같아요. 정신력도 강하신 것 같고. 내가 같이 갈 거예요.

영호: 저기, 말씀 낮추세요. 저보다 한참 누님이신데. 저는 2005년생입니다.

김비서: 그래요? 난, 2001년 뱀띠. 내가 네 살 많네. 네 살 차이는 궁합도 안 본다는데.

영호: 그래요? 김비서님 정도 미모와 지성이면 대쉬하는 남자들이 많을 것 같은데. 남자친구 있지요?

김비서: 있-었-지요. 지금은 솔로지만.

다시 한번 건배하고 대화를 계속한다.

김비서: 영호씨는 오래 알던 친구 같은 느낌이에요. 거리감이 없어요.

영호: 저도 그런 것 같습니다.

김비서: 여자친구 있어요?

영호: 글쎄요. 여친이라고 할 수 있을는지? 아직 서로 진지한 얘기는 안해 봐서.

김비서: 왜요? 그쪽에서 반응이 없어요?

영호: 아직 고3이에요. 좀 기다려야 돼요.

김비서: 그쪽은 영호씨 좋아해요?

영호: 그런 거 같지만, 사람들 이목도 있고, 자주 못 봐요. 전화는 자주하지만.

김비서는 와인 잔을 바라보며 회상한다. 유미의 집 마당에서 김비서와 유미가 처음 대면하던 장면. 김비서의 얼굴이 확대되면서 묘한 미소를 짓는다.

14

태양산업 USB도난사건 추적 2부

6월13일. 다음날. 목요일 아침. 9시 10분전. 태양산업 빌딩 1층 현관.

입구는 출근시간이라 사람들로 붐빈다. 박비서가 출근하면서 다른 직원들과 인사를 나눈다. 박비서는 엘리베이터를 타고 10층에서 내린다.

박비서가 복도를 따라 걷고 있을 때, 옆에서 갑자기 최영자가 청소도구들 들고 나오면서 박비서에게 가볍게 부딪힌다. 최영자는 재빨리 박비서의 양복 명함주머니에 백 원 동전 크기의 도청기를 몰래 넣는데 성공한다.

최영자: 어머, 죄송해요. 제가 한눈 팔다가.

박비서: 아니, 괜찮아요. 그쪽도 괜찮으세요?

최영자: 네.

최영자가 고개를 숙이고 인사를 하는 순간 박비서는 음흉한 눈빛으로 최영자의 가슴골을 훔쳐본다. 두사람은 목례를 하고 헤어져 서로 가던 길을 간다.

잠시 후. 목요일 아침. 9시 10분경. 태양산업 회장실.

김비서와 최비서, 두 사람이 긴장된 표정으로 전화오기를 기다리고 있다. 김비서의 핸드폰이 울린다. 김비서는 급히 전화를 받는다.

김비서: 네, 최언니, 어떻게 됐어요? … 그래요? 됐어요? 수고했어요.

김비서가 전화를 끊으며, 최비서에게 큰소리로 말한다.

김비서: 지금 설치 됐데요. 체크해보세요.

몇초 후,

최비서: 아, 신호 잡혀요. 소리 들립니다. 녹음 시작합니다.

김비서: 그러면 이제부터 기다림이네… 회장님한테 알려드려야지.

지루한 기다림의 시간이 시작된다. 두사람은 하루 종일 자리를 비우지 않고 컴퓨터 앞에서 대기한다.

(장면 1) 배달음식으로 점심 식사를 한다.

(장면 2) 배달음식으로 저녁 식사를 한다.

(장면 3) 김비서가 밤에 화장실에서 양치질한다.

(장면 4) 김비서가 소파에서 불편하게 눈을 붙인다.

(장면 5) 김비서가 컴퓨터 앞을 지키고, 최비서가 소파에서 눈을 붙인다.

(장면 6) 벽시계가 새벽 4시를 넘어간다.

6월14일 금요일 아침.

(장면 7) 아침에 창밖에 어둠이 걷히고 햇빛이 들어온다.

(장면 8) 배달음식으로 점심 식사한다.

6월14일 금요일 저녁.

(장면 9) 배달음식으로 저녁 식사한다.

(장면 10) 김비서가 영호에게 '톡'을 한다.

김비서: 잘있죠? 이제부터 중요한 시간이에요.

영호: 네, 쉬면서 연락만 기다리고 있습니다.

벽시계가 밤 11시를 가리킨다.

이때 김회장이 사무실 문을 열고 들어선다.

회장: 수고들 하는 군.

두 사람이 회장에게 인사한다.

회장: 오늘 중요한 일은 대충 다 처리했고. 나도 여기서 같이 기다려야지.

6월15일. 토요일 아침. 8시경. 태양산업 회장실.

회장은 안쪽 공간의 소파에서 졸고 있고, 최비서는 피곤한 눈으로 컴퓨터 앞에 앉아있다. 소파에 기대고 있던 김비서가 자리에서 일어나며 묻는다.

김비서: 무슨 소식 좀 있어요?

최비서: 네, 20분전부터 소리가 좀 잡혀요.

잠시 후,

최비서: 잠깐… 자. 이제 사람 얘기하는 게 들립니다.

김비서: 회장님, 이리 오세요.

세사람이 모여서 녹음기 내용을 듣는다.

(도청기 녹음 내용: 정이사와 그의 심복 박비서의 대화)

정이사: 자네도 예상했겠지만, 오늘이 D-Day 다. 미리 말하지 않고, 지금 말하는 이유는 알지?

박비서: 네. 이사님의 강점이죠… 철저한 보안!

(클로즈 업) 정이사의 사무실 내부의 사방 벽 위에는 CCTV 네 개가 설치되어있다.

정이사: 그래. 맞아. 배가 오늘 아침 7시에 여수항에 들어와서 오후 5시에

나간다. 그러니까, 어제 밤 가봐야 객지에서 위험하게 하룻밤 보내는 것 보다, 오늘 아침에 출발하는 게 더 안전하고 시간도 절약될 거야. 오후3시까지 전달하기로 약속했으니까, 지금 출발하면 시간은 충분하다.

박비서: 여수항으로 직접 갑니까?

정이사: 아니… 여수항 근처에 쟤네들 사무실이 있다. 거기에 전달하면 된다.

정이사는 메모지를 건네준다.

정이사: 자 여기. CCTV 안 보이게 해.

박비서는 벽면위에 걸려있는 CCTV를 슬쩍보면서 메모지를 주머니에 넣는다.

정이사: 너무 걱정할 거 없다. 혹시, 한 두시간 후에 누가 눈치채도, 이미 우리를 따라잡을 수 없다. 한 두시간 앞서간 차를 고속도로에서 따라잡는 건 거의 불가능하다. 그러니까, 너무 불안해하지 말고.

박비서: 알겠습니다. 조심하겠습니다.

정이사: 중간에 경찰에 걸리면 안돼. 절대로 과속하지 말고. 지금 8시 반이니까, 기름 충분히 넣고 출발하게.

박비서: 네. 알겠습니다.

정이사: 잘되면, 전에 말한 대로 우리 가족, 자네 가족, 함께 미국으로 뜬다.

박비서: 네. 가면서 계속 연락 드리겠습니다.

다시, 회장실.

녹음을 듣고 난 세 사람이 대화한다.

회장: 김비서는 차영호 군 연락하고, 최비서는 신기사 대기 확인하고.

김비서: 네, 20분 정도면 도착할겁니다.

잠시 후. 토요일 아침. 9시경. 태양산업 빌딩.

영호의 차가 들어온다. 곧 이어, 영호가 엘리베이터를 타고 올라간다. 잠시후, 엘리베이터에서 내려 회장실로 들어온다. 사람들이 영호를 반긴다. 김비서가 영호를 회장과 최비서에게 소개시키고, 서로 간단한 인사를 한다.

회장: 자, 긴 얘기는 나중에 하고, 출발하지.

김비서: 근데, 회장님. 제가 복장이 이래서.

회장: 그렇지. 편한 옷이 있어야 할텐데.

김비서는 대답도 하지 않고, 컴퓨터 옆 공간에 푸른 천으로 된 병원용 간이 칸막이(커튼) 뒤로 들어간다.

김비서는 거침없이 치마를 벗는다. 팬티스타킹이 드러나고 속에 입은 팬티가 비친다. 김비서는 바지를 입는다. 이번엔 옷도리를 벗자, 브라만 입은 가슴이 훤히 드러난다. 김비서는 편한 상의를 걸친다.

영호와 최비서는 커튼 뒤의 김비서가 옷 갈아입는 모습을 슬쩍슬쩍 보면서 침을 꿀꺽 삼키며, 심호흡을 크게 한다. 회장은 창밖을 보며 기다린다.

접는 신형 핸드폰과 가방을 챙기면서, 김비서가 바깥 쪽을 향해 두 남자에게 소리친다.

김비서: 뭘 봐요? 남자들이란 하여튼.

영호와 최비서가 뻘쭘하고 있을 때, 김비서가 앞장서서 걸어 나간다. 회장을 포함한 네 사람은 회장실을 나와 엘리베이터를 탄다. 김비서가 맨 꼭대기 층 버튼을 누른다. 빌딩의 옥상 문을 열고 나오자 탁 트인 공간에 시원한 바람이 분다.

저 앞에 시동을 걸고 기다리는 새로운 디자인의 비행체. 마치 영화에서 보는 UFO 같은, 날렵한 모양의 신형 드론… '호크(Hawk)' 회의실 화면에서 봤던 그 4인승 '드론'이다.

영호와 김비서는 드론에 오르고, 회장과 최비서는 손을 흔들어 전송하고 다시 옥상 문 쪽으로 돌아간다.

잠시 후. 토요일 아침. 비행하는 드론의 내부.

신기사는 드론의 조종간을 잡고 있고, 기수는 남쪽을 향하고 있다. 앞의 조수석에는 영호, 그리고 뒷자리에 김비서가 타고 있다. 드론은 4인승으로 뒷좌석 하나는 비어있다.

아래쪽 풍경은 서울 남부를 지나고 있다. 자동차들이 성냥갑 만하게 보인다. 엔진소리가 전혀 없고 바람 소리만 들려서, 마치 구름위를 날으는 기분이다.

김비서: 위치는 제 핸드폰으로 추적하고 있어요. 근데, 제가 지리를 잘 몰라서.

신기사: 그거 여기 받침대에 꽂아놓세요. 같이 보게.

김비서: 따라잡는데 얼마나 걸릴까요?

신기사: 너무 속도를 높이면 배터리가 빨리 달아요. 우리 평균속도하고 저쪽 속도하고 봐서, 한 시간쯤? 아마 대전 근처에서 만나겠죠.

하늘에서 내려다본 고속도로.
한 시간쯤 앞서 간 박비서의 차는 정상속도로 달리고 있다. 주말 오전이라 교통량은 그리 많지 않다.

한편, 박비서를 추격하는 드론.
드론은 남쪽을 향해 날아가고 있다. 드론의 내부에서 대화가 이어진다.
신기사: 그런데, 달리는 차를 어떻게 세우죠?
김비서: 휴게소에 쉴 때, 옆에 드론을 착륙시키고, 재빨리 덮쳐야죠. 그래서 날쌘 사람이 필요하죠. 영호군처럼.
신기사: 저 차가 중간에 한번도 안 쉬면 어떡하죠?
김비서: 서울에서 여수까지 한번도 안 쉬고 가는 사람이 어디 있어요?
영호: 나 같으면, 아주 중요한 일이면 안 쉬고 갈 것 같은데요.
김비서: 배고픈 건 참아도, 생리현상은 못 참아요. 여자들은 더 잘 알죠.
박비서의 승용차.
고속도로 상, 통행량은 평소보다 적은 편이고, 박비서의 차는 정상으로 달리고 있다.

드론의 내부.
김비서: 우리 어디쯤 왔어요?
신기사: 청주 근처에요. 곧 그 차가 보일겁니다.
(추적화면을 보면서) 어? 근데 차가 섰는데?

김비서: 어디요?

신기사: 대전휴게소. 아… 저 앞에 보이네요. 생각보다 휴게소에 너무 일찍 들렸네.

드론은 휴게소에 접근한다.

김비서: 아, 저 차다. 빨리 옆에 착륙해요.

드론은 급강하해서 휴게소의 넓은 공터로 향한다. 그런데, 이때 박비서가 화장실에서 나와 차에 오른다.

드론이 착륙하기전에 박비서의 차는 출발한다.

신기사: 어떡하지? 지금 착륙하면 못 잡아요.

김비서: 막아요. 드론으로 앞을 막아요. 일단 시야를 가려봐요.

신기사는 흥분한 듯이 급히 속도를 올리며 조종간을 꽉 잡고 정면을 주시한다. 드론이 출구에서 안쪽으로 들어오면서, 출구를 향해 나가는 차를 정면으로 마주보고 급강하하며 위협한다.

그러나, 차는 미꾸라지처럼 곡예운전으로 출구로 나가 고속도로에 다시 진입한다.

드론이 기수를 돌리며 차를 쫓아 급히 전진한다. 드론은 곧 차의 옆으로 다가선다.

차는 맨 오른쪽 차선으로 달리고, 드론은 그 오른쪽에서 지상 5미터 높이로 차를 따라서 직선으로 비행을 한다.

신기사가 왼쪽을 보면서, 달리는 차 안의 박비서에게 여러 번, 멈추라는 손짓을 한다.

차의 내부.

박비서는 자신의 상사인 정이사에게 전화를 건다.

박비서: 들켰습니다. 피하십시오.

다시, 드론의 내부.

김비서: 어떻게 세우죠?

영호: 드론에 무기 같은 것은 없나요? 바퀴를 펑크낼 수 있는 도구?

신기사: 이 드론은 민간용이기 때문에, 무기 같은 것은 없습니다.

영호가 주머니에서 호신봉을 꺼낸다.

영호: 앞 유리창에 금이 가면, 시야가 가려서 차를 세울 수밖에 없을 거예요.

신기사는 그 말에 동의한다는 듯, 고개를 끄덕이며 조종간을 고속으로 올린다.

드론은 속도를 높여 박비서의 차를 앞서 멀리 날아간다. 차를 앞서가던 드론이 방향을 180도로 유턴해서 저공비행으로 차를 향해 되돌아 날아온다.

조수석에 타고 있는 영호가 벨트를 단단히 매고, 상체를 오른쪽으로 기체 밖으로 내민다.

영호가 기체 밖으로 몸을 유연하게 내밀며 호신봉을 치켜든다.

김비서: 조심해요!

드론이 차를 향해 돌진한다. 차에 충돌하기 직전, 드론은 기수를 왼쪽 9시 방향으로 돌려 급회전한다.

순간, 영호는 호신봉으로 차의 앞유리를 가격한다. '챙'

차의 앞유리가 약간 갈라지긴 했지만, 운전에 지장은 없을 정도이다.

드론이 다시 멀리 앞서가다가 방향을 180도 돌려서 차를 향해 날아든다. 전과 같은 방법으로 신기사와 영호는 다시 시도한다.

그런데 영호가 이번에는 호신봉으로 자동차의 정면 유리를 가격하려고 하다가 그 호신봉을 손에서 놓쳐버린다.

다시, 드론 내부.

세 사람이 매우 흥분한 모습, 심각한 표정이다. 가쁜 숨을 쉬며 영호가 김비서를 돌아보며 말한다.

영호: 폴더블 폰 있죠? 새거. (자기 핸드폰을 보이면서) 내껄론 안돼요. 충격이 약해요.

김비서: 뭐요? 새 전화기요?

영호: 아까 옷 갈아입을 때 봤어요. 폴더블 폰. 이리 주세요. 비밀애인 있나보죠?

영호는 손바닥을 내밀어 폴더블 폰을 달라는 제스처를 한다. 김비서가 마지못해 핸드백에서 폴더블 폰을 꺼내서 영호에게 넘겨준다.

김비서: 새건데.

영호: 애인이 다시 사주겠죠?

영호의 세번째 시도가 시작된다. 다시 한번 차를 앞서가던 드론이 방향을 180도 돌려서 차를 향해 날아든다.

영호는 폴더블 폰을 접어서 손에 들고, 다시 한번 시도한다.

전화기를 마치 야구공처럼 앞유리를 향해 던진다. '쨍' 소리와 함께 앞 유리에 거미줄 같은 금이 간다.

차의 내부.

앞 유리에 금이 가서 박비서는 시야가 불편하고 더 이상 운전이 불가능하다. 속도를 줄이며 옆으로 빠질 방법을 생각한다. 천천히 운전하며 오른쪽을 보니, 바로 옆으로 난간을 지나 오른쪽으로 지방도로가 보인다.

박비서는 속도를 올려 난간을 들이받고 장애물을 넘어간다. 약간 찌그러진 박비서의 차는 곧 지방도로에 들어선다. 그러나, 100 미터도 못 가서 도로는 막힌 길이다. 박비서는 할 수 없이 차를 멈춘다.

이때, 드론이 자동차 가까이에 착륙한다. 주변에 다른 차나 사람은 보이지 않는다. 드론에서 세 사람이 내리고, 그 중에서 영호가 먼저 자동차를 향해 달려간다.

차에서 박비서가 내리고 두 사람이 잠시 격투를 벌인다. 박비서가 칼을 꺼내 들었지만, 영호에게 적수가 안된다.

잠시 후, 두 사람이 숨을 고르며 헉헉거리는 동안, 김비서가 가까이 다가오면서 큰소리로 박비서에게 소리친다.

김비서: 박비서님. 쓸데없는 짓 하지 말고, 내 얘기 좀 먼저 들어봐요.
박비서와 영호는 동작을 멈추고 김비서를 쳐다본다.

김비서: 우리를 다 때려 눕혀도, 저 차가지고 시간내에 못 가요. 다 끝났어요.
박비서: 그래서… 어쩌자고?
김비서: 서로 좋은 방향으로 협상합시다.
박비서: 어떻게?

김비서: 다 없던 일로 하고 사법처리 안 하고, 경찰에도 말 안하고.

박비서: 그리고?

김비서: 자진 퇴사하시고, 대우는 자진퇴사하신 다른 분들에 준해서 해드릴께요.

박비서: 그러면 우리 정이사님은?

김비서: 의리는 대단하시네. 정이사님도 같은 방식으로 대우해 드리겠습니다.

박비서: 김비서가 무슨 권한으로 그런 약속을 할 수 있을까? 회장님 따님이라도 되시나?

김비서: 회장님 따님보다 내가 권한은 더 셉니다.

박비서: 어떻게 해서? (농담) 그러면 회장님 애첩이라도 되시나?

김비서: 말조심하세요. 내 맘 바뀌기 전에. (동시에 영호를 흘깃 쳐다본다)

박비서: 미안. 미안. 농담이요. 난 미인만 보면 농담이 나와서 말야.

박비서는 항복하는 시늉을 하며, 멋적은 미소와 함께 주머니에서 USB를 꺼내 김비서에게 넘겨준다.

드론은 네 사람을 태우고 서울을 향해 떠난다.

15

삼총사 보상 받다.

6월16일. 다음날. 일요일 저녁시간. 고급 레스토랑 VIP룸.

김회장, 김비서, 최비서, 보미, 유미, 영호. 6사람이 모여있다. 웨이터 3명이 카트에 음식을 밀고 와서 테이블에 올려놓고, 6개의 잔을 채운다.

회장이 먼저 잔을 들고 건배를 외친다.

회장: 자, 건배. 수고들 많았어요.

다들 잔을 들어 입을 대고, 유미는 와인 대신 주스를 마신다.

보미가 먼저 입을 연다.

보미: 영호, 이번에 엄청난 서커스를 했다며?

영호: 응. 유연성 테스트 좀 했지.

보미: 잘못하면 죽을 수도 있는 위험한 상황이었다며?

김비서: (영호에게 윙크를 한다) 우리 경호원하시면 좋겠어요.

회장: 정말 큰 일 했어요. 우리회사를 살렸어요.

영호: 아. 과찬이십니다. 저도 덕분에 좋은 경험했습니다.

보미: 영호야, 미안해. 그렇게 위험할 줄은 몰랐어.

(유미를 향해서)

유미야, 너는 안 놀라니? 너 애인이 그런 서커스를 했다는데?

유미: 언니! 고등학생한테 '애인'이 뭐야? 그냥 남친이라고 해.

보미는 피식 웃는다.

유미: 영호오빠는 금년에 그렇게 나쁜 운은 아니야. 구미호 같은 여자 만날 운은 있지만.

곧이어 식사가 본격적으로 진행된다.

식사가 거의 끝날 무렵.

회장: 자 그럼 약속대로 원하는 것을 한 가지씩 말해보세요. 김보미 양부터.

보미: 저는 별로 한 것도 없는데, 저녁식사로 만족합니다.

회장: 그래도 그럴 순 없죠. 이번에 미화부에 주임자리가 났는데, 그 자리에 엄마 오시게 할까요?

보미: 어머. 그러면 너무 좋지요… 회장님. 너무 감사합니다.

회장: 그러면 유미양은?

유미: 저는 원래 이번 방학 때, 일본 도쿄 여행 3박4일 정도 할 생각이었는데요.

회장: 오, 잘됐네. 우리 딸이 도쿄에 살고 있는데, 그 집에 빈 방이 있는데, 거기서 며칠 지내면 되겠네.

유미: 아, 그러시다고 하셨죠? 그렇게 해 주시면 너무나 감사하겠습니다.

회장: 그리고 비행기표는 우리 김비서가 알아서 다 해드릴 거고… 여권은 있어요?

유미: 네, 여권은 벌써 준비해 놨습니다.

회장: 날짜를 결정해서 알려주시면, 비행기표는 비즈니스 클래스로 김비서가 즉시 처리해 드릴겁니다. 그리고 공항출국장까지 VIP차로 모셔드리겠

습니다.

유미: 아니에요. 그러실 것 까지는 없어요. 그리고, 혹시 같이 갈 사람 생길지도 모르니까, 나중에 다시 알려드릴께요.

회장: 그러면, 같이 갈 친구 생기면, 한두명은 추가로 비행기표 해드릴께요.

유미: 네. 정말 감사합니다.

회장: 자, 차영호 군 차례가 됐네.

영호: 저는 회장님 경호팀에서 경험을 좀 쌓고 싶습니다.

회장: 오, 그거 좋은 생각이네. 이번 방학 때 해보면 좋겠네. 보수는 정직원 수준으로 하고.

영호: 감사합니다.

회장: 본인이 원할 때 언제든지 해요. 그리고, 김비서가 내일부터 오리엔테이션 하세요.

김비서: 네, 알겠습니다.

김비서는 얼굴에 승리의 미소를 띤다.

영호: 그럼 저희는 이만 먼저 가보겠습니다.

유미, 영호, 보미는 인사를 하고 먼저 자리를 떠난다.

6월17일. 월요일 저녁 7시경. 황제호텔 2층 고급 일식집.

저녁 식사 시간에 일식집에서 김비서와 영호가 만나고 있다. 고급스러운 분위기에 손님이 꽤 많다. 실내에는 로맨틱한 음악이 흐른다.

김비서: 폴더블 폰 부신 거. 저녁식사로 갚으세요.

영호: 그러죠. 싸게 해주시네요.

김비서: 2차는 내가 살께요.

영호: 근데, 그 전화는 뭐에요? 비밀애인 있어요?

김비서: 있을 것처럼 보여요?

영호: 김 비서님 같은 미인이, 애인이 없다면 이상하지 않아요?

김비서: 제 이름은 김이경 이에요. 그 전화는 회장님하고 저하고 핫라인이에요. 회장님이 다시 사 주신대요.

웨이터가 와서 주문을 받고 돌아간다. 둘은 가벼운 대화를 하며 식사를 즐긴다.

김비서: 우리 어디 높은 데로 올라가요. 야경이 잘 보이는 데로.

영호: 어디요?

김비서: 남산 타워에 올라가요.

식사 후, 두 사람이 자리에서 일어난다.

잠시 후. 월요일 밤 9시경. 남산 타워.

차영호와 김이경은 시내 야경을 내려다보며 대화를 하고 있다.

김비서: 밤의 도시 풍경이 아름다워요.

차영호: 그래요. 시원하네요. 도쿄의 밤 거리도 아름답겠죠?

김비서: 서울하고 비슷한 것 같아요.

두 사람은 마치 연인처럼 여기저기 구경하며 즐거운 시간을 보낸다.

6월18일. 화요일 저녁. 퇴근 시간. 시내 도로.

영호는 동생 민희를 학교에서 픽업해서 집으로 오는 중이다. 퇴근시간이라 길이 막혀서 서행할 수밖에 없다.

신호등에 걸려 대기하는 상태에서, 옆 차선에 정지하고 있는 검은 색 고급 승용차가 눈에 들어온다.

자세히 보니 그 차의 뒷자리에 김이경(김비서)이 타고 있다. 영호는 반가워서 창문을 내리려는 순간. 그 차안에 김이경의 옆에 앉아있는 인물이 눈에 들어온다. 바로 김재명 회장이다.

회장은 김비서의 어깨를 끌어당긴다. 김비서는 자세를 숙여 회장의 무릎에 머리를 기대고 눕는 자세를 취한다. 회장은 김비서의 머리결을 어루만진다.

마치 부모가 피곤해하는 아이를 보듬어 달래는 모습처럼 보이기도 하고, 어떻게 보면, 단순히 직장상사와 여비서 사이로 보기엔 스킨십이 지나쳐 보인다.

두사람이 뭔가 대화를 하지만 창문 때문에 소리는 들리지는 않는다. 신호등이 녹색으로 바뀌고, 고급 승용차가 출발한다.

영호의 생각: 무슨 관계일까? 단순히 공적인 사이는 아니고, 애인 아니면 부녀지간? 하나밖에 없는 딸이 일본에 있는데… 이상해. 저런 정도의 스킨십이면 분명히 가족관계 일거야.

신호등이 녹색으로 바뀐다. 다른 차들이 출발하고 영호는 생각에 잠겨 2, 3초 지체한다.

민희: 오빠 뭐해? 가…

16

바람둥이 데이비드 선생님 연애 상담

6월 20일. 목요일 오후 4시경. 유미의 학교. 교실.

유미의 교실에서 영어 수업이 진행중이다. 선생님은 백인남자 데이비드 (David). 칠판에 영어문장이 쓰여 있고, 선생님은 열심히 설명하고 있다.

(칠판의 영어 문장)

In the United States, it is <u>difficult</u> to commit real estate fraud because in real estate transactions, the buyer and seller do not exchange money directly; instead, they use a third party, called escrow, making it <u>challenging</u> for real estate scammers.

데이비드 선생님: 서로 직접 돈을 주고받지 않고, '에스크로'라고 부르는 제3자가 중간에서 돈을 보관하면서, 부동산을 검사해서 서류나 실물에 하자

가 없을 때, 서로 합의 하에 돈을 매도자에게 줍니다. 그래서 부동산관련 불법 행위가 힘들어요. 사기를 칠 수 없어요. 오케이? 자, 그리고, 여기 줄 친 두 단어는 씨너님(synonym)이 되겠죠.

유미는 칠판을 주시하지 않고, 자기의 핸드폰을 보고 있다. 선생님이 그런 유미의 모습을 발견하고 유미에게 다가온다.

선생님: 정유미! 일어나세요.

유미가 자리에서 일어난다.

선생님: 미국에서는 왜 부동산 관련 사기를 치기가 힘들지요?

유미: 에스크로가 있어서 그렇습니다.

선생님: 에스크로 회사는 무슨 일을 합니까?

유미: 중간에서 돈을 맡아 가지고 있고, 부동산을 서류와 실물을 검사합니다. 그래서, 하자가 없으면 나중에 파는 사람에게 돈을 줍니다.

선생님은 얼굴에 미소를 띠며 말한다.

선생님: 핸드폰 보면서도 들을 건 다 들었네. 그래도 수업태도 불량이니까, 수업 끝나고 교무실로 와요.

수업 후. 목요일 오후 5시경. 유미의 학교 교무실.

여러 교사들이 퇴근 준비를 하고 있다. 유미는 가방을 메고 교무실로 들어서서, 영어선생님을 향해 걸어간다. 영어선생님이 유미를 보고 반가운 표정으로, 빈 의자를 하나 내주며 앉으라고 권한다. 유미는 가볍게 목례를 하고 의자에 앉는다.

영어선생님: 야단치려고 부른 게 아니고, 사실은 부탁이 한가지 있어서.

유미: 무슨 부탁이요?

영어선생님: 유미, 사주 잘 본다며?

유미: 잘 보는 건 아니고요. 약간 봐요.

영어선생님: 내 사주 좀 봐 줄래?

유미: 지금이요?

영어선생님: 아니, 여기서는 좀 곤란하니까, 학생식당이나 분식집으로 갈까?

유미: 애들 많지 않고 조용한 데는 중국집이 낫지 않아요?

영어선생님: 그래. 중국집에서 5시 40분쯤 보자.

잠시 후, 목요일 오후 5시 40분경.
중국 음식점에 영어선생님과 유미가 마주 앉아있다.

영어선생님: 아직 식사는 이르니까, 간단한 거 시킬까?

유미: 네. 그러시죠.

잠시 후,

종업원이 맥주와 군만두 안주를 가져온다. 선생님이 맥주를 한잔 따라서 마신다.

유미: 대낮부터 술 마셔도 괜찮아요?

선생님: 내가 용기가 좀 필요해서. 유미하고 얘기하려니까, 좀 떨려서. 알코올이 필요해.

유미: 근데 선생님, 미국사람들도 사주 봐요?

선생님: 아시아 이외에는 거의 사주를 안 믿지. 미국이나 유럽은 더욱 안 믿고. 나도 사실 점성술 같은 거 안 믿는데, 요즘 좀 답답한 일이 있어서.

유미: 그럼, 우선 생년월일, 시 부터 말씀하세요.

時	日	月	年	데이비드, 미국인.남자. 1997.2.22. 축시.
丁	乙	壬	丁	
丑	未	寅	丑	

76 2073	66 2063	56 2053	46 2043	36 2033	26 2023	16 2013	6 2003
甲	乙	丙	丁	戊	己	庚	辛
午	未	申	酉	戌	亥	子	丑

잠시 후, 유미는 핸드폰으로 선생님 사주를 보며 말한다.

유미: 2019 년과 2023년 작년에 해외여행 운이 있는데, 그 때 한국에 오셨어요?

영어선생님: 그래, 맞아. 5년전에 처음 왔고, 집에 갔다가 작년에 다시 왔어.

유미: 선생님은 수평나무 을(乙)목인데, 추운 초봄에 태어났는데, 이 계절에 중요한 글자가 없으니 이방인입니다. 즉, 비주류입니다. 3월 21일 이후는 을(乙)이 주도하고 3월 21일 이전은 수직나무, 갑(甲)이 주도합니다. 갑이 주도하는 계절이므로 을은 이인자나 이방인이 됩니다.

더 중요한 것은 봄에 태어났는데 큰 물 임(壬)수가 있으니 외국에 가서 문화를 교류한다는 의미입니다. 물과 나무와 불이 조화가 잘 되어 있어서, 공부하고 연구해서 정보나 지식을 전달하는 게 일이죠. 창작활동, 선생님 체질이네요. 청소년기에 운동도 좀 하셨고…부모님이 교육계통에 계세요?

영어선생님: 과연 소문대로…

선생님은 눈을 크게 뜨고, 매우 놀라며 맥주 한잔을 들이킨다. 선생님이 유미에게 한잔 권한다. 유미는 손을 저어 마다한다.

유미: 저는 술 못해요.

영어선생님: 내가 봐도, 나는 강사체질에, 말로 먹고 살고, 고등학교 때 야구 좀 했고, 엄마가 교육청에서 일하시고. 다 맞네.

유미: 그런데, 선생님… 바람둥이죠?

영어선생님: (능청스러운 표정으로) 바람둥이가 뭐죠? 나 모르는 '단어'인데.

유미: 여자를 너무 많이 좋아하는 사람. '카사노바'.

영어선생님: (눈을 크게 뜨며) 남자는 누구나 조금씩은 바람둥이 아닙니까? 여자 싫어하는 남자 없어요.

유미: 정도가 다르죠. 선생님은 탑 레벨입니다. 일등이에요.

영어선생님: 에이. 그걸 어떻게 알아?

유미: 나무는 우선 땅을 추구하는데 땅이 시(時, hour)에 하나 있고, 약해요. 즉, 부족해요. 땅은 선생님에게는 활동무대와 여자도 의미하는데, 필요한 것이 부족하니 당연히 매우 추구하겠죠. 그런데, 금이 부족해서 깨끗하게 맺고 끊지 못하고, 자꾸 미련에 끌려 다녀요.

영어선생님: 와, 미치겠네… 그걸 어떻게 알지? 생일을 보고?

유미: 저는 아직 초보자에요. 선생님, 올해 여자문제가 있네요.

영어선생님: 사실 나도 그것 때문에 유미를 보자고 한 거야. 그 문제가 어떻게 될지 궁금해서.

유미: 그 여자가 우리학교와 관계 있어요?

선생님: (머뭇거리다가) 응. 우리학교 관계? 있지.

사주를 유심히 보다가 갑자기, 유미의 눈빛이 매서워진다.

유미: 학생이에요? 고등학생하고 연애해요?

영어선생님: 오, 마이 갓!

선생님은 여기서 완전히 벌어진 입을 닫지 못한다.

영어선생님: 아니 그것까지? 말도 안돼.

유미: 현재 대운과 비교해 볼 때 태어난 시간이 직장의 모습인데, 거기 편재, 즉 일시적인 여자를 나타내는 글자가 함께 있어요. 올해 용이 와서 문제가 생길 운이니까. 직장, 즉 학교 플러스 여자를 결합해서, 어떤 여자일까 추리하면…

우리학교 여선생님과 여직원은 선생님에 비해 나이가 너무 많거나, 전부 다 결혼하셨고, 미혼인 한 선생님은 이미 약혼했고, 선생님 나이와 비교해보면 성인중에는 연애할 만한 여자가 없다. 그러면 남은 가능성은? 여학생이죠.

그리고 선생님은 키 크고 미남에 미혼. 그러니, 여학생들이 가만 놔둘 리 없죠. 사주를 몰라도, 선생님이 여학생들한테 인기가 많을 거라는 것은, 누구나 생각할 수 있고.

영어선생님: 우와. (고개를 설레설레 저으며) 셜록 홈즈가 형님으로 모시겠다.

유미: 남자가 나무(木)이면 대개 주변에 여자가 많아요. 바람기도 더 많고. 그런데, 선생님! (마치 야단치듯이) 미국에서는 어떤지 몰라도, 한국에서는 선생님하고 학생이 연애하면 욕먹어요.

영어선생님: 그건, 미국도 마찬가지지… 하면 안되는데… 여자애들이 먼저 자꾸 대쉬해서.

유미: 선생님은 현재 운에서 보면 금(金)이 약해서 냉정하게 자르지도 못하고.

영어선생님: 그러면, 어떡하지?

유미: 어떻게 할 수 있는 건 아니고요. 자기자신을 알고 있으면 조금씩 나아지죠.

유미는 군 만두를 하나 집어 들고, 작게 한입 베어 문다.

유미: 그런데, 아마 8월부터는 그 여자가 스스로 멀어질 것 같은데요.

영어선생님: (반기는 표정) 그래? 8월부터?

유미: 네. 선생님은 나무, 여자는 토(土)인데, 8월부터 지지에 금(金)이 강해지면, 토가 점점 기운이 약해지니, 여자와 멀어집니다.

여자입장에서는 내가 토인데, 금이 오면 기존의 남자인 목을 멀리하고 새로 다른 남자나 단체, 조직 등을 원하게 됩니다. 즉, 여자입장에서는 남자를 밀어내거나 바꾸려고 하죠.

영어선생님: (안도의 한숨을 쉬면서) 그렇게 되면 좋겠는데… 주변에서 알면 곤란하고, 여러가지 생각해보다가 유미를 부른거야. 오히려 유미 성격이 비밀을 더 잘 지켜줄 것 같고.

유미: 감사합니다. 좋게 봐주셔서… 근데, 이 여자 없어지고 10월쯤 새 여

자 또 생길겁니다.

영어선생님: 오. 노우! (Oh, No !)

17

유미의 키스. 유미는 영호의 일탈을 예언하다.

6월20일. 목요일 밤 9시경. 유미의 집.

유미는 방에서 공부 중이다. 유미의 핸드폰이 울린다. 발신자는 회장님. 유미는 반갑게 대답한다.

유미: 네, 회장님.

회장: 며칠전에 얘기했던 일본여행 있잖아요? 날짜를 정했어요?

유미: 네, 29일이 방학이니까, 며칠 준비하고 7월 3,4,5,6일로 하면 괜찮을 것 같습니다.

회장: 그래요. 그러면 비행기표를 3일날 가서 6일날 돌아오는 걸로 끊을께요.

유미: 네. 알겠습니다.

회장: MZ 항공은 우리를 VIP 중에서도 1급으로 대우해 줍니다. 혹시 날짜나 시간 바꾸고 싶으면, 김비서에게 알려주시면 즉시 처리해 드릴겁니다.

유미: 네. 정말 감사합니다.

회장: 그리고 부탁이 하나 있는데.

유미: 네. 말씀하세요.

회장: 우리 딸애가 일본간지 2년됐는데, 내가 바빠서 오래 못 봤거든. 잘 살고 있는지 좀 봐주고, 혹시 남자가 생겼으면, 둘이 궁합도 좀 봐줘요.

유미: 네. 알겠습니다.

6월21일. 금요일. 오후 3시경. 영호의 Y대학교.

영호는 친구 두 명과 벤치에 앉아 이야기 중이다. 영호의 핸드폰이 울린다. 영호가 친구들에게 미안하다는 손짓을 하며 전화를 받는다. 화면에는 '김비서'.

영호: 네, 안녕하세요?

김비서: 안녕하세요? 영호씨, 오늘 방학이죠?

영호: 네. 오늘부터 방학입니다. 지금 학교에 친구들하고 있습니다.

김비서: 오리엔테이션 시작해야죠?

영호: 네. 언제부터 할까요?

김비서: 오늘 친구들하고 계속 같이 있을건가요? 저녁에도?

영호: 아니요. 특별한 계획같은 건 없는데요.

김비서: 그러면, 오늘 저녁에 만나요. 식사 같이해요.

영호: 네. 그러죠. 어디서?

김비서: 황제호텔 2층 커피숍에서 6시에 봐요.

영호: 네. 좋습니다.

전화를 끊고 영호는 다시 친구들과 얘기를 계속한다. 곧 다시 영호의 핸드폰이 울린다. 화면에는 '마인MINE'. 영호가 전화를 받는다.

유미: 오빠, 오늘 방학이지?

영호: 그래.

유미: 아직도 학교야? 오후에 수업 없잖아?

영호: 그래. 오후에 수업은 없는데, 오늘 방학날이라서 친구들 만나고 있어. 몇달 못 볼테니까.

유미: 친구 만난 다음에, 다른 계획 있어?

영호: 응, 김비서하고 오리엔테이션 시작하기로 했는데. 6시부터.

이때, 유미가 잠시 말을 멈추고 생각하다가 다시 입을 연다.

유미: 김비서? (유미의 목소리가 예민하다)

영호: 응.

유미: 그거 꼭 오늘 해야 되는 거야?

영호: 아니 꼭 그런 건 아니지만.

잠시, 몇 초간 묘한 분위기의 침묵이 흐르다가 유미가 다시 입을 연다.

유미: (단호한 목소리) 그럼 그거 취소하고, 우리집으로 와.

영호: 왜? 무슨 더 중요한 일 있어?

유미: 있지. 선물 줄께. 7시까지 KCF치킨 사가지고 와.

같은 날. 금요일. 저녁 7시경. 유미의 집.

앞마당으로 영호의 차가 들어온다. 차에서 영호가 손에 음식 봉지를 들고
내린다. 유미가 현관문을 나오며 영호를 반긴다.

유미: 오는 데 차 안 막혔어?

영호: 응, 약간 막혀서 짜증났지… 너 보고 싶어서,

유미: 진짜? (영호의 팔짱을 끼면서)

두 사람이 집 안쪽으로 들어선다. 영호가 봉지를 테이블에 놓자마자, 갑자
기, 유미가 영호를 끌어안고 키스를 한다. 영호는 약간 당황하는 모습이지만,
곧바로 유미의 키스를 적극적으로 받아들인다.

둘이 뽀뽀는 몇 번 했지만 키스다운 키스는 처음이고, 더욱이 유미가 먼저

하는 것도 처음이었다.

잠시 후,

영호: 할아버지 안 계셔?

유미: 안 계셔. 이장님 집에 놀러가셨어.

유미와 영호는 포장지를 열어 치킨을 먹으며 얘기한다.

유미: 김비서한테 약속 취소했어?

영호: 너 전화받고 바로 취소했지.

유미: 김비서가 뭐래?

영호: 그냥 괜찮다고 하고…내일 만나기로 했어.

유미는 영호의 얼굴에 가까이 다가서며 미소를 지으며 묻는다.

유미: 김비서, 매력있지? 예쁘지?

영호는 얼굴을 뒤로 뺀다.

영호: 응, 매력있지. 미인이지. 성격도 좋고. 몸매도 좋고.

유미: (단호한 말투로) 일 때문에 만나는 건 할 수 없지만, 오빠. 조심해. 올해 구미호 같은 여자 나타나서 바람필거야.

영호: 아. 또. 그 사주얘기. 걱정 마. 난 너 밖에 없어. 공주님!

유미: 특히, 내일 조심해. 내일은 정사 (丁巳)일. 불이 강한 날이니까, 오빠는 자제심이 약해지고, 새로운 여자한테 빠질 운이야. 남자가 목(木)이고, 화(火)가 잘 활동하거나 운에서 화가 올 때 여자한테 봉사한다. 애인이나 아내한테 사랑과 에너지를 불어넣는다.

영호: (관심 없지만 동의한다는 듯이) 그래, 알았어. 알았어…그런데 걱정 마. 난 오직 너에게만 사랑을 불어넣어 줄테니까. 진짜야.

유미: 운명을 피해갈 수 있는 사람은 없어.

영호: 내가 보여줄게. 바람 필 운이 와도 절대 흔들지 않는 사람도 있다. 그러니까, 운명은 내가 개척하는 것이다. 오케이?

유미: 그래. 그럴 수 있으면 좋겠지만. (맥주 캔 하나를 집어 영호에게 따라주며) 새 여자 만나면 잠자리까지 가거나, 아니면 최소한 키스나 진한 스킨십은 할 걸.

유미는 영호의 입에, 가장 맛있게 보이는 치킨 조각을 넣어준다.

영호: 쓸데없는 소리 말고… 너도 한잔해. 오늘 같은 날. 맥주 한잔은 괜찮잖아?

유미: 안돼. 이 한적한 집에 단둘이 있는데. 좀 자제해야지.

영호: 단둘이? 왜? 할아버지 오늘 밤에 안 오셔?

유미: 응, 오늘 오후에 가셔서 내일 오후에 오신다고 그랬어.

유미는 영호의 옆으로 바싹 다가앉는다. 유미는 영호의 손을 잡는다.

유미: 오빠, 나 사랑해?

영호: 그럼. 세상에서 최고로 사랑하지.

유미는 갑자기 일어나서 화장실에 가서 입가심을 하고 돌아온다. 유미가 영호에게 다시 키스를 하고 둘은 포옹을 한다. 잠시 후, 유미가 먼저 입을 떼고 말을 한다.

유미: 경호팀 일은 언제부터 하기로 했어?

영호: 그쪽 스케줄에 맞춰서 7월 1일 이나, 7월 15일 중 선택하라고 했는데, 며칠내로 대답해줘야 돼.

유미: 그럼, 7월 15일부터 한다고 해.

영호: 왜?

유미: 나하고 같이 일본 여행가!

영호: 뭐? 너하고 나하고 같이?

유미: 응. 왜? 싫어?

영호: 아니. 싫은 게 아니고. 나는 좋지만, 너 지금 진심이야?

유미: 그럼, 진심이지. 내가 언제 거짓말하는 거 봤어?

영호는 말없이 유미를 쳐다본다.

유미: 이번, 나 여행 갈 때 오빠가 보디가드해. 비행기표는 회장님이 해주실거고 나머지 경비는 내가 낼께.

영호: 네가 무슨 돈이 있어서?

유미: 나. 돈 있어. 그 동안 모아둔 거 많아.

영호: 아니야. 돈은 나도 있어. 그보다도, 할아버지가 허락하실까?

유미: 할아버지가 벌써 허락하셨어. 오늘 아침에 얘기했어.

영호: 그래? 놀라운 일인데.

유미: 신랑이 색시를 경호하는 게 당연하지.

영호: 결혼도 안 했는데, 무슨 신랑, 색시야?

유미의 충격 발언: 우리 일본 가서 '합방'해. 그 전까지는 참아. 그리고 결혼식은 나중에 해.

순간, 영호는 얼어버렸다. 전혀 예상 못하던 상황에, 대답할 말이 생각나지 않아서 그냥 유미를 껴안는다. 또한, TV사극에서나 듣던 '합방'이란 말을 들으니 우습기도 하고… 영호가 미소를 짓는 순간, 유미가 고개를 들어 영호의 입술에 다시 한번 가볍게 뽀뽀하고, 영호의 손을 잡아 끈다.

유미: 우리 산책할까?

잠시 후, 밤 8시경. 유미 집 근처의 백사장.

해가 수평선 아래로 점점 내려간다. 붉은 빛이 하늘과 바다를 물들인다. 유미와 영호가 다정히 얘기하며 백사장을 천천히 걷는다. 유미는 영호의 팔짱을 끼고 걸으면서 회상한다.

(회상 장면. 2년 전)

(장면 1) 유미가 고 1 여름방학 때, 고 2였던 영호, 보미, 제니와 함께 농촌 봉사활동을 한다.

(장면 2) 폭우로, 캠프로 사용하던 임시건물이 붕괴된다.

(장면 3) 유미가 물에 떠내려 갈 때, 영호가 물에 뛰어들어 유미를 구출한다.

(장면 4) 병원에서 영호가 수혈해줘서 유미의 생명을 구한다.

(장면 5) 그 이후로 둘은 가까워졌고, 점차 사랑이 생겨났다.

다시, 백사장을 걷는 장면.

어둠이 점차 짙어지고, 쌍쌍이 거니는 연인들이 눈에 띈다. 잠시 후, 차차 해가 완전히 사라진다. 유미와 영호는 집으로 걸어온다.

다음날. 6월22일. 토요일 아침 9시 반 경. 유미의 집.

주방에서 영호가 요리를 하고 있다.

감자, 야채, 햄 등을 다져서 볶아서 계란을 덮은 오믈렛에 데미그라소스를 얹고, 클램차우더 스프가 곁들인 서양 스타일 식사다.

영호는 테이블위에 음식을 셋업 해놓고, 유미의 방을 향해 소리친다.

영호: 유미야, 아침 다 됐어. 나와서 먹어.

유미: 알았어. 지금 나가.

유미가 방에서 나와 화장실로 들어간다. 잠시 후, 유미가 화장실에서 나와 식탁으로 온다. 유미는 영호에게 달려들어 뽀뽀를 한다.

곧 이어, 두 사람이 식사를 시작한다.

유미: 이거 소스. 오빠가 만든거야?

영호: 아니… 어제 올 때 사왔지. '데미그라스' 라는 거야.

유미: 맛있다…. 난 처음 먹어보는데? 이름이 너무 어렵다.

영호: 그래. 넌 시골에서 자라서 그런 거 보기 힘들었을거야. 게다가 할아 버지가 그런 서양 음식은 별로 안 드시겠지.

유미: 우리 내일 쇼핑가자. 여행에 필요한 것 좀 사고.

영호: 그래. 내일 점심 때쯤 가자.

18

제니 엄마. 거래회사 회장 선거 당선자 문의.

잠시 후. 토요일 아침 10시경. 유미의 집.
식사가 거의 끝났을 때 밖에서 자동차 소리가 들린다. 곧 이어, 제니의 목소리.

제니: 유미야! 집에 있어?

유미와 영호는 자리에서 일어서고, 제니가 안으로 들어선다. 뒤에 제니의 엄마가 따라 들어온다.

유미: 언니, 웬일이야? 아침부터?

제니: 전화 몇 번 했더니 안 받아서 그냥 왔어. 너 토요일은 보통 집에 있잖아?

제니는 엄마와 유미를 소개시키고, 서로 간단히 인사를 한다.

제니: 할아버지 계시니? 인사 먼저 하려고.

유미: 아니, 안 계셔. 어제 오후에 이장님 댁에 가셨는데 오늘 오후에 오셔.

영호는 떠날 준비를 하려고 화장실로 간다. 제니, 유미, 제니엄마, 세 사람은 자리에 앉는다.

제니: 그런데, 영호는 어떻게 아침부터 여기 왔어? 무슨 일이 생겼어?

유미: 아니, 어제 저녁에 와서 여기서 잤어.

제니: 여기서 잤어? 영호가? 할아버지도 안 계시는데 단 둘이?

유미: 응.

제니와 엄마는 서로를 쳐다보며 믿지 못하겠다는 표정이다.

영호가 화장실에서 나와서 짐을 챙기며 일어선다.

영호: (제니엄마에게) 그럼, 전 먼저 가보겠습니다. (제니에게) 미국가는 날 공항에 나갈게. (유미에게) 오후에 다시 연락할게.

영호가 현관을 나갈 때, 유미가 따라 나가서 영호에게 귓속말을 한다.

유미: 혹시 여자하고 스킨쉽이 생겨도, 11시 반 이전에 호텔에 가면 안돼. 11시 반 넘으면 운이 바뀌니까 괜찮아.

영호가 떠나고 유미는 다시 안으로 들어온다.

유미: 아침부터 무슨 일이야?

제니: 내가 다음 주에 미국 가잖아? 그래서 작별인사하려고.

제니엄마: 그래. 그 동안 서로 친하게 잘 지냈는데, 한동안 못 보게 됐네.

유미: 네. 저도 섭섭해요.

제니엄마: 사실은 내가 좀 물어보고 싶은 게 있어서, 얘하고 같이 왔어.

유미: 네. 뭐든지 말씀하세요.

제니엄마: 사주로, 선거나 투표에 이기는지, 지는지 도 알 수 있나?

유미: 네. 알 수 있죠. 경쟁관계 즉, 운동시합승패, 단체장선거 같은 것은, 한 사람 사주만 가지고는 알 수 없고, 양쪽 다 사주를 봐야됩니다.

제니엄마: '로봇셰프'라고 들어봤어?

유미: 요리하는 로보트 같은 건가요?

제니엄마: 그래, 첨단 요리기계야. 거기 들어가는 핵심 부품인 감속기라는 게 있어. 그것을 우리가 독일에서 수입해서 국내에 유통하는데, 여태까지, 일이 잘 진행되고 있었는데, 갑자기 우리를 도와주는 회사의 회장님이 심장질환으로 별세하셔서, 일이 중단되었어.

(한 숨 돌리고 말을 잇는다.)

회사정관에 따라서, 부회장 둘 중 한사람이 투표로 회장이 될건데, '윤종대' 씨가 회장이 되면 전에 하던 대로 그대로 추진해서 문제가 없어.

그러나, 만약 '김권택'씨가 회장이 된다면, 자기가 따로 미는 업체가 있어서 우리를 방해를 하는 거야. 벌써, 전부터 은밀히 방해를 해왔는데, 이제는 노골적으로, '제품에 하자가 있어서 재검사를 해야한다.' 이런 식으로 여론을 조성하고 있어.

만약, 관계기관에 가서 재검사 하게되면 우리는 1년은 장사 못해요. 그래서, '김권택'이 당선될지를 미리 안다면 일단 수입을 중지하면 돼요. 수입 안하면 이익도 손해도 없고, 그냥 다른 품목에 주력하면 되는데.

그러나, 만약, 수입해놓고 나서 '김권택'이 당선돼서, 우리 제품이 재검사에 걸려서 일년동안 창고에 놔두면, 물류비, 창고비 등등 손해가 수십만 달라가 되거든.

월요일 날 밤 12시, 독일시간으로 오후 5시까지, 수출하는 독일회사에 선적을 할건지 말건지 최종 통보를 해줘야 되거든. 만약 시간내에 통보를 안 해도 위약금으로 몇 만불은 그냥 손해보게 돼. 그래서 그 통보시간 이전에, 미리 누가 당선될지 알아야 큰 손해를 막을 수 있어.

제니: 엄마. 그렇게 복잡하게 말하면, 유미가 어떻게 알아들어? 이제 고3 여자애가?

제니: 유미야, 너 무슨 말인지 알아들었어?

유미는 싱긋이 웃으며 제니를 바라본다.

유미: '회장' 하고 '당선' 이라는 말만 이해하고, 나머진 너무 빨리 말씀하셔서. 하여튼 내용을 자세히 알 필요는 없고, 그럼, 두 분 생년월일을 알려주세요.

제니엄마는 생년월일이 적힌 메모지를 내놓는다.

제니엄마: 어려운 말 다 필요 없고 이 두 사람 중에 누가 선거에 이기냐? 이거지.

유미: 금년운과 선거날 당일 운을 같이 봐야돼요. 선거날은 언제입니까?

제니엄마: 수요일. 신유(辛酉)일이야.

時	日	月	年	윤종대
癸	丁	甲	己	남자
卯	巳	戌	酉	1969. 10. 9. 묘시.

71	61	51	41	31	21	11	1
2040	2030	2020	2010	2000	1990	1980	1970
戊	丁	戊	己	庚	辛	壬	癸
戌	卯	辰	巳	午	未	申	酉

時	日	月	年	김견택
壬	甲	辛	庚	남자.
申	午	巳	戌	1970. 5. 4. 신시.

77	67	57	47	37	27	17	7
2047	2037	2027	2017	2007	1997	1987	1977
己	戊	丁	丙	乙	甲	癸	壬
丑	子	亥	戌	酉	申	未	午

유미: 금년이 갑진년. 갑은 나무. 나무가 오니까 자기사주에 불이 있는 사람들은 그 불이 살아나겠죠? 병화(丙火) 나 정화(丁火) 일간은 자신이 불이니까 사람들의 인기와 사랑을 받을 조건이 되죠. 물론 음양의 조화가 맞아야 되죠.

가장 중요한 것은 갑(甲)이 내 사주에서 중요한 역할을 하는가? 내 사주에 중요 역할을 하는 글자를 갑이 살려주느냐? 그리고 나서 음양오행의 소통이 잘 되는가?

용이 오니까 화를 도와줘서 사주에 뱀이나 말을 가진 사람은 기운을 받겠죠. 용이 임수와 돼지의 기운을 빼니 그것을 해결할 글자가 있나 봐야 되고.

이런 식으로 두 사람의 사주를 비교해보니 '윤종대' 씨가 우세합니다.

제니엄마: 그래. 그렇게 되면 좋겠네. 고마워. 수고했어. 그러면 수입품 선적하는 것, 그대로 추진해야겠네.

19

영호와 김비서의 데이트. 유미의 신경전.

같은 날. 토요일 저녁 7시경. 황제호텔 2층 미국식 음식점.

김비서와 영호가 만나고 있다. 내부는 고급스러운 분위기에 손님이 꽤 많다. 로맨틱한 음악이 흐른다.

김비서: 법학을 전공한다고 했죠?

영호: 네. 좋은 법을 만들고 잘못된 법을 고치는 게 중요하다고 봅니다. 김비서님은 무슨 전공을 하셨어요?

김비서: 저는 대학 안 나왔어요. 조금 다니다가 관뒀어요.

영호: 고향이 어디에요? 말씨나 행동 같은 게 한국사람과 좀 다른 느낌이 있어서.

김비서: 잘 보셨네요. 일본 '도쿄'에요. 일본이름은 '김소라'에요.

영호: 그런데, 한국말을 어떻게 그렇게 잘해요?

김비서: 일본에서도 한국학교 다니고, 계속 한국인들 사회에서 살아서 한국어 기본은 해요.

영호: 한국에는 언제 왔어요?

김비서: 2017년 엄마 돌아가시고 한국으로 왔어요.

영호: 왜 한국으로 왔어요? 아는 사람이 있었어요?

김비서: 복잡한 스토리니까, 그건 나중에 얘기해요.

두사람은 건배를 하고 식사를 시작한다. 식사가 끝날 무렵, 영호가 입을 연다.

영호: 장소를 옮길까요?

김비서: 그래요. 복잡한 데 가지 말고, 조용한 데로 가요.

영호: 아는 데 있어요?

두 사람이 자리에서 일어난다.

잠시 후, 토요일 밤 9시경. 칵테일 바.

조용한 칵테일 바의 내부는 은은한 불빛으로 로맨틱한 분위기로, 손님은 별로 눈에 띄지 않는다. 영호와 김비서가 다정하게 건배한다.

두 사람의 얼굴은 취기가 돈다. 김비서(이경)은 영호에게 호감의 표현을 점점 높인다.

김비서: 차영호! 나한테 누나라고 해도 돼.

영호: 그래. 누나. 이제부터 누나로 모시겠습니다.

김비서: 자, 그럼. 그 기념으로 한잔.

김비서는 옷 매무새가 흐트러지며 점점 영호에게 밀착한다.

김비서: (유혹적인 표정과 말투로) 영호씨. 연애 해봤어?

영호: 네. 해봤죠.

김비서: (얼굴을 바싹 다가서며) '정유미'?

영호: 아시네요.

김비서: 첫사랑인가보지?

영호: 그런 것 같아요.

김비서: 유미하고 키스도 했어?

영호: (머뭇거리다가) 뽀뽀는 가끔 하지만 진짜 키스다운 키스는 아직.

김비서: 그럼 당연히 잠자리도 못 해봤겠네?

영호는 민망하다는 듯이 씩 웃으며 잠시 고개를 돌린다.

영호: 누나는 남자하고 자봤어요?

김비서: 질문에는 질문으로? 교묘히 답을 피한다. 이거지? 그럼 나도 답 안할래.

영호: 그런 질문도 오리엔테이션에 포함되는 거예요?

김비서: 아니지. 그냥 개인적인 관심.

영호: 한가지 궁금한 게 있는데요.

김비서: 말해봐. 궁금한 거.

영호: 회장님하고 무슨 관계예요? 단순히 직장상사 같지는 않고. 회장님은 딸이 하나 있는데, 지금 일본에 있다. 그럼 부녀관계도 아니고. 연인관계도 아닌 것 같고.

김비서: 연인관계가 아니라고 생각하는 이유는?

영호: 글쎄요. 그냥 느낌이 그래요. 연인이 되기에는 나이차이가 너무 많고.

김비서: 나중에 알게될거야.

같은 날. 토요일 밤 11시 반 경. 김이경(김비서)의 오피스텔.

영호와 김비서가 흐트러진 자세로, 연인처럼 끌어안고 문 안으로 들어온다. 김비서는 문을 닫고 두 사람은 소파에 앉는다. 둘 다 꽤 취한 모습이다. 김비서는 영호에게 키스를 한다. 잠시 후, 둘은 떨어져 자세를 바로잡는다.

영호: 이제 정신 좀 들어요? 아까 완전히 취했던데. 호텔로 가려고 했는데, 근처 호텔 몇 군데 전화했더니 빈방이 없어서.

김비서: 그랬어? 아쉽네. 빈방이 있었으면 좋았을걸.

영호: 그래서 내가 부축해서, 누나 차 뒷자리에서 태워주니까, 잠깐 잠들었어요.

김비서: 그래서 나중에 대리운전 부르고, 너는 뒷자리에서 무릎으로 베게 해줬구나.

영호: 네. 코 골던데요.

김비서: 호텔에 빈방이 있었다면, 어떻게 됐을까? 지금, 우리.

영호: 정신이 좀 드시나보네.

김비서: 응, 정신은 좀 드는데, 몸이 아직 취했나봐. 차 한잔 할까?

김비서는 일어나서 주방으로 걸어간다.

잠시 후, 둘은 김비서가 방금 끓인 차를 마신다. 김비서는 영호에게 진지한 모습으로 말을 이어간다.

　　김비서: 지금 한 말 이해하지?

　　영호: 그러니까, 누나의 전 남친이 진드기처럼 추근댄다? 그래서, 오늘 내가 새 애인처럼 보이면, 그 사람이 누나를 포기하고 떨어질 것이다?

　　김비서: 그래. 그 사람. 처음엔 멋있는 남자인 줄 알았는데, 알고 보니 안 좋아. 스토커 기질도 있고. '빠가야로'야.

　　영호: '빠가야로'? 그게 뭐죠? 일본 말?

　　김비서: 바보 멍청이.

　　영호: 그럼 난 할 일 다 했는데, 이제 집에 가도 돼요?

　　김비서: 안되지. CCTV 에 제대로 찍혀 줘야지. 아침까지… 그리고, 그 사람이 어디서 감시하다가 너 지금 나가는 거 보면, 애인관계가 아니라고 눈치 챌 수도 있잖아. 그러니까, 최소한 새벽에 나가든가… 그래야, 우리가 동침했다고 믿을 거 아니야? 진짜 애인처럼.

　　김비서는 영호에게 다가와서 오래된 애인처럼 키스를 한다. 영호는 거부하지 않고 김비서를 끌어안는다. 점점 애무의 수위가 높아진다. 그런데, 곧이어 영호의 눈앞에 유미의 얼굴이 나타난다.

　　영호는 김비서와의 애무를 약간 멈칫한다. 무언가 느낀 듯이, 김비서는 영호를 밀어내고, 비틀거리면서 침실로 들어가서 침대에 쓰러진다.

　　김비서는 겉옷을 벗어 던진다. 속옷만 입은 모습으로 시트를 덮는다.

　　영호: 난 어디서 자요?

　　김비서: (목소리가 점점 줄어든다) 아무데나 맘대로 자. 내 옆에 와서 자도 되고.

영호는 유미의 말이 생각난다.

'혹시 여자하고 스킨쉽이 생기면 11시 반 이전에 호텔에 가면 안돼. 11시 반 넘으면 괜찮아. 운이 바뀌니까.'

영호는 욕실로 가서 간단히 샤워를 한다. 거실에 나와 시계를 보니 11:52.

6월23일. 다음 날. 일요일. 오후 3시경. 유미의 집 앞마당.

영호의 차가 들어와서 멈추고 영호가 내린다. 유미가 문 앞에서 기다리고 있다가 차에 탄다.

잠시 후. 달리고 있는 영호의 차 내부.

유미는 조수석에 앉아 있는데, 별로 즐겁지 않은 표정이다.

유미: 아침 먹었어?

영호: 어. 간단하게.

유미: 좀 피곤해 보이는데. 잠을 잘 못 잤어?

영호: 응? 아니… 나 괜찮은데?

유미: 내가 보기엔 안 괜찮은데?

유미는 운전하고 있는 영호의 얼굴을 쳐다본다.

유미: 어제 김비서 잘 만났어?

영호: 응.

유미: 몇 시까지 같이 있었어?

영호: 응. 좀. 늦게까지. 술 좀 마셨는데, 김비서가 취해서.

유미: 그러니까, 늦게까지, 몇 시?

영호: (말을 더듬거리며) 응. 나중에 얘기해.

같은 날 일요일. 오후 4시경. 대형 할인마트.

일요일이라서 사람과 차들이 꽤 많다. 주차장에 영호의 차가 들어와서 빈 자리를 찾아 세운다. 차에서 영호와 유미가 내려 마트 내부로 들어간다.

대형 할인마트 내부의 카페.

유미와 영호가 음료와 간식을 먹으며 대화중이다.

유미: 어제, 김비서 만나서, 나한테 미안할 일, 했어, 안했어?

영호: 어? 미안 할 일? 안했어.

유미: 오빠. 나 정유미야. 내 앞에서 거짓말할 수 있는 사람 없어. 누구든지 생일만 알면 '부처님 손바닥' 안이야.

영호: 그래. 알아. 사람들이 너 귀신이라고 하더라.

유미: 오빠, 나 똑바로 봐… 김비서하고 몇 시에 헤어졌어?

영호: (고양이 앞에 쥐의 표정) 7시.

유미: (목소리가 커진다) 6시에 만나서 7시에 헤어졌어? 한시간 만에? 저녁 먹고 술도 마셨다며?

영호: (작은 소리로) 아침 7시.

유미: (눈을 크게 뜨며) 아침 7시? 그 때까지 어디 있었어, 둘이? 호텔에?

영호: 아니. 김비서가 취해서 집에 데려다 줬어. 근데 김비서가 아침까지 같이 있다가 가라고 그래서… 좀 이유가 있어서.

유미: 무슨 이유?

영호: 아니, 그런 이유가 좀 있어.

유미: (목소리가 최고로 커진다) **무슨 이유**!!!?

영호: 김비서 전 남친이 자꾸 귀찮게 해서, 내가 새 애인인 척하고, 아침까지 같이 있으면, 그 남자가 포기할 거라고.

유미: 그래서, 같이 잤어?

영호: 같은 집에서 잤지만, 둘 다 취해서 아무일 없었어. 김비서는 침대에서 자고, 난 소파에서 자고. 그냥 잠만 잤어. 정말.

유미: 그걸 나보고 믿으라고?

(주스를 한 모금 마신다.)

유미: 그러면, 그 여자 집에 11시 반 이후에 들어갔어? 11시 반 이전에 들어갔어?

영호: 이후에! (안도의 한숨을 쉬며) 들어가서 얘기 몇 마디 하다가, 조금 있다가 김비서가 침대에 누워서 코골기 시작하고, 시계 보니까 거의 12시였어.

유미: 오빠, 그 여자 좋아해?

영호: 아니야. 개인적인 감정은 없어. 일 때문에 만난거지.

유미: 11시 반 이후에 들어갔다면, 이번 한번은 믿어준다… 앞으로 내가 달력에 표시한 날은 여자하고 술 마시지 않는다. 약속해.

두 사람은 손가락을 걸며 약속한다.

영호: 알았어. 약속해. (주스를 한 모금 마신다.)

영호: 근데, 그 '11시 반'은 도대체 뭐야?

유미: 어제 밤, 11시 반 이전은, 여자에게 정신 못 차리고 끌려가는 운이니까, 사고 칠 가능성이 높다. 그래서, 여자와 스킨십이 시작되면 주체를 못해서

분명히 선을 넘을 것이고, 11시 반이 넘으면 조강지처가 마음에 들어오는 운이니까, 다른 여자와 연애감정이 잘 안된다. 그게 이유야.

영호는 (또 사주얘기야? 라는 표정으로) 피식 웃는다. 이때, 영호의 핸드폰에 카톡이 온다. 상대방은 김비서. 유미가 옆에서 지켜본다.

김비서의 카톡 내용: 잘 갔어요? 일어나보니 벌써 없네요. 어제 즐거웠어요. 곧 다시 연락할께요.

유미: 개인적인 감정이 없는데, 이렇게 애인처럼 다정하게 카톡을 해?
유미가 영호의 핸드폰을 뺏어서 대신 답장을 쓴다.
영호의 메세지: 어제 감사했습니다. 앞으로는 업무 관계로만 연락하시고, 사적으로는 연락하시지 말기 바랍니다.

유미는 영호의 핸드폰을 돌려주고 먼저 일어서며 말한다.
유미: 가! (단호한 태도로 앞장서서 걸어간다)

대형 할인마트 내부.
유미와 영호가 여기저기 여행 관련 상품들을 구경한다. 여행용품점에서 영호와 유미는 가방을 고른다. 두 사람은 다시 컴퓨터와 전자제품 코너에서 110볼트 돼지코를 고른다.
잠시 후, 유미와 영호가 쇼핑하다가, 인형뽑기 놀이를 한다. 유미의 환하게 웃는 모습이 화가 좀 풀린 듯하다.

같은 날. 일요일. 오후 6시경. 대형 할인마트 내부.

유미와 영호가 복도를 걷다가 김보미를 마주친다. 김보미의 옆에 한 남자가 같이 서있다.

유미: 어? 언니, 웬일이야?

보미: 응. 회사에서 필요한 것 좀 사려고…여기는 친구야.

유미: 친구? 언니 남사친?

보미: 아니. 사실은 오늘 모임에서 만나서, 알게 됐는데… 얘기하다 보니 말이 잘 통해서, 같이 있게 됐어.

유미와 영호는 그 남자와 간단히 인사를 주고받는다. 남자는 보미에게 말한다.

남자: 그럼, 저는 이만 가 보겠습니다. 다른 일이 좀 있어서.

서로 인사를 하고, 남자가 서너 발자국 걸어간 순간, 유미가 보미에게 귀속말을 한다. 보미는 즉시 남자에게 달려가서 남자를 세우고 말을 한다. 남자가 핸드폰으로 문자 보내겠다는 제스츄어를 하고, 서로 손을 가볍게 흔들고 헤어진다. 보미가 유미 쪽으로 걸어온다.

보미: 그럼 오랜만에 우리 삼총사 모였는데, 치맥으로 가자.

잠시 후. 오후 7 시경. 치킨체인점.

유미, 영호, 그리고 보미는 치킨과 감자, 샐러드 등을 먹고 있다.

유미: 그럼 우선 생년월일 받은 거 보여줘.

보미는 핸드폰에서 메모를 찾아 유미에게 보여준다. 유미는 핸드폰에서 남자의 사주를 찾아 띄운다.

유미: 이 분, 농업이나 목수, 한의학, 교육, 디자인, 건축 설계 같은 거 하나?

時	日	月	年	남자.
癸	癸	丁	己	1999. 3. 12.
亥	亥	卯	卯	해시.

72	62	52	42	32	22	12	2
2071	2061	2051	2041	2031	2021	2011	2001
己	庚	辛	壬	癸	甲	乙	丙
未	申	酉	戌	亥	子	丑	寅

보미: 아니야, 검사야, 경기도 지방 검찰청. 2년차 라던데.

유미: 검사? 자기가 검사래?

보미: 응, 명함하고 신분증 있던데.

유미: 명함 줘봐.

보미: 아까 봤는데, 지금 명함이 다 떨어져서 오늘은 보여주기만 하고, 다음에 만나서 한 장 주겠다고.

유미: 그러니까, 검사 사무실에서 일한대? 사무직원이나 보조 같은 거?

보미: 아니야, 자기가 검사라고 하던데. 집안도 빵빵하고. 아버지도 판사고.

유미는 잠깐 생각하다가 입을 연다.

유미: 이 사람 검사 아니야.

보미는 깜짝 놀란다. 영호도 관심이 가는 듯, 귀를 기울인다.

보미: 아니야?

유미: 아니야. 사주 원국을 봐도, 운을 봐도, 이 사람은 검사 아니야. 검찰청에서 보조역할이나 사무보는 일은 가능하지만.

보미: 어떻게 알지?

유미: 남에게 공권력을 직접 가할 수 있는 직업. 즉, 경찰, 군인, 법무관, 교도소, 판검사, 세무조사관, 국정원, 국회의원, 대통령 등등이 되려면, 하다못해 보안요원이나 주차단속하는 직업도 권력형 글자가 있어야 돼.

호랑이, 용, 뱀, 원숭이, 개, 쥐. 여섯가지 중 반드시 하나라도 있어야 돼. 그리고 금(金)도 필요하고. 이 사람은 그 중에서 하나도 없어.

그리고, 검사면 공부도 잘 했을텐데. 이 사람은 공부를 하긴 했지만, 겨우 대학 나올 정도지, 고시 합격할 수준은 아니야. 그러니까, 권력기관에서 일해도 자기가 권력을 행사하는 사람은 아니고, 사무보는 역할이야.

그리고, 봄 생이 물이 너무 많으면 한량(閑良)이야. 별로 일 안하고 부모 덕으로 편하게 사는 사람… 그런데 이 경우는 부모도 그렇게 상류층은 아니고 그냥 보통 수준.

보미: (감탄하며) 그렇구나.

유미: 그리고 요즘 검사들은 명함 안 써요. 검사명함 쓰는 사람 조심해야 돼.

20

제니의 친척언니, 유미를 시험하고 놀라서 진땀을 빼다.

6월27일. 목요일 저녁 8시경. 유미의 집 거실.

유미와 제니, 그리고 30세 정도 나이가 된 제니의 친척언니, 세 사람이 얘기하고 있다. 친척언니는 체격이 좋고, 약간 큰 키에 여장부 스타일이다.

제니: (테이블에 봉투를 놓으며) 어제 우리 아빠 회사 거래회사, 회장선거에서 네 말 대로 윤종대씨가 이겼어. 엄마가 고맙다고 전해 달래.

유미: 그래? 잘됐네.

제니: 그 얘기 듣고, 친척언니가 너 보고싶다고 같이 왔어. 언니사주 좀 봐줄래?

유미: 그럼 우선 생년월일부터 알려주세요.

친척언니는 메모지에 적은 것을 보여준다. (여자. 1993년 5월 16일 저녁)

유미: 시간을 확실히 몰라요? 저는 시간이 확실하지 않으면 사주 못 봐요.

친척언니: 그냥 저녁 때라는 것만 아는데. 그걸로 안돼나?

유미: 그러면 일단, '해진 후' 인지 '해지기 전' 인지가 중요해요.

친척언니: 그것까진 확실히 모르고 우리 엄마가 그러셨거든. 그냥 저녁때라고.

유미는 핸드폰에서 메모지에 적은 생년월일을 보고, 사주를 찾아 띄운다.

時	日	月	年	여자.
丁	丁		癸	1993.5.16.
				저녁
酉	巳		酉	

77	67	57	47	37	27	17	7
2070	2060	2050	2040	2030	2020	2010	2000
乙	甲	癸	壬	辛	庚	己	戊
丑	子	亥	戌	酉	申	未	午

유미: 대학 나오셨어요?

친척언니: 응. 일류는 아니지만 4년제 나왔지.

유미: 비교적 조용한 곳에서 일하세요? 아니면 매일 새로운 사람 만나고, 사람들 많이 북적이는, 공개적인 분위기에서 일하세요?

친척언니: 사람들 많이 만나는 환경은 아니고, 조용한 편이지. 임플란트용 신소재 개발회사 연구실이니까. 매일 새로운 사람들 만날 일은 별로 없고. 좀, 외진 곳에 있고.

유미: 제가 왜 그런 걸 여쭤보냐 하면요… 사주를 보니까, 일단 외모가 친척언니하고 다른 것 같아서요.

친척언니: 뭐가 어떻게 다른데?

유미: 이 사주는, 시간에 무슨 글자가 들어가든 상관없이… 초년에 수, 목, 화의 조화가 잘 안돼서 키가 크지 않고, 토가 적고 화(火)기가 강해서 에너지를 너무 많이 쓰니까… 살도 안 찌고, 말랐어요. 외모는 아담하고 귀여운 편이고, 키는 중간이고…

그런데, 반대로 언니는 체격이 중간이상으로 큰 편이고 살도 있고. 다르네요?

유미는 선배 언니를 유심히 바라보며 잠시 생각한다.

유미: 언니. 이 생년월일 맞아요?

친척언니: 그럼. 당연하지. 시간만 부정확하지.

유미: 이 사주는 초여름 생에 목(木)이 약하고 화(火)기가 강해서, 사람 많이 모이는 곳이나 복잡한 환경에서 일하는데… 반대로, 언니는 조용한 연구실에서 일한다는데… 다르잖아요?

그리고 이 사람은 머리는 똑똑하지만, 원래 화(火)가 강한데, 초년 운이 여름 운으로 계속 흘러와서 화(火)가 더 강해지니까, 공부하고 싶어도 환경이 안 되요. 그러니까, 공부와 거리가 멀어서, 제때에 대학 나올 만큼 공부는 안 했어요. 27세 이후 공부를 할 운이 좀 왔지만, 공부보다는 재물운이 아주 큰데.

그리고 일찍… 아마 중고생 때부터 사회생활하고 돈 벌었는데…. 그런데, 언니는 대학 나왔고, 대학 다니기 이전에는 본격적인 사회활동은 안 했잖아요?

친척언니: (약간 당황한 듯이) 그건 그런데… 도사님도 틀릴 때가 있지 않나?

유미: 아주 민감한 경우는 틀릴 때도 있지요. 그런데 이 정도는 기초에요. '여름생이 목이 적고 학창시절에 운이 화(火)가 너무 강하면 공부 안하고, 일찍 사회생활 한다'는 것은 사주초보자도 다 아는 거예요.

친척언니는 고개를 갸우뚱하며 반신반의하는 표정이다. 제니는 신기한 구경을 보는 듯이 눈이 초롱초롱하다.

유미: 그러면, 저녁 시간 중에서… 밤 8시쯤으로 대입해보면, 음양오행의 조화가 잘 맞아서, 일단, 이미 젊어서 화극금(火剋金)으로 돋보이는 재주, 투

자, 주식, 금융, 부동산 쪽으로 번창할 것이고…

가장 중요한 것은 불빛이 환하고 열기가 강한데 천간에 시원한 물이 있으니, 이 때 이 물, 계수(癸水)는 생산활동이 아니고 힐링하는 일, 말로 설명하는 일, 또는 서비스 분야, 방송인, 연예인처럼 조명받는 일도 인연이 있고.

어릴 때 약간 힘들었지만, 청소년 때부터 잘 나갔고 돈도 잘 벌었고, 지금은 대단한 톱스타이거나, 금융, 투자, 부동산 등과 인연 있고, 재물이 엄청 많거나, 하여튼 권력형은 아닌 최고 상류층인데.

그런데, 이게 친척언니 사주 맞아요? 이런 사주를 가진 사람들은 사회에서 잘 나가기 때문에, 사주나 점 같은 거 믿지 않아요. 그래서 저한테 올 이유가 없어요.

친척언니는 진땀을 흘리며, 일어나서 화장실로 간다. 잠시 후, 화장실에서 나와 유미 앞에 공손한 자세로 앉는다.

친척언니: 미안해… 사실은, 내가 워낙 의심이 많아서 실력 테스트 좀 해볼려고 거짓말 좀 했어. 요즘 워낙 가짜들이 많아서. 지금 그 생일은 요즘 잘 나가는 유명한 연예인 생일이야.

유미는 대답 대신 쓸쓸한 미소를 보이며, 차 한 모금을 마신다.

친척언니: 사실, 내가 골치 아픈 동생이 하나 있는데, 얘가 나중에 유명한 연예인 될 수 있을까?

친척언니는 동생의 생일을 유미에게 알려준다.

時	日	月	年	친척언니의 동생
癸	辛	戊	己	여자.
巳	丑	辰	卯	1999. 4. 19 사시.

75 2074	65 2064	55 2054	45 2044	35 2034	25 2024	15 2014	5 2004
丙	乙	甲	癸	壬	辛	庚	己
子	亥	戌	酉	申	未	午	巳

유미: 전국민에게 보여지는 지상파, 공중파를 타는 사람. 뉴스 앵커, 아나운서, 연예인, 방송인은 제니언니 사주나, 아까 그 사주처럼 천간에 화(火)가 있든지, 월지나 일지에 화가 있어야 돼요. 아니면, 화가 운에서 와서 도와주든지.

그런데, 이 사주는 시지에 화가 있는데, 그것은 케이블 방송이나 외딴 곳, 지방에서 활동 가능하고, 주요 방송에서는 주연급이 안됩니다.

친척언니: 아, 그렇구나. 그럼 힘들겠네.

유미: 네. 힘들죠. 그러나, 대운은 앞으로 화가 별로 없고… 세운에서 화가 올 때, 몇 년 정도 가능합니다. 그리고 신(辛)금은 화보다도 일단, 임(壬)수가 올 때 잘 나갑니다. 재작년에 일거리가 있었나봐요. 그런데 작년 운은 별로 안 좋고.

유미는 다시 사주를 자세히 본다.

유미: 혹시 동생분이 술, 담배 하세요?

친척언니: 재작년에 일하다가 작년에 관뒀는데. 그래서, 작년부터 술, 담배를 좀 하는 것 같은데.

유미: 제가 보기에는 '좀'이 아닌데… 원래는 사주가 습한 게 아닌데, 작년

에 정신력이 약해지고 사주가 습하고 화기가 약해져서, 술, 담배, 특히 요즘은 마약 같은 데 빠지기 쉬워요.

친척언니: (한숨을 쉬며) 도사님을 속일 수 없네. 사실 얘가 요즘 마약을 하는 것 같아서 걱정이야… 쓰레기 통에 그런 것들이 있더라고.

유미: 습(濕)이 문제예요. 예를 들어, 사주가 습한 사람이 2022년에는 조(燥)하므로 담배를 끊었다가, 작년 2023년에 습해져서 다시 담배를 피울 수가 있어요. 아마 그런 사람 많을 겁니다.

제가 보기에, 이 분은 마약한지 오래 되지는 않았어요. 아마 작년에 습이 강해져서 그렇게 됐을 가능성이 크고, 금년 지나 내년에 뱀이 오면서 습이 줄어드니 좋아질 겁니다.

친척언니: 그래 잘 알았어. 고마워… 그런데 궁금한 게 하나 더 있는데. 사주가 같은 사람이 다른 인생을 사는 경우가 많은데, 그건 왜 그렇지?

유미: 사람의 인생을 제대로 파악하려면 태어난 시간과 장소를 알아야 하는데, 사주는 시간은 알지만 장소에 대한 정보가 없습니다. 장소를 알아도 그 장소에 관한 학문적인 체계가 없습니다. 그래서 풍수를 공부해서 결합해야 하는데 아직 풍수에 관한 이론은 잘 밝혀지지 않았습니다.

그래도, 사주가 같으면 인생을 사는 전체적 패턴이 거의 같다는 것은 확실합니다.

그리고, 태어난 시와 장소가 같은, 쌍둥이 경우도 아직 학계에 공통적으로 정립된 이론이 없습니다.

친척언니: 아, 그렇군.

유미: (제니에게) 언니, 내일모레 미국가지?

제니: 응. 섭섭해. 가서 바로 연락할께. 영상통화해.

제니와 친척언니는 유미에게 작별인사를 하고 문을 나서 차를 탄다. 시동을 걸며 친척언니가 한마디 한다.

친척언니: 어우, 무서워. 쟤⋯ 사람이 아니야. 빨리 가자.

21

백호대살. 항공사고.

7월3일. 수요일 오후 6시경. 서울에서 버스로 3시간 정도 걸리는 산속에 자리잡은 수련원.

보미네 회사의 직원들이 조용한 수련원에서 연수중이다. 강당에서 20여명 의 보험회사 직원들이 강의를 듣고 있다.

강사: 지난 달 결산에서 양미경 팀장 사무실이 일등입니다. 사고율이 획기 적으로 줄어서, 보험금 지급액수가 전달 대비 30퍼센트 감소했습니다.

사람들이 박수와 환호성을 보낸다.

강사: 자, 그럼 오늘 두번째 날의 일정을 모두 마치고, 저녁 식사하신 후에 각 팀별로 회식이 있습니다. 내일이 마지막 날이니까, 유종의 미를 거둡시다.

사람들이 자리에서 일어나서 하나 둘씩 강당을 떠난다.

잠시 후, 수요일 저녁 7시경. 수련원의 한 개인실

보미, 팀장, 여직원, 남직원, 그리고 다른 팀 소속 남자 두 명. 도합 6명이 술판을 벌이고 있다. 테이블을 구석으로 밀어 놓고 방바닥에 둘러앉아 카드게 임을 하고 있다. 6명 모두 벌써 얼굴에 술기운이 돈다.

팀장: 자, 그럼 좀 더 재미있는 거 없을까요?

남직원: 지하 노래방으로 갑시다.

수련원 건물의 지하 노래방.

보미와 팀장은 술이 취해서 어깨동무하고 노래한다. 여섯 명의 직원은 즐거운 시간을 보낸다.

7월3일. 같은 시간. 수요일 오후 7시경. 경찰서 회의실.

김형사, 최형사, 다른 경관 2명. 도합 네 명이 TV를 켜 놓은 채, 배달 음식을 먹고 있다.

최형사: 수고들 했어. 큰 일 해결했으니까, 오늘 밤은 좀 쉬어야지.

이때, TV 속보가 뜬다.

'일본행 MZ 항공 여객기 동해상 추락. 승객과 승무원 전원 실종'

최형사: 볼륨 좀 올려봐.

뉴스: 인천공항에서 오후 6시 출발, 8시 20분에 도쿄에 도착 예정인, MZ 항공 507 편 에어버스 여객기가, 오후 7시 20분경 동해상에서 엔진고장으로 추락하여, 승객과 승무원은 전원 실종 상태입니다. 관계당국은 생존가능성은 희박한 것으로 보고 있습니다…

김형사: 비행기도 안전하지 않네요.

최형사: 앞으로 일본 갈 때, 배를 타야 하나?

7월4일. 목요일 오후 1시경. 수련원. 보미 팀의 개인실.

보미와 팀장은 아직 침대에 누워 자고 있다. 여직원이 들어오며 소리를 지른다. 두 사람이 깨어나서 움직인다.

여직원: 자. 일어나세요. 점심시간이 지나도록 여태 자면 어떻게 해요?

보미: 버스 몇 시 출발이에요?

여직원: 3시에 출발해요. 일어나서 간단히 해장 좀 하시고, 떠날 준비하세요.

같은 날. 목요일 오후 4시경. 서울로 돌아오는 버스.

보미와 팀장은 피로한 눈으로 창밖을 본다.

팀장: 우리 어제 좀 과했지?

보미: 네. 술 좀 줄여야 되는데. 아, 속 쓰려.

잠시 후,

보미: 아참, 유미가 어제 일본 갔는데, 아직 문자나 소식이 없네요.

팀장: 처음 외국가면 정신없어서, 바로바로 본국에 연락 못해.

보미: 그렇겠죠? 국제전화 쓰는 것도 쉽지 않을거고.

팀장: 오늘 연락 올거야, 아마.

보미: 그렇겠죠?

같은 날. 목요일 오후 6시경. 보미의 사무실 빌딩.

빌딩 앞에 버스가 멈추고 보미네 팀 4 사람이 내린다.

팀장: 난, 해장국 집으로 갈래. 같이 갈 사람?

남직원과 여직원이 함께 손을 든다.

보미: 난, 입맛은 없고요, 사무실 들어가서 정리할 게 좀 있어요.

보미는 인사를 하고 사무실로 들어간다. 나머지 세사람은 해장국집으로 향한다. 사무실에 들어와서 보미는 커피를 한잔 타서 마시면서 TV를 켠다.

뉴스: 어제 저녁에 추락한 일본 행 MZ 항공 507 편. 에어버스 여객기는, 인천공항에서 6시 출발, 도쿄에 8시 20분에 도착 예정이었으며, 7시20분경 동해상에서 엔진고장으로 추락하여, 승객과 승무원들은 아직까지 전원 실종 상태입니다. 한편 관계당국은…

'헉…' 보미는 놀라며 급히 핸드폰 스케줄 표를 뒤진다.

'7월 3일 저녁 6시 유미 일본'

보미의 얼굴이 사색이 된다.

보미의 독백: 그럴 리가 없어. 이건 말이 안돼.

보미는 눈물이 난다. 눈 앞이 보이지 않는다. 눈물이 흐르는 것을 참을 수 없다. 화장지를 한 웅큼 뽑아 눈물을 닦는다.

보미는 창밖을 잠시 응시하다가, 유미 할아버지에게 전화를 건다. 전화가 울리지만 할아버지는 전화를 받지 않는다.

보미는 이번에는 김형사에게 전화를 건다. 김형사가 전화를 받는다.

같은 시각. 목요일 오후 6시경. 경찰서.

김형사와 최형사, 그리고 여러명의 경관들이 근무중이다. 김형사가 보미의 전화를 받는다.

김형사: 네, 보미씨. 안녕하세요?

보미: (울음이 가득한 목소리로) 김형사님, 큰일 났어요.

김형사: 네? 무슨 사고 났어요? 괜찮아요?

보미: 아니, 제가 아니고. 어제 일본행 6시 출발 MZ 항공 사고난 거 맞아요? 그거 정말이에요?

김형사: 네. 맞을걸요. 뉴스에 계속 나오고 있는데.

보미: 거기 유미가 탔는데!

김형사: 네? 유미? 그 사주소녀? 거기 탔어요?

보미: 네. 스케줄 표에서 확인했어요. 7월 3일 오후 6시.

김형사: 진짜 그 비행기 탔다면, 정말 안됐네. 어린 나이에.

보미: 지금, 탑승자명단 좀 알 수 있을까요?

김형사: 탑승자 명단은 내가 알아볼 수 있을 거예요. MZ항공 전화 지금 불날텐데.

보미: 가능한 한 빨리 부탁드려요.

두 사람은 전화를 끊는다. 옆에서 듣고 있던 최형사가 한마디 한다.

최형사: 그 사주 본다는 여학생이 그 비행기 탔다고? 안됐네.

경관 1: 아니, 사주 잘 본다는 사람이 자기 죽을 날도 모르나? 죽은 사람에겐 미안한 말이지만.

경관 2: 그러게 말이야. 사주도 뭔가 헛점이 많은가 보죠. 괜히 시간낭비, 돈 낭비하는 거 같아요.

최형사: 나는 원래부터 그런 거 안 믿어. 관상이니, 사주니, 다 눈치 빠른 사람들이 말장난 하는 것 같아.

잠시 후, 목요일 오후 7시경. 보미의 사무실.

보미는 창밖을 보며 눈물을 흘리고 있다. 아직 해가 떠있어서 창밖은 밝다.

전화기가 울린다. 화면을 보니 모르는 번호. 81-3-3908-XX52

보미가 급히 전화를 받는다.

보미: (우는 목소리로) 여보세요?

유미(상대방): 언니? 나야. 잘 왔어.

보미는 깜짝 놀라며 눈물을 닦고, 전화기 화면을 다시 자세히 본다.

유미: 언니. 잘들려? 여보세요…?

보미: (얼굴이 밝아지며) 어, 잘들려. 근데, 유미야. 어떻게 된거야. 너 괜찮아?

유미: 응, 좀 전에 도착해서, 마중 나온 분 전화로 지금 하는 거야.

보미는 크게 심호흡을 한다. 갑자기, 보미는 고함을 지른다.

보미: 야~~~! 너 땜에, 나 오늘 천국과 지옥을 왔다 갔다 했잖아!

보미는 울음이 폭발한다. '이잉…'

유미: 왜? 왜 울어?

보미: 너, 어제 저녁 6시 비행기였잖아. 캠프갔다 내려와서 뉴스보니까, 어제 비행기 사고 난 거 나오더라고. 너 거기 탄 거 아니었어? 너 죽은 줄 알고, 지금…허, 기가 막혀서.

유미: 미안, 요즘 준비하느라고 너무 바빠서 변경된 거 말 안했네.

보미: 근데, 왜 변경했어?

유미: 며칠전에 할아버지가, 어제날짜가 백호대살이라고, 좀 불길한 기운

이 있다고 다음날로 바꾸라고 해서. (백호대살 白虎大殺)

보미: 그런 게 있어?

유미: 금년에 오는 청룡도 백호대살. 어제 날짜도 백호대살. 그런데, 내 사주에도 원래 백호대살이 있고… 많이 겹칠수록 극단적으로 좋거나, 아주 불길하거나 그렇거든. 그래서, 할아버지 말씀대로…

보미: 그래서 날짜를 오늘로 바꿨어?

유미: 응, 오늘 오후 3시 비행기로 바꿨어. 김비서한테 말했더니 바로 되더라고.

조금 전, 목요일 오후 7시경. 도쿄의 나리타 공항.

유미와 영호가 입국심사를 거쳐 출구로 나온다. 회장 딸인 김연경이 두사람을 마중한다.

그런데, 김연경을 본 순간 두 사람은 깜작 놀란다. 김연경은 회장 비서인 김이경과 똑같이 생겼다. 쌍둥이였던 것이다.

세사람은 서로 인사를 하고, 유미는 김연경의 전화를 빌려서 서울에 있는 보미에게 전화한다.

나리타 공항 출구.

회장 딸 김연경, 유미, 영호가 정문을 나온다. 그들의 앞에 승용차가 다가와서 멈춘다. 앞좌석에는 회장 딸, 뒷자리에는 유미와 영호가 타고 차는 시내를 향해 출발한다.

22

유미와 영호, 일본 여행 가다.

같은 날. 목요일 밤 9시경. 도쿄 시내에 있는 김연경의 오피스텔.

유미, 영호, 김연경. 세사람이 맥주와 스낵을 먹으며 대화중이다.

김연경: 아빠는 언니를 특별히 사랑해요. 가끔 나도 질투 날 때가 있어요.

유미: 왜 언니를 특별히 사랑해요?

영호: 두 분이 똑같이 생겼는데…

김연경: 아빠하고, 엄마, 언니하고, 우리 네 식구가 7살까지 일본에서 같이 살다가… 아빠사업 때문에, 아빠하고 나는 한국으로 갔어요. 엄마하고 언니도 같이 한국에 가고 싶었는데, 언니가 그때 심장병이 있어서 도쿄 심장병원에

입원해서, 한국에 가지 못하고, 일본에서 병원 다니면서 엄마하고 살았어요.

유미: 그렇군요. 언니하고 엄마가 고생 많이 하셨겠네요.

김연경: 네… 그 다음에 아빠는, 매달 엄마와 언니를 보러 일본을 다녀가셨어요. 언니는 건강이 전보다 좋아졌고… 그런데, 16살 때 엄마가 병으로 돌아가시고, 언니는 한국으로 왔는데, 문화가 달라서 좀 적응하지 못했어요.
유미: 그렇겠죠. 일본에서 오래 살았으니.
김연경: 어릴 때 몸이 약해서 애지중지한 것과, 10년간 떨어져 살면서 아빠 노릇 못한 죄책감… 그걸 점들 때문에, 아빠는 언니를 특별히 애지중지, 소중하게 여겨요.

유미: 그런데, 왜 회장님은 딸이 쌍둥이라는 것을 숨기려 했죠?
김연경: 주로, 회사 직원들에게도 비밀로 하시는 것 같아요. 그 이유는, 저는 피아노만 치고 사업은 관심이 없어서, 언니한테 사업을 물려주려고 하는데…
언니가 외국 출생에, 대학도 안 나오고, 나이도 어리고, 한국어도 말은 꽤 잘하지만 주요문서나 사업용어 같은 것은 잘 모르고… 따라서 이사들과 투자자들이 반대할 것이 뻔하죠. 그래서, 딸이라는 것을 밝히지 않고…
영호: 밝히지 않고 회사를 물려주는 다른 방법이 있나보죠?

김연경: 아마, 언니의 신분을 새로 만들고, 실력있는 엘리트 남자와 결혼시켜서, 남편을 회장으로 내세우고, 유능한 외부인에게 회사를 물려주는 형식을 취할 것 같아요. 그러면 대외적으로 회사 이미지도 좋아지고, 언니 부부도 일

하기 편할테니까.

유미: 아. 그런 생각이시군요. 제가 보기엔, 회장님 성격에, 합법적인 절차를 거치실 겁니다.

김연경: 그럼, 도쿄에서 어디부터 구경하고 싶으세요?

유미: 글쎄요. 특별히 정한 곳은 없고요.

영호: 도쿄 타워를 가볼까요?

김연경: 영호씨는 갑목(甲木)이신가 보네요. 나도 갑목인데.

유미: 그래요? 맞아요. 오빠는 진월(辰月) 갑목이에요. 그런데, 사주를 좀 아시나봐요?

김연경: 네, 어릴 때 아빠하고 도사님들이 얘기할 때 어깨너머 구경 좀 했어요.

유미: 아. 그러시군요.

김연경: 갑목은 '더 먼저, 더 높이, 더 빨리' 3가지가 몸에 배어 있죠. 운동도 스피드 종목, 개인 종목을 선호하죠.

유미: 네. 그래서 역시, 도쿄 타워부터 언급하고… 사실, 저는 백화점 같은데 가고 싶어요.

김연경: 그럼 '시부야'도 가요. 유미씨는 겨울생인가봐요. 외로움을 많이 타죠?

유미: 네. 잘 아시네요. 회장님이 언니 사주를 봐 드리라고 했는데, 이미 사주를 잘 아시네요.

김연경: 아니에요. 아주 기초만 알아요.

유미: 여자가 목이니까, 남친과 남편은 금이 되는데, 언니는 금이 둘이 있네요. 일지의 원숭이(申)하고, 연간(출생년도 위의 글자) 신(辛)금.

김연경: 아, 그렇죠. 여자가 목이면 남편이 금이죠.

時	日	月	年	김연경(May Kim)
丙	甲	乙	辛	여자. 2001. 7. 20. 인시.
寅	申	未	巳	

76	66	56	46	36	26	16	6
2077	2067	2057	2047	2037	2027	2017	2007
癸	壬	辛	庚	己	戊	丁	丙
卯	寅	丑	子	亥	戌	酉	申

유미: 2022년 호랑이가 와서 원숭이 기운이 빠지니까, 원숭이, 즉 남자가 멀어지죠. 본인은 일본으로 오고··· 작년 2023년에도 남자친구가 생길 수 있는데, 인연이 크지 않고, 금년에는 용이 와서 뱀과 합하고, 원숭이도 다시 살아나서 합하니, 남자가 동시에 둘 생기겠어요.

김연경: 네? 둘이요?

유미: 네. 천간에 있는 신(辛)금과 지지에 있는 원숭이(申)요. 둘 다 금년에 인연이 있어요.

김연경: 와. 아빠 말대로, 유미씨 진짜 도사 맞네. 나, 금년에 남자 둘 생겨서 지금 골치에요.

유미: 이번 달이 마침 신(辛) 금의 달이니까, 하나를 자를 겁니다. 아니, 내가 자르는 게 아니고 상대가 먼저 나를 자를 겁니다. 왜냐하면, 목과 금이 헤어질 때, 목은 자르는 권한이 없고, 금이 자르는 권한이 있어요.

김연경: 그렇군요. 사실 조만간 한 사람은 헤어질 것 같아요.

영호: 그러면, 지금 밤늦게 구경할 만한 데 있나요?

김연경: 도쿄도 서울처럼 밤에 볼거리가 많아요. 그럼 우리 나가요. 남친 '켄(建)'도 부를께요.

시부야의 밤 거리.

찬란한 불빛이 온 천지를 밝힌다. 유미, 영호, 김연경, 켄. 네 사람은 7월 도쿄의 복잡한 밤 거리를, 인파를 헤치며 마음껏 활보한다. 사람들이 많은 스크램블 교차로를 지나, 시부야 센터거리에 오니 불야성이다.

빌딩의 꼭대기에 위치한, 화려한 대형 전광판들은 제 각기 광고와 뉴스를 내보낸다. 거리를 따라 늘어선, 외국 브랜드 패스트 푸드, 라멘 가게, 이자카야, 초밥집과 인기 브랜드 옷 가게, 선물 가게 등이 한창 영업 중이다.

길 바닥에 스피커와 악기를 놓고 노래하고 춤추는 젊은이들도, 거리의 활력을 더해준다.

4사람은 여기저기 구경하며 걷다가, 켄이 연경에게 제안한다.

켄: 오스시 다베마쇼가, 오스시. (お寿司食べましょうか、お寿司. 스시 좀 먹을까요? 스시.)

회전초밥 식당.

한국에서는 드문, 회전 초밥은 유미에게 매우 신기했다. 초밥의 종류도 매우 다양해서 처음 보는 생선도 많다. 네 사람은 여러가지 초밥을 서로 먹어보라고 권하며 주고받는다.김연경: 어때요? 정신없죠? 시부야.

유미: 전 좋아요. 이런 구경은 난생 처음이에요. 전 촌뜨기라서.

영호: 멋있네요. 연경씨는 매일 올 수 있겠네요.

김연경: 매일 오면 좋지만 돈이 남아나지 않겠죠.

고층빌딩 스카이 라운지.

　도쿄 시내가 내려다 보이는 스카이라운지에 올라가, 4사람은 창가쪽으로 자리를 잡았다. 한 밤중이지만 시내가 환하다.

영호: 일본에 사는 게 더 좋아요?

김연경: 좋은 점도 있죠. 음식이 대체로 맛있고 품질이 좋아요. 편의점 음식도 맛있어요. 그리고, 직장에서 친한 사람도, 서로 사생활은 간섭하지 않는 게 좋은 것 같아요. 동료끼리 서로 결혼했는지 애인이 있는지도 몰라요.

유미: 단점도 있어요?

김연경: 물론 있죠. 너무 규정대로 해서 답답하고, 아직도 아날로그 시대가 계속되고 있어요. 지도층이 노인들이 많아서 이메일 보다는 종이서류나 팩스

를 더 선호해요. 그리고…

켄: 사비시이. (きびしい. 외로워요)

켄이 손을 내밀어 김연경의 손을 잡는다.

김연경: 네. 외로워요. (유미에게) '사비시이'는 외롭다는 뜻이에요.

영호: 그럼, 가라오케 가볼까요? 일본은 노래방이 어떤 지 궁금한데.

김연경: 그래요. 오랜만에 노래 좀 해 볼까요?

네 사람은 자리에서 일어나, 스카이라운지를 나와 엘리베이터를 탄다.

가라오케 (노래방).

내부 장식은 유흥가 분위기가 아니고, 스포츠 바 같은 밝은 분위기이다. 네 사람은 간단한 음료와 스낵을 시켜 놓고 즐겁게 노래를 부른다.

얼마 후, 유미와 영호는 하품을 한다.

김연경: 피곤하신 것 같은 데, 이만 집에 갈까요? 저도 사실 좀 피곤해요.

유미: 그래요. 오늘 좀 무리한 것 같아요. 오빠, 우리 가자. 일어나.

새벽 4시. 김연경의 집.

집으로 들어오자, 네 사람은 소파에 거의 쓰러진다.

김연경: 영호씨와 유미씨는 건넌방에서 자고, 나하고 켄은 내 방에서 잘께 요.

결국, 유미와 영호는 자연스럽게 건넌방에서 같이 자게 되었다. 그러나, 두 사람은 방에 들어가자 마자, 겉옷만 벗고 동시에 골아 떨어진다.

낮 12시. 김연경의 집.

김연경이 먼저 일어나 부엌으로 가서 커피 물을 끓인다.

잠시 후, 네 사람이 식탁에 모여 있다.

김연경: 오늘은 도쿄 타워, 하치코동상, 요요기 공원, 그리고 메이지신궁을
가려고 해요.

유미: 네. 좋아요. 언니가 안내하시는 대로 가요..

김연경: '요시노야'에서 점심 먹을까요?

영호: 아. 들어본 적 있어요. 고기덮밥 같은 거죠?

김연경: 네. 맞아요. 저의 최애 점심이죠.

장면 1. 유미와 영호가 도쿄 타워 전망대에서 내려다본 시내를 배경으로
사진을 찍는다.

장면 2. 메이지신궁의 본관 앞에서 사진을 찍는다.

장면 3. 하치코동상. 강아지 앞에서 사진 찍는 장면.

장면 4. 요요기 공원. 사람들이 많이 모여 있는 분수대 앞에서 사진 찍는
장면.

밤 11시 반경. 스키야키 레스토랑.

하루 종일 시내 관광을 마친 네 사람은, 스키야키로 밤참을 먹는다. 식사하면서 김연경이 말한다.

김연경: 켄하고 나는 러브호텔로 갈거에요. 유미씨하고 영호씨도, 우리집에서 자는 것보다, 러브호텔에서 멋있게 기분 한번 내보는 게 어때요? 평생 많지 않은 기회인데.

유미와 영호는 러브호텔에 관해 아는 바가 없어서, 별 말없이 그냥 김연경을 따라 러브호텔로 간다.

러브호텔 입구의 라운지.

유미, 영호, 켄은 소파에 앉아있고, 김연경이 카운터에서 키를 두 개 받아온다. 네 사람은 엘리베이터를 타고 3층에서 내린다.

김연경: 305는 우리 방이고, 유미씨 방은 313 이에요. 그럼 내일 아침에 봐요.

김연경과 켄은 305로 들어가고, 유미와 영호는 313으로 들어간다.

약 1시간 후. 313호 유미와 영호의 객실.

유미는 잠들어 있고, 영호는 옆에 누워서 생각한다.

'유미는 졸업 후에만 나와 첫날밤을 하겠다고 약속했었는데, 왜 일찍 앞당겼을까? 유미는 첫날밤의 장소로 왜 일본을 선택했을까?'

일요일 오후. 도쿄 나리타공항. 출국장.

유미와 영호는 3박 4일 여행을 마치고 한국으로 돌아가는 길이다. 두 사람은 김연경과 좀 더 관광을 하고 싶지만, 이미 돌아가는 비행기는 정해져 있으므로 그럴 수는 없다.

휴가철이라서 공항은 이용객이 매우 많다. 유미와 영호는 김연경에게 가벼운 포용과 작별 인사를 한다.

유미: 너무 고마웠어요. 언니. 꼭 다시 봐요.

김연경: 그래요. 좀 더 있었으면 좋았을걸. 다시 봐요.

영호: 감사했습니다. 또 봐요.

김연경: 우리 아빠한테 내 걱정 마시라고 하세요. 그리고, 제가 한국 가면 두 분한테 연락 드릴께요.

유미와 영호는 출국장 검색대로 걸어가고, 김연경은 손을 흔든다.

23

대저택 살인 사건 해결.

7월 11일 목요일 오후. 유미의 집.

일본 여행에서 돌아온 유미는 한가롭게 방학을 즐기고 있다. 점심시간이 지나고, 유미는 집안 청소를 하고 있다. 유미의 전화가 울린다. 상대방은 '김 형사님'.

유미: 안녕하세요. 김형사님.

김형사: 오랫 만이네요. 유미양. 도움이 좀 필요한데.

유미: 제가 할 수 있는 일이라면 도와드리죠.

김형사: 괜찮으면 한시간이나 두시간쯤 후에, 집으로 갈께요.

유미: 네, 언제든 오세요. 저는 다른 특별한 일 없어요.

한 시간 후, 유미 집 앞마당으로 경찰순찰차가 한 대 들어온다.

차가 멈추고 제복을 입은 경관 두 명(남자와 여자)이 내린다. 유미는 문을 열고 나와서 인사를 한다.

유미: 김형사님. 생각보다 일찍 오셨네요.

김형사: 네. 오랜만이죠? 여기는… 전에 보셨죠? 저와 같이 근무하는 윤순 경이라고.

유미: 네. 어서 오세요.

윤순경: 안녕하세요?

윤순경과 유미는 가볍게 인사를 나누고, 세사람은 집안으로 들어간다.

유미의 집 거실.

김형사: 살인사건인데, 현실적으로 이해가 잘 안되는 게 있어요.

유미: 어떤게요?

김형사: 순식간에, 불과 몇 초 만에 등 뒤에서 목을 찔러 살해한 것 같은데.

윤순경: 그런데 중요한 건, 증거를 찾을 수가 없어요.

김형사: 용의자 5명은 수사관들이 올때까지 현장에서 떠나지 않았는데.

윤순경: 너무 감쪽같아서, 도저히 감을 잡을 수가 없어요.

김형사: 용의자는 가장 가까이 있던 두 사람으로 압축되었어요.

유미: 최형사님 유명하신데, 최형사님은 뭐라고 해요?

김형사: 그 분도 지금 애는 쓰는데, 실마리를 못 찾고 있어요.

유미: 용의자분들 생일은 알고 계시죠?

윤순경: 네. 파일 다 있어요. 그런데, 생시를 모르면 안되나요?

유미: 안되죠. 사회생활에서 보이는 일반적 성향은 시를 몰라도 대충 파악할 수 있지만… 비밀스러운 성격, 특징, 취미, 말년의 자식과의 관계, 특히, 45세 이후 추구하는 성향 등은 시를 모르면 알 수 없어요. 특히, 이런 사건 같은 경우는 더 조심해야 돼요… 잘못하면 생사람 잡을 수 있으니까.

김형사: 그렇군요.

유미: 경찰관이시니까, 생시 알아내는 것은 쉽겠죠?

윤순경: 물론 알아내는 거야 어렵지 않겠지만, 정보수집은 많이 해봤는데,

사람의 생시가 중요한 정보가 될 줄은 꿈에도 몰랐네요.

유미: 그러면, 생시는 나중에 알아내서, 저한테 알려주시고 우선 사건개요를 말씀해주세요.

(김형사의 사건설명)
지난 토요일. 7월 6일 밤 9시경. 고급 주택가의 2층 집.

본채와 붙어있는, 호화롭게 장식된 식물원형태의 실내 테라스. 내부에는 작은 사이즈의 아담한 직사각형 수영장과 서너 명 들어갈 크기의 동그란 자쿠지가 있다. 수영장과 자쿠지의 수중에서 발산되는 핑크색과 하늘색의 불빛이 휘황찬란하다.

수영장에서는 파티가 열리고 있다. 참석자는 손님 부부 두 쌍과, 혼자 살면서 두명의 하인을 거느리고 있는, 이 집의 60대 여주인 이순자. 총 5 명. 다섯 개의 편한 의자가 일렬로 늘어서 있다. 자쿠지 바로 옆 의자에는 여주인이 앉고, 다음 자리에는 안경친구, 안경친구의 남편, 파마친구, 파마친구의 남편. 이런 순으로 자리가 놓여있다.

다른 사람들은 모두 자기 자리에 앉아서 옆사람과 대화를 나누고, 맨 끝자리의 주인인 파마친구의 남편은, 멀리 이쪽 자쿠지 옆에 와서, 여주인과 이야기 중이다. (여주인은 앉아있고 파마친구의 남편은 서있다.)

키친에서 하녀인 줄리가, 종이 접시에 4인분 크기의 둥근 케익을 들고 나온다. 종이 접시들은 도자기 접시에 비해, 무거운 음식을 담기에는 약해 보인다. 줄리가 여주인 옆에 있는 둥근 테이블에 접시와 케익을 내려 놓고, 우측 뒤에 정자세로 서서 대기한다.

남자 하인 샘은, 의자에 앉아있는 여주인의 좌측 뒤에 서서, 수시로 천천히 고개를 돌리며 현장을 감시하고 있다.

여주인은 플라스틱 스푼으로 케익을 먹으며, 파마친구의 남편과 대화를 하는데, 뭔가 갈등이 생긴 듯, 분위기가 좀 안 좋아 보인다.

파마남편: (화난 표정) 누님. 이제 그만하세요. 대체, 회장을 몇 번 해 먹을려고 그래요? 평생 할 거예요?
여주인: 아니… 힘 있을 때 좀 만 더 하고, 나중에 자네한테 넘길게.
파마남편: 안돼요. 이번엔 쉬세요. 나도 좀 해야죠.

여주인: 정, 그러면…자네 회사가 회계사들 하고 짜고 수백억 탈세한 거, 내가 자료 가지고 있어. 국세청에 보낼 수도 있어. 보통사람 눈에는 문제가 없는데, 나 같은 전문가가 보면 금새 알아.

파마친구의 남편: 설마. 누님. 나 겁주려고…

여주인: 겁주는 게 아니고··· 자료를 보여줄까?

여주인이 옆에 서 있던 남자 하인 샘을 손가락으로 불러서, 지시한다.
여주인: 샘. 내 차에 가서 밀봉된 하얀 서류봉투 좀 가져와.
샘이 문을 향해 걸어가고, 여주인과 대화를 하고 있던 파마 남편은 그대로 샘을 지켜보고 서 있다. 그와 여주인과의 거리는 불과 1미터.

그리고, 또한 여주인 뒤에 서있는 줄리는, 손을 뻗으면 여주인의 뒤통수에 닿을 만큼 가까운 거리이다. (정지화면 3초)

의자에 앉아있는 여주인 뒷모습이 클로즈업된다.

갑자기, 여주인이 뒷목을 왼손으로 감싼다. 피가 흐른다. 여주인은 앞쪽을 향해, 약간 왼쪽으로 엎어진다. (정지화면 3초)
안경친구는 '어머' 비명을 지르며 고개를 숙여 여주인을 부축한다. 안경친구가 피해자의 상체를 일으키는데, 목 뒤에서 피가 나고 의식이 없다. 즉시, 사람들이 옆으로 모여든다.
문을 나가려던 샘이, 급히 몸을 돌려 여주인에게 달려오며119를 부른다. 메이드인 줄리도 옆에 서서 소리를 지르고 있다. (정지화면 3초)

다시, 유미의 거실 장면.
김형사, 윤순경, 유미의 대화가 계속된다.
유미: 그 바로 옆에 있던 사람이 범인이겠죠. 둘 중 하나.
김형사: 물론 그렇게 생각하는 게 당연한데, 어떻게 맨손으로 몇 초 만에

사람을 죽여요? 아무런 무기도 없이? 파마남편이든, 줄리든. 누구든 간에.

유미: 무기가 없어요? 발견이 안됐어요?

윤순경: 사건 직후부터, 용의자들은 경찰이 도착할 때까지 현장에 그대로 있었고, 옆에 샘이 지켜보고 있는데, 무기를 숨기는 것은 불가능합니다.

유미: 금속 탐지기 같은 걸로 테스트해 봤어요?

윤순경: 네. 다 해봤지요.

유미: 플라스틱은 금속 탐지기에 안 걸리지요?

김형사: 물론이죠. 그러나, 용의자는 물론이고 현장을 검사관들이 몇일동안 홀라당 다 뒤졌는데… 플라스틱, 나무, 유리조각, 종이조각까지. 수영장 밑바닥, 하수구, 쓰레기통 속에 바늘까지 살살이 찾아봤어요. 하여튼, 모든 재질의 무기가 될 수 있는 게 있나 봤는데, 전혀 없어요.

유미: (장난스러운 말투로) 그럼 범인이 흉기를 먹었나?

김형사: 에이. 유미양도 농담을 할 줄 아시네… 지금 우리 심각해요.

유미: 아. 케익! 줄리가 가져온 케익이 남아 있었다면, 그 속에 찾아봤어요? 작은 침 같은 것은 케익에 숨기기 쉬울텐데.

윤순경: 맞다. 케익 속까지는 조사하지 않았겠죠?

김형사: 케익도 조사했는데… 다 먹고 부스러기만 있었어요.

유미와 윤순경은 입술을 삐죽 내밀며 실망하는 표정이다.

유미: 그러면, 우선… 당시 피해자 사진 있어요?

김형사가 자기 핸드폰에서 사건현장 사진을 여러 장 보여준다. 이때, 할아버지가 방에서 나오신다. 거실에서 대화하는 소리를 들으신 듯하다.

할아버지: 손님 오셨구나.

두 경관은 할아버지에게 간단히 인사한다. 이때 유미가 할아버지에게 사진을 보여주며 묻는다

유미: 할아버지, 혹시 이런 경우 보셨어요?

할아버지: 상처의 모양이 심상치 않은데. 뒷목을 뾰족한 것으로 재빨리 두 번 찔러서 살해할 정도면, 한의학의 혈(穴)과 후경신침(後頸神針)이라는 특별한 침술을 배운 사람이야.

김형사: 그럼 우선 용의자 중에서 한의학이나 특수침술을 배운 사람을 찾아 봐야겠네요.

유미: 그게 좋겠네요. 그럼, 생시 알아서 연락 주세요.

윤순경: 한가지 물어볼께요. 사주로 범인이 어디로 갔는지 알 수 있어요?

유미: 아무런 범위도 없이 그냥, 어디로 갔냐고 물어보면, 당연히 그런 건 대답을 할 수 없죠. 내가 신비한 능력이 있는 것도 아니고, 신(神)도 아니고… 그런 건 용한 무당한테 가보시면 될 거예요. 그렇지만, 4지 선다형처럼 몇 개 중에서 고르라고 하면, 그 중에서 가장 가까운 것은 맞출 수 있어요.

윤순경: 아, 그래요? 나중에 혹시 도움을 청할까 해서요.

유미: 네, 언제든지 말씀하세요.

경관들이 나가고, 할아버지가 자리에 앉아 유미에게 자초지종을 묻는다. 유미의 설명을 들은 할아버지는 잠시 생각하다가 입을 연다.

할아버지: 이런 식으로 살인을 하려면, 정화(丁火)가 필요하고, 쥐(자子), 소(축丑), 제비(임壬), 박쥐 (계癸). 네 가지 중에 하나 이상 필요하다. 은밀함과 완전범죄의 대표적인 글자들이니까.

유미: 정화가 없고 병화(丙火)가 있으면 안돼요?

할아버지: 병화는 안돼. 병화는 대개의 경우, 생명을 살리는 기운이지, 죽이는 기운이 아니야.

유미: 그런데 병화는 나쁜 생명도 다 살려주니까, 그것도 때때로 문제죠.

할아버지: 그리고 신금(辛金)과 현침살(懸針殺)이 있으면 가능성이 더 크고. 근(根)이 무력해진 천간 정관이 있거나, 상관이 강하고 음기가 강한 사람, 단기공부를 잘 할 수 있는 사람도 가능성이 크고.

유미: 네. 찾을 수 있을 것 같아요.

할아버지: 그 글자들을 연결해 보면 이 사람의 무기가 뭔지 알겠니?

유미: (미소를 지으며) 알 것 같아요.

할아버지: 그래. 나는 이장님 집에 가서 바둑이나 둬야겠다.

7월 13일. 이틀 후. 토요일. 오후 5시경. 유미의 집.

거실에서 유미와 할아버지가 간식을 먹으며 이야기하고 있다. 유미의 전화가 울린다. 발신자는 김형사. 문자로 용의자들의 생년월일이 들어온다.

유미는 우선 유력한 용의자 두명의 사주를 검토한다.

時	日	月	年	파마남편. 이순창. 남자. 1971. 8. 8. 묘시
己	乙	乙	辛	
卯	丑	未	亥	

80	70	60	50	40	30	20	10
2051	2041	2031	2021	2011	2001	1991	1981
丁	戊	己	庚	辛	壬	癸	甲
亥	子	丑	寅	卯	辰	巳	午

時	日	月	年	하녀. 줄리. 여자. 1988. 1. 25. 축시
乙	己	癸	丁	
丑	卯	丑	卯	

73	63	53	43	33	23	13	3
2061	2051	2041	2031	2021	2011	2001	1991
辛	庚	己	戊	丁	丙	乙	甲
酉	申	未	午	巳	辰	卯	寅

유미의 문자응답: 1시간 후에 전화하세요.

할아버지는 자리를 뜨시고, 유미는 제자리에 앉아서 이틀 전의 할아버지 말씀을 생각하며, 계산에 들어간다.

1시간후, 유미의 집.

김형사한테서 전화가 온다.

김형사: 어떻게… 뭐가 좀 보입니까?

유미: 한의학 특수 침 공부한 사람 알아봤어요?

김형사: 파마남편하고 줄리하고, 전에 특수 침 공부한 기록이 있어요.

유미: 그러면 두 사람 중 하나가 확실하네요.

김형사: 그래요. 그리고, 샘의 말로는 그날 안경친구도 여주인하고 금전문제로 언쟁이 약간 있었지만, 다시 화해했다고 하더라고요. 그리고 나서 파마남편이 다시 여주인에게 뭔가 항의하러 갔는데 그 때쯤 사건이 일어난 거죠.

유미: 그리고 두 사람 중에 손바닥이나 손가락에 상처 난 사람 찾아보세요. 범인이 자신의 흉기에 다쳤을 수도 있으니까.

김형사: 그럼, 지금은 아직 범인을 알 수 없나요?

유미: 네. 줄리 아줌마를 만나서 대화를 나눠봐야 될 것 같아요. 가능하면 저의 집으로 모시고 같이 오세요.

그날. 토요일 저녁 6시. 경찰서.
김형사가 파마남편인 이순창과 얘기 중이다.
김형사: 특수침술 배우셨죠?
파마남편: 네
김형사: 그 기술로 이순자씨를 죽였습니까?
파마남편: 아니요. 제가 그 날 말다툼은 했지만, 누님과 그동안 10년간의 의리가 있는데, 그런 짓을 할리가 있습니까?

김형사: 10년아니라 100년이라도 의리가 살인을 못할 이유는 안돼죠. 그건 설득력이 없고… 그날 이순자씨하고 언쟁이 살인동기가 될 수 있잖아요? 무기는 어디에 숨겼어요?
파마남편: 글쎄, 아니라니깐요.

김형사: 손 좀 잠깐 볼까요?

김형사는 파마남편의 양 손을 살펴본다. 상처가 전혀 없다.

김형사: 알았어요. 그럼, 다른 용의자들도 얘기해보고 다시 연락드릴께요.

그날 밤. 8시경. 유미의 집.

앞마당으로 순찰차가 들어온다. 김형사, 윤순경, 줄리. 3사람이 차에서 내려 집안으로 들어온다.

곧 이어, 유미의 집 거실.

네 사람이 앉아 대화를 한다. 유미가 줄리에게 먼저 인사를 하고, 질문을 시작한다.

유미: 침술 중에서 급소를 찔러 상대를 죽이는 고도의 특별한 기술이 있는데, 그걸 배우셨어요?

줄리: 전에 배웠지만, 써먹은 적은 없어요.

유미: 이번에 여주인에게 그 기술을 사용하시지 않았어요?

줄리: (양손으로 제스처를 쓰며) 침이나 어떤 뾰족한 게 있어야지, 어떻게 맨손으로 해요?

줄리의 손바닥에 희미하게 상처가 보인다.

유미: 손바닥에 상처는 어떻게 났어요?

줄리: 요리하다가 칼에 살짝 베었어요.

유미: 다른 것에 벤 것은 아니고요?

줄리는 대답대신, 자신 없는 표정으로 고개를 가로 젓는다.

유미: 제가 사주를 보니까, 전에 억울한 피해를 입으신 것 같은데, 말씀해 보세요. 여기 경관 님들은 범인을 찾는 것도 좋지만, 더 중요한 것은 억울한 분을 도와드리려고 하는 거에요.

줄리는 유미와 경관들의 다정한 태도를 보고, 마음이 좀 안심되는 듯이, 크게 한숨을 쉬고 말을 시작한다.

줄리: 맞아요. 여주인이 저를 많이 착취했어요. 몇 년 동안 그 집에서 일하면서 고생 많이 했어요. 그래서 죽이고 싶은 마음도 있었지만… 죽이지는 않았어요.

유미: 착취당한 얘기 좀 더 해보세요.

줄리는 여주인 이순자에게 오랫동안 괴롭힘 당한 얘기를 10분간 늘어놓는다. 과도한 업무, 인간적인 무시와 상습적인 구타, 여러가지 명목으로 월급 착취, 주거공간 불결 등등 여주인의 악행을 폭로한다.

이야기가 끝나고 줄리는 울음을 터뜨린다. 유미와 두 경관은 줄리에게 진심 어린 동정을 표한다. 윤순경은 함께 눈물을 흘리며 줄리의 두 손을 꼭 잡는다. 한편, 유미는 줄리의 어깨를 감싸 안는다.

윤순경: 줄리씨 말이 사실이라면, 여주인은 죽어도 마땅한 사람이네요. 경찰에 신고하지 그랬어요?

줄리: 신고해봐야 힘있고 빽 있는 사람들은 바로 풀려나고, 그 다음에 저는 더 힘들어져요.

김형사: (유미에게) 제가 좀 전에 파마남편을 만나 봤는데, 완강히 부인하던데요. 유미양이 그 분도 만나보실래요?

유미: 글쎄요. 잠깐만요.

유미가 잠시 심호흡을 하더니 김형사에게 묻는다.
유미: 증거없이 본인의 자백만으로 기소할 수 있습니까?
김형사: 거의 힘들지요. 기소해도 유죄가 될 가능성도 적고.

유미: 그럼 됐어요. 알려드릴께요.
김형사: 어? 알아냈어요?
유미: 네. 줄리씨가 범인이에요. 잠깐 기다리세요.

유미는 냉장고로 가서, 미리 물을 부어서 단단하게 얼려 놓은 종이 접시를 꺼내서 가지고 온다. 사람들 앞에서 고무장갑을 끼고, 얇고 둥글넓적한 종이 접시를 양손으로 힘껏 눌러 휘어서, 그 안에 담긴 얼음을 '쫙' 가볍게 깬다. 깨진 얼음은 여러 작은 조각으로 갈라지고, 날카로운 면들이 반짝인다.
유미: 물을 끓인 후에 식혀서, 소금을 넣고 최저 냉동으로 얼리면 아주 단단해집니다. 얼음 깰 때 손바닥에 상처가 났을 겁니다. 손에 미리 장갑을 끼고 있으면 의심받을 수 있으니까 어쩔 수 없었겠죠.

눈치 빠른 두 경관은 유미의 다음 설명을 이미 알겠다는 듯, 엄지를 치켜든다. 줄리는 놀라서 울음을 멈추고, 신기하다는 듯이 유미를 바라다본다.
김형사: 엊그제 유미양이 한 농담, 그냥 농담이 아니었네. 먹을 수 있는 흉기? 녹아 없어지는 흉기? 역시, 정유미!

윤순경: 와. 정말… 대단하네요. 정유미 양.

유미: (줄리를 향해서) 이제 더 이상 마음고생 할 거 없어요. 가세요. (경관들을 향해서) 고생 많이들 하셨어요.

김형사가 주머니에서 돈 봉투를 꺼내려는 눈치를 보고, 유미는 그것을 받지 않으려고 재빨리 자리를 떠서, 자기 방으로 돌아간다.

유미: 안녕히 가세요. 저는 오늘 좀 피곤해서 이만…

24

경마 부수입과 최비서 모친 의료 사고 해결.

7월 14일. 일요일. 오전 11시경. 유미의 집.
유미와 보미가 거실에서 과일을 먹으며 잡담을 하고 있다.

보미: 요즘 돈도 잘 안 돌고. 돈 나갈 데는 많고.

유미: 나도, 돈 모아 놨던 거 일본가서 다 썼어.

보미: 어디 부수입 벌 수 있는 일, 없을까?

유미: 글쎄… 우리 이거 한번 해볼까?

보미: 뭔데?

유미: 경마.

보미: 너 경마도 할 줄 알아?

유미: 해 본적은 없지만, 기수들의 생일을 보면 누가 1등 할 지 대충 알 수 있을 것 같은데.

보미: 생일은 인터넷에서 얼마든지 찾을 수 있지만, 시간을 모르면 안된다며?

유미: 시간을 모르는 대로 해보지. 나머지 6자만 비교하면 맞출 확률은 훨씬 떨어지지만.

보미: 확률이 얼마나 떨어져?

유미: 시를 모르고 사주를 봐서 맞출 확률은 나는 60~70%. 그 이상은 자

신 없어.

　　보미: 그럼 해볼 만한데. 해보자.

　　유미: 영호오빠는 오늘 바쁜가 봐. 우리끼리 점심 먹고 경마장으로 가자.

같은 날. 일요일 오후 2시. 경마장.

　　일요일이라서 사람이 많은 편이다. 경마장에서 유미와 보미는 여기저기 승마경기에 베팅해서 수입을 올린다. 잠시 쉬는 시간에, 두 사람은 경기장 의자에 앉아서 사이다와 팝콘을 먹으며 얘기한다.

　　보미: 일본 갔던 얘기 좀 해봐.

　　유미: 옛날에 할아버지가 말씀하셨어. '호랑이가 너의 낭군을 데려오고 용이 오면 신방을 차려줄 것이다.' 2년전 호랑이 해에 영호오빠 만났고… 올해는 용이 왔으니…

　　보미: 그래서. 진짜 합방했어?

　　유미: 아이 참… 언니, 그런 건 물어보는 거 아니야.

　　보미: 너 졸업하기 전에는 절대, 합방 안 할 것 같더니, 왜 마음이 변했어?

　　유미: 언니도 알 텐데…

보미: 김비서가 등장해서 '빨리 도장 찍어놔야겠다.' 그거지?

유미: 언니는 눈치가 백단이네… 그런데, 나는 결혼하면 남편이 항상 멀리 가서 일한데. 나는 평생 독수공방할 팔자야.

보미: 그런 게 더 좋을 수도 있어. 오랜만에 한 번씩 만나면 부부 금슬도 더 오래간데… 그럼, 나도 김형사님하고 데이트 좀 해볼까?

유미: 그래. 잘 맞을 것 같다. 언니도 연애해야지.

보미: 그런데… 사실, 형사 아내도 독수공방 팔잔데.

두 사람은 다시 경기를 구경하며, 베팅을 해서 수입을 얻는다. 유미의 예측은 꽤 잘 맞아서 높은 승률로 결과가 좋은 편이다.

저녁 7시. 전통적인 분위기의 냉면집.

경마장에서 나와 두 사람은 냉면집에서 저녁식사를 한다. 식사시간이라 손님이 꽤 많다. 종업원이 와서 주문을 받고 돌아간다.

유미: 우리 얼마나 벌었어?

보미: 내 두 달 월급 정도 되겠다.

유미: 반 씩 나누자.

이때, 유미의 전화에 문자가 들어온다.

김비서의 문자: 회장님이 뵙고 싶어하시는 데, 시간 어떠세요?

유미의 문자: 지금이요?

김비서의 문자: 네 가능하시면 지금.

유미의 문자: 경마장 옆 '한웅냉면'이예요. 여기로 지금 오세요.

저녁 8시반. 태양산업 회장실.

김회장과 최비서, 김비서, 유미, 보미. 다섯 명이 앉아있다.

보미: 그러니까, 최비서님의 어머님이 지난 3월 수술받으신 후 경과가 나빠지셨는데, 권위있는 전문가에게 알아보니, 수술한 의사가 실수가 있었다는 거죠?

김비서: 모친을 현장에서 함께 집도한 의사가 두 명인데, 서로 발뺌을 한대요.

최비서: 네. 맞습니다. 그래서 소송을 하려고 하는데, 두 명 다 소송을 해야 할 지. 그러면 시간과 비용도 그렇고. 그래서, 일단 어느 쪽이 실제로 과실이 있는지 사주로 알 수 있나요?

유미: 네. 그건 알 수 있죠. 두 사람 생일을 주세요.

최비서: 그런데, 닥터 안(安)은 시간을 아는데, 다른 의사 닥터 강(姜)은 시간을 몰라요.

유미: 그럼 지금부터 빨리 알아내야죠.

최비서: 그리고, 저희가 승소할 수 있을 지도 알 수 있을까요?

유미: 소송에서의 승패는, 소송 당사자 두 사람 사주하고, 금년 운, 판결 날짜의 운을 비교해봐야 돼요. 소송은 관공서와의 관계가 있으니까 띠도 봐야돼요.

최비서: 저의 어머니 사주는 여기 있는데… 지금 보실래요?

최비서가 핸드폰 화면에 자기 어머니의 사주를 유미에게 보여준다. 유미는 잠시 사주를 보다가 입을 연다

유미: 금년에 신체상에 안 좋은 일이 있지만, 후반기 다시 회복하실 운이고, 소송할 운은 없으신데요.

최비서: 소송할 운이 없다는 건, 소송하면 불리하다는 뜻인가요?

유미: 아니요. 소송을 '하지 않으실 것' 이란 뜻입니다.

최비서: 그래요? 저희는 소송을 할건데.

최비서는 못 믿겠다는 듯이 고개를 갸우뚱 한다.

유미: 닥터 강(姜) 생시는 영호 오빠한테 부탁하죠. 의사 출생지에 가서 병원들 수소문해서 알아낼 수 있을거에요.

보미: 맞아요. 영호는 유미가 말하면 무조건 들어줘요. 둘이 결혼할 사이예요.

이 말을 듣고, 김비서가 빙그레 미소를 지으며 생각한다. '정말 그렇게 될까?'

유미가 보미의 앞을 가로막으며 얼굴을 찡그린다.

유미: 언니. 또 쓸데없는 소리.

보미: 왜? 아는 사람들한테 미리 다 알리면 더 좋지. 나중에 축의금도 받고.

유미가 창피한 표정으로 보미의 손을 잡아 끌며 문 쪽으로 걸어간다.

유미: (김비서에게) 그럼 의사 두 분 정보하고 닥터 강(姜) 출생지. 문자로 보내주세요.

엘리베이터 내부.

유미: 언니 왜 창피하게 그런 말 해? 나는 아직 결혼얘기 꺼내는 게 어색한데.

보미: 들어봐… 김비서가 영호 좋아하는 거 알지? 이 기회에 확실히 '내꺼'

라는 것을 보여줘야지.

유미: 난 김비서 신경 안 써.

보미: 왜? 저 여자 여우야. 조심해야 돼. 저런 미모에 안 넘어갈 남자 어디 있냐, 이 세상에?

유미: 생년월일 알았거든. 사주를 보니까 영호오빠하고 인연이 별로 없어. (유미의 결정적인 실수. 쌍둥이 중, 한 명은 사주가 다르게 해석될 수 있다는 사실을 잊고 있었다.)

보미: 생년월일 어떻게 알았어?

유미: 일본에 있는 딸하고 쌍둥이야. 김비서, 즉, 김이경이 언니야.

보미: 그래? 그런데 왜 숨겼지?

1층 엘리베이터 앞.

엘리베이터 문이 열리고 유미와 보미가 걸어나온다. 둘이 함께 현관을 향해 걸으면서 유미의 대답이 이어진다.

유미: 둘째 딸 김연경은 피아니스트라서 사업은 관심이 없고…(일본에서 김연경의 설명, 그대로 전해준다.)

다음날. 7월 15일. 월요일. 오후 5시경. 유미의 집.

영호와 유미가 진지한 표정으로 얘기하고 있다.

영호: 닥터 강(姜). 1980년 9월 4일. 부산시 H구에서 태어났다. 출생 시간을 알아봐라. 이거지?

유미: 응. 할 수 있지? K-CIA 갈 사람이 그 정도는 할 수 있겠지.

영호: 그럼. 당연하지. 정유미의 남편될 사람인데.

유미: 오늘 경호팀 첫 근무 잘 했어? 힘들었어?

영호: 아니, 그냥 첫날이라서 서로 소개하고, 기본적인 수칙 같은 거 배우고.

유미: 부산에 가는 거는, 경호팀장한테 양해 구했어?

영호: 회장님이 경호팀장한테 말했어. 나 이번 주, 회장님 심부름으로 특별 출장 보낸다고.

유미: 이번 달, 양(未)은 갑목의 기운을 빼는 역할도 하니까, 방심해서 손해 볼 일이 생길 수도 있어. 그러니까, 도둑놈도 조심하고, 여자도 조심하고.

영호: 알았어. 조심할게. 지금 출발할게. 오늘밤에 부산에서 자고 내일 아침부터 병원들 찾아보는 게 좋겠어.

유미: 금요일 저녁까지 돌아올 수 있지?

영호: 왜, 금요일?

유미: 금요일 오전에 할아버지 여행가셔, 월요일 밤까지. 오빠가 금요일날 오면 주말에 나하고 단둘이 지낼 수 있잖아.

영호: 그래. 조오오치…. 올 때 먹을 거 사올까?

유미: 시간 봐서 저녁 먹을 때쯤 됐으면 KCF 치킨 사와.

7월 18일. 목요일. 오전 일과 시간. 부산의 어느 산부인과.

영호는 일요일 밤에 부산에 와서 모텔에서 자고, 월요일부터 부산 H 구의 산부인과를 수소문해왔다. 목요일 오전 시간에 영호는 어느 산부인과의 안내 데스크에서 안내직원에게 문의하고 있다.

영호: 출생증명서를 분실해서, 재발급 부탁합니다.

안내직원: (양식 진열대를 가리키며) 저기 양식 있어요. 저쪽 코너 돌아서 원무과 가시면 허간호사가 담당이에요.

잠시 후, 같은 병원의 원무과.

영호는 원무과를 찾아서 허간호사와 얘기 중이다. 간호사의 가슴에 '허선영'이라는 이름표가 있다.

허간호사: 본인 아니면 위임장이 있어야 되는데요.

영호: 이 분이 제 삼촌이거든요. 그런 걸 미리 몰라서 위임장을 안 만들어 왔는데… 제가 서울에서 심부름 왔는데요. 그것 때문에 서울까지 다시 갔다가 오는 것도 그렇고, 좀… 안될까요?

허간호사: 죄송합니다. 저희 규정상 어쩔 수 없네요.

책상에 보니 '직원명부' 라는 파일이 있다. 허간호사가 다른 사람과 얘기하고, 서류들을 처리하느라고 정신을 파는 동안, 영호는 재빨리 파일을 열어서 허간호사 (허선영)의 생년월일을 기억하고 파일을 덮는다. 영호는 인사를 하고 나온다.

영호: 그럼 다시 오겠습니다.

영호는 병원을 나오면서 유미에게 문자를 보낸다.

잠시 후, 산부인과 병원 근처의 중국 식당.

영호는 중국집에서 짜장면으로 점심을 먹는다. 식사 도중에 유미의 문자가 온다.

'동성연애 가능. 2년 반. 작고 귀여운 파트너. 어제 만날 운'

時	日	月	年	간호사. 허선영
丁	庚	己		여자.
				1989. 6. 26.
巳	午	巳		

74	64	54	44	34	24	14	4
2063	2053	2043	2033	2023	2013	2003	1993
戊	丁	丙	乙	甲	癸	壬	辛
寅	丑	子	亥	戌	酉	申	未

다시, 병원의 원무과 허간호사 책상.

영호는 유미의 문자를 받고 점심을 끝낸 후 다시 산부인과로 돌아온다. 원무과에서 영호와 허간호사의 대화가 계속된다.

영호: 서류 발급이 안되는 건 규정이니까 제가 이해합니다. 그렇지만 그냥 눈으로 보고, 말로 출생시만 알려주는 것은 크게 잘못은 아닌 것 같은데요.

허간호사: 안돼요. 저도 월급 받는 사람이고, 병원의 규정을 따라야 하기 때문에 어쩔 수 없어요.

영호: 그러니까… 제 말씀은, 재발급이 곤란 하시면, 직접 파일 열어서 보시고, 다른 건 다 빼고, 출생 시간만 알려 주시면 안될까요? 그건 규정위반이 아닌 것 같은데. 시간만 가르쳐 주는 것은… 전부를 알려 달라는 것도 아니고.

허간호사: 아. 글쎄. 안돼요. 시간이든 생일이든.

허간호사는 얼굴을 찡그리며 단호히 말한다. 영호는 자세를 고치고, 진지하게 허간호사에게 상체를 가까이 접근하면서, 귀 좀 빌리자는 시늉을 한다.

영호: 죄송하지만 잠깐. 조용히 말씀 좀…

허간호사가 궁금한 표정으로 얼굴을 가까이 댄다.

영호: '동성애' 하시는 거 알고 있지만, 아무에게도 발설하지 않겠습니다.

당황한 허간호사는 급히 몸을 뒤로 젖히며, 좌우를 둘러 주위를 살핀다. 영호는 말과 동시에, 10만원짜리 백화점 상품권 두 장을 조용히 책상에 놓고 원래 책상위에 있던 직원명부 파일로 가린다. 간호사는 이 모습을 흘낏 보고 다시 한번 주위를 살핀다.

영호는 다시 얼굴을 허간호사에게 가까이 대고 속삭인다.
영호: 2년 반쯤 되셨죠? 체격이 작고 귀여운 파트너. 그리고 어제도 만나신 걸로 압니다.
허간호사는 당황해서 아무 말도 못하고, 앞에 있는 컴퓨터를 조작하더니 파일을 열어서 자세히 들여다본다.
허간호사: (조심스러운 목소리로) 06시 25분이에요. 비밀 지키세요… 나도 이거 알려준 거, 비밀 지킬테니까.

잠시 후. 오후 2시경. 경부고속도로 상행선. 영호의 차.
영호는 임무를 완수하고, 즐거운 마음으로 서울로 돌아오는 고속도로에 진입했다. 영호는 운전하면서 유미와 전화통화를 한다.
영호: 그래. 네 말이 맞았어. 잘됐어. 상품권도 줬어.
유미: 예정보다 하루 빨리 오네. 할아버지 계시니까, 치킨 넉넉히 사와. 운전 조심하고.

잠시 후. 오후 3시경. 경부고속도로 상행선. 대전 부근의 휴게소.
영호는 잠시 쉬기 위해서 휴게소에 진입해서 주차를 한다. 승용차와 고속버스, 관광버스들이 주차장에 가득하다.
영호는 식당건물로 들어가서 어묵코너에 줄을 서서 간식을 주문한다. 잠시 기다리니 주문한 음식이 나온다.

영호가 넓은 테이블에 앉아서 어묵을 먹는데, 20대 미모의 여자가 앞의 빈자리에 앉으면서 영호에게 말을 건다.

여자: 그게 어때요? 맛있어요?

영호: 네. 괜찮네요.

여자도 어묵을 사가지고 와서 같이 앉아서 먹는다. 둘은 5분 정도, 승객들 간에 있을 법한 평범한 대화를 한다.

잠시 후, 여자는 남자를 유혹하는 몸짓으로, 점점 자신의 몸을 영호에게 노출한다. 곧 이어, 여자가 미소를 띠며 말한다.

여자: 서울 쪽이라고 하셨죠? 그러면… 저 좀 태워 주실래요?

영호: 버스타고 가는 중이세요?

여자: 네. 그런데. 옆자리에 이상한 사람이 앉아서 자꾸 이상한 말을 하고, 허벅지를 만지려고 해서… 시간되시면 좀 태워주세요. 제가 보상을 충분히 해드릴께요. 찐하게 술 한잔 살께요.

영호는 별로 주저하지 않고 대답한다.

영호: 버스기사가 찾지 않을까요?

여자: 제가 버스기사한테 말할께요.

영호: 그러세요. 그럼. 같이 갑시다.

두 사람이 식당 건물에서 나와, 영호는 먼저 차에 타고, 여자는 버스로 걸어가서 버스기사에게 얘기한 후, 영호의 차로 걸어와서 옆자리 문을 연다.

이때, 영호의 차 뒤에 낡은 소형 검은 승용차가 천천히 다가온다.

영호는 검은 승용차를 눈치채지 못하고, 운전석에 올라서 시동을 건다. 한편, 여자는 조수석에 앉는다.

영호: 벨트 매세요.

여자: 네. 조금 있다가 맬께요.

여자는 핸드백을 자신의 발 밑에 놓는다.

이때, '쿵' 하며 뒤에서 검은 승용차가 영호의 뒷부분을 들이받는다. 그러나, 충격이 가벼워, 두 차 모두 흔적은 보이지 않는다.

반사적으로, 영호는 시동을 켜 놓은 채로, 차에서 내려 뒤 차를 향해 발걸음을 옮긴다. 영호가 서너 발자국쯤 갔을 때, 갑자기 조수석에 있던 여자가 '후다닥' 재빨리 왼쪽으로 몸을 움직여, 운전석으로 건너와 앉고, '찰칵.' 자동차 문을 잠근다.

동시에 '부웅…' 차가 급가속해서 도망간다.

한편, 영호가 놀라서 당황하는 순간, 영호의 차를 들이받은 검은 승용차도 역시 약간 후진한 뒤, 옆으로 비키면서 급가속으로 영호의 옆을 지나서 도망간다.

불과 10여초 사이에 벌어진 일이다. 영호는 도망가는 두 차의 뒷모습을 보면서 입을 닫지 못한 채, 망연자실한다.

영호는 119에 신고하고, 아까 그 여자가 갔었던 버스로 다가가서 기사와 얘기한다. 영호는 기사에게 사정을 얘기하고, 결국 그 버스에 오른다.

같은 날. 7월 18일. 목요일 밤. 유미의 집 거실.

할아버지와 유미, 영호가 소파에 앉아 치킨을 먹는다.

유미: (치킨 한조각을 영호에게 건네주며) 그래서… 그 버스 타고, 그 다음에 다시, 택시 타고 왔어?

영호: 응. 완전 번개 같은 솜씨야. 이인 일조로 미인계를 써서.

유미: 경찰에 연락은 했어? 보험회사하고?

영호: 응. 다 했지.

유미: (목소리가 점점 커진다.) 아니, 옆자리에 이상한 사람이 탔으면, 버스 기사한테 말해서 처리하거나 경찰에 연락해야지, 왜, 오빠가 그렇게 적극적으로 나서서 도와줘? 왜?

영호: 아니, 안돼 보이기도 하고, 나도 별로 손해되는 일은 아니니까.

유미: 그 여자 이쁘지?

영호는 대답을 하지 않는다.

유미: 안봐도 뻔하지…

(목소리가 더 커진다.)

유미: 그러니까, 내가 뭐라고 그랬어? 여자 조심하라고 했지? 하여튼, 오빠는 평생 여자 때문에 바람 잘 날이 없어.

영호: 내가 여자를 유혹한 것도 아니고, 그 여자가 먼저…

유미: 그럼, 여자가 먼저 유혹하면 무조건 넘어가는 게 정상이야?

영호는 더 이상 대꾸를 하지 않는다.

이때, 할아버지가 영호의 편을 든다.

할아버지: 얘. 유미야. 됐어. 젊은 사람이 실수할 수도 있지. 보험회사에서 다 알아서 해줄거야. '하늘같은 서방님'한테 그러는 거 아니야.

이 말에 유미와 영호는 놀란다.

유미의 생각: '서방님?' 할아버지는 우리를 이미 부부로 인정하신다는 뜻이지?

유미는 앉은 자세에서 손으로 얼굴을 감싸고 우는 시늉을 한다.

유미: (우는 목소리) 할아버지, 나는 바람둥이 남편 만날 팔자예요?

할아버지는 대답 대신에, 영호에게 눈짓으로 유미를 위로하라는 신호를 한다. 영호가 유미에게 다가가서 어깨를 다정히 감싼다.

영호: 미안해. 우리 공주님. 앞으로 조심할께.

잠시 후, 유미가 진정하고 세 사람은 치킨을 계속 먹는다.

식사를 끝낸 후, 차를 마시면서 할아버지는 닥터 강의 사주를 보며, 설명하신다.

할아버지: 의료사고는 크게 두 가지로 나누는데, 수술같이 사람 몸에 칼을 대는 경우는, 정화(丁火) 신금(辛金)의 화극금을 하는 경우, 옆에서 임수, 즉 물의 역할이 제대로 안될 때 생긴다.

時	日	月	年	닥터 강(姜)
乙	戊	丁	辛	남자.
卯	午	酉	酉	1981. 10. 7. 묘시

80 2061	70 2051	60 2041	50 2031	40 2021	30 2011	20 2001	10 1991
己	庚	辛	壬	癸	甲	乙	丙
丑	寅	卯	辰	巳	午	未	申

그리고, 약물이나 액체들의 문제는, 수다금침과 금생수, 수생목의 문제를 봐야한다. 그리고 두 가지 경우 다, 갑목이나 경금이 역할을 잘못할 때 생긴다. 이해할 수 있겠지?

유미: 네. 첫번째 경우, 여기서 화극금(火剋金), 즉, 불로 금속을 제련한다는 말은 의사가 환자를 수술하는 것을 비유하고, 물(水)의 역할이 제대로 안된다는 것은, 매뉴얼과 절차를 무시하거나 조심성 부족으로 문제가 생기고, 온도나 화학반응 조절등이 잘 못 된다는 것을 의미해요… 그래서 제련대상이 잘못된다는 것은, 수술받은 사람이 잘못된다. 이런 비유죠?

할아버지: 그래. 많이 컸다. 이제 형이상학(形而上學)을 조금 이해하는구나…그래서 결론은 닥터 안(安)도 문제가 좀 있지만, 주요 실수는 닥터 강(姜)일 것이다. 그런데, 더 중요한 것은 이 사람이 인성(印星)이 2022년에 손상됐는데.

유미: 그래요?

할아버지: 무토의 라이센스가 정화인데 2022년 임수가 오면서 정화를 약화시키고 그것을 제대로 소통시킬 글자가 없으니, 아마 불미스러운 일로 라이센스가 정지됐을 것이다.

유미: 아. 그렇군요.

할아버지: 그래. 그리고 인성을 다시 회복하려고 노력을 시작해서, 금년 초여름에 회복될 운이다.

유미: 그러면, 달력에 맞춰보면 5월쯤에 회복됐나요?

할아버지: 그래. 5월이 맞다. 뱀이 화(불)를 가져오니까.

잠시 후, 유미의 방.

영호와 유미는 오늘 일어났던 사건에 관한 얘기를 하고 있다.

영호: 그런데, 아까 그 간호사 레즈인거는 어떻게 알았어?

유미: 기초 지식을 종합해서 추리해 본거지. 동성애나 비정상적인 성관계는 여러가지 경우가 있는데, 그 중에서… 사주와 대운, 세운을 비교해봐서, 뱀이 두 개 이상이고, 사회통념에서 벗어나려는 운. 즉, 식신-상관이 오고, 쥐나 소 같은 음기가 연결되는 경우에도, 동성애 가능성이 큰데, 시를 모르면 그것도 확률이 떨어져. 내가 운이 좋았던거지.

유미는 최비서에게 전화를 건다.

유미: 닥터 강(姜)이 실수한 사람 맞아요. 그런데 더 중요한 것은 의사면허가 정지되었다가 올해 다시 회복됐어요. 5월쯤에.

최비서: 그래요? 전혀 예상 못한 정보네요. 그러다면…

유미: 의사가 면허정지 된 상태에서 진료행위를 하면 불법이죠?

최비서: 그럼요. 면허정지 상태에서 진료행위를 하면, 당연히 불법입니다.

유미: 2022년에 의사자격이 정지된 것 같은데, 그 사실을 알리지 않고 계속 진료행위를 해온 것 같아요.

최비서: 그래요? 그런 사실을 아는 사람이 없던데요.

유미: 의학협회나 정부기관 홈페이지에 보면, 현재 자격이 유효한 걸로 나오겠죠. 금년 5월에 이미 회복되었으니까. 일반인들은 그 이전 기록은 더 이상 자세히 찾아보지는 않죠.

최비서: 그럼, 사고 날짜가 3월이니까. 그 당시 무자격으로 진료를 한 거네요.

유미: 그렇죠.

최비서: 그러면, 소송할 것도 없네요. 자격정지 되었던 확실한 자료 준비해서 '집도할 당시 당신은 수술 무자격이었다.' 는 증거자료 제시하면, 그 쪽에서 꼬리 내리고 합의하자고 나올 겁니다.

유미: 아마 그럴겁니다. 소송까지 가면 2년간 무면허로 진료한 게 세상에 공개 될테니까요.

최비서: 고마워요. 전에 유미양이 '우리 어머니가 소송하실 운이 없다'고 하셨는데, 바로 이거였군요…

전화를 끊고 나서, 유미와 영호는 잠시 차를 마시면서 TV를 본다. 이때, 유미의 전화에 김비서의 문자가 들어온다.

25

풍수의 기초

김비서 문자: 회장님이 뵙기를 청합니다. 용건은 '사원복지센터 부지 선정' 동행하여 봐주시기 바랍니다.

금요일 7월19일. 오후2시. 태양산업 회장실.

회장, 김비서, 유미가 앉아있고, 보드에 사원복지센터 부지를 선택하기 위한 후보지 5장의 현장사진이 걸려있다.

유미: 사진들을 먼저 볼까요?

유미는 사진들을 검토하고나서 입을 연다.

유미: 다섯 개 중에서 두 곳은 볼 것도 없어요.

김비서: 왜요?

유미: 사람들은 어느 땅의 기운이 좋다고 하면, 계속 100년, 200년 좋은 줄 아는데, 그런 게 아니고, 어느 땅이든지 일정한 기간을 단위로 기운이 바뀝니다.

가장 주류 이론인 현공풍수(玄空風水)에서, 지기(地氣)는 20년 단위로 바뀌는데 금년 2024년부터 남고북저형 (南高北低型)이 대세가 되었습니다.

즉, 내 건물에서 봤을 때, 남쪽이 높고 북쪽이 낮은 지형이 좋다는 뜻입니다. 가장 좋은 것은 내 건물에서 볼 때 북쪽으로 강, 호수, 바다 같은 물이 있고, 남쪽으로는 언덕이나 산이 있는 것이죠.

그리고 이 원리가 앞으로 20년간 진행됩니다. 그래서 주변 지형으로 볼 때, 이 두 후보지는 안 맞아요.

김회장: 아, 그래요? 이 기운은 20년간 우리나라만 해당되나요?

유미: 아니요. 북반구 전세계 모두 해당됩니다.

김회장: 아. 그렇군요. 그럼, 이제 나머지 세 군데를 직접 가봅시다.

첫번째 후보지.

회장의 차가 전망이 잘 보이는 높은 대지에 멈추고 세 사람이 내린다. 세사람은 주변을 둘러본다. 도시에서 떨어진 한적한 미개발지에 위치한 이 부지는 전망이 좋다. 세사람은 여기저기를 가리키며, 이야기를 나눈다. 다시 차를 타고 복지센터 두번째 후보지와 세번째 후보지를 방문한다.

다시, 태양산업 주차장.

후보지 답사를 마친 일행을 태운 회장 차가 들어온다. 세사람이 내려서 엘리베이터를 타고 회장실로 간다.

회장실.

유미: 풍수지리(風水地理)의 배산임수(背山臨水)와 장풍득수(藏風得水)의 기본 이론에 맞춰보면 2번이 좋습니다. 풍수의 기초는 다음과 같습니다.

1. 건물 주변이나 내부에 바람이 많으면 안됩니다.

2. 건물의 북쪽으로 강, 시내, 호수 등, 물이 있으면 좋지만, 물소리가 시끄러운 빠른 물은 좋지 않습니다.

3. 건물을 지은 후에 앞이 막혀서 답답해 보이면 좋지 않습니다.

4. 정문과 뒷문이 직선으로 바로 보여서, 바람이 직접 나가면 나쁩니다.

5. 건물은 중간이 뚫린 모양, 지나치게 예술적인 이상한 모양은 좋지 않습니다.

회장: 네. 그럼 잘 알았어요. 여러 번 정말 고마워요. 그런데, 저희가 댁까지 모셔다 드려야죠.

유미: 아니에요. 영호오빠가 곧 올 거에요. 데이트하려고요.

회장: 좋을 때네요. (옆에 있는 김비서를 보며) 우리 이경이도 빨리 짝이 생기면 좋겠는데.

유미는 대답없이 빙그레 웃는다.

회장: 이경이가 내 딸이란 거 일본 도착해서 바로 알았죠?

유미: 네. 얼굴이 똑같아서요.

회장: 왜 숨겼는지는 유미양도 알죠?

유미: 네. 둘째 따님이 설명해 주셨습니다.

회장: 우리 이경이는 뱀띠. 유미양은 돼지띠. 옛말에, 뱀과 돼지는 친구가 되기도 하지만, 대개는 경쟁자가 된다고 하던데… 그런데, 이경이와 유미양은 노는 물이 달라서, 경쟁할 경우는 별로 없겠네요.

김비서: 아빠, 요즘은 노는 물이 달라도, 글로벌 시대라서 그런지, 경쟁할 일이 생길 수도 있는 것 같아요.
이때, 유미의 핸드폰에 영호에게서 문자가 온다. '정문 앞 검은 모범택시'
유미는 인사를 하고 자리를 뜬다.

잠시 후. 저녁 7시경. 태양빌딩 앞. 영호가 타고 온 모범택시.
유미는 태양빌딩에서 나와 대기하고 있던 택시에 탄다.
영호: 집에 가서 저녁 먹을까? 아니면, 먹고 들어갈까?

유미는 질문에 대답하지 않고, 영호를 보면서 말한다.

유미: 지난번에, 김비서 집에 갔다는 거 정말이야? 호텔이 아니고?
영호: 응. 김비서 오피스텔… 왜?
유미: 그 집 앞에 큰 길이 평지야? 아니면 비탈길이야?
영호: 음…(잠시 생각하더니) 비탈길이었어. 그건 왜?
유미: 김비서 생월이 양(未)인데, 7월 7일에서 8월 7일 사이. 이 사람들은 집이 언덕이나 기슭에 있는 경우가 많아. 영어로는 ~Hills (~힐즈)라는 이름이 많지.

26

유미는 법정에서 불륜사기 사건을 해결하다.

7월 20일. 토요일. 오후 3시경. 드레스 샵.

유미의 졸업 파티에 입을 드레스를 맞추기 위해, 드레스 샵에 온 유미와 영호는 디자이너인 황미선과 얘기 중이다.

유미: 이 드레스가 좋을 것 같아요. 오빠는 어때?

영호: 응? 응. 좋아, 예뻐… 근데 좀 비싸지 않아?

유미: 좀 비싸지만, 이거… 이 다음에 우리 결혼식 때도 입을 거야.

영호: 아. 그러면, 이 정도는 해야지. (마음 속으로) '결혼식을 벌써 생각하고 있어?'

유미: 그럼 이걸로 결정하고… 일주일 후에 오라고요?

황미선: 네. 다음주 금요일 오전에 오시면 돼요.

이때, 황미선의 핸드폰이 울린다. 그녀는 유미와 영호에게 미안하다는 손짓을 하고, 창가 쪽으로 걸어가며 전화를 받는다. 목소리가 커서 유미와 영호에게도 통화하는 내용이 들린다.

황미선의 통화내용: 사모님, 저는 그 사람이 유부남인 거 몰랐다니깐요. 네. 정말이에요. 그리고, 그 액수는 너무 많고, 나는 낼 능력도 없어요. 회사에 알리면 안돼요… 노력 해볼께요…

황미선은 전화를 끊고 유미와 영호에게로 돌아온다. 그녀의 얼굴색이 좋지 않다.

황미선: 정유미씨. 그럼, 그렇게 하시면 돼요. 대금은 일단 반은 3일 내로 온라인으로 입금해주시고, 나머지는 그날 오셔서 주시면 돼요.

유미: 네. 알겠습니다.

영호와 유미는 자리에서 일어서다가, 영호가 황미선에게 묻는다.

영호: 그런데 얼굴색이 안 좋은데, 무슨 안 좋은 일이 있으세요?

황미선: 아니에요. 개인적으로 좀 골치 아픈 일이 생겨서요.

영호: 좀 전에, 본의 아니게 통화하시는 거 좀 들었는데, 누구한테 협박당하시는 거 아니에요?

황미선은 대답을 하지 않고 크게 한숨을 쉰다.

유미: 저한테 한 번 말씀해보세요. 혹시, 제가 도움이 될지도 모르잖아요? 드레스도 예쁜 걸로 잘 골라주셨는데. 감사의 뜻으로.

옆에서 영호가 다시 한마디 거든다.

영호: 우리 유미는, 어려운 형편에 처한 사람들 도와주는 게 직업이에요.

황미선: 네? 그게 무슨 직업인데요?

유미: 점쟁이에요. 제가 사실 사주를 좀 보는데.

황미선은 실망한 표정이다

황미선: 성의는 감사하지만, 저는 그런 거 안 믿어요.

유미: 그럼 관두세요.

유미와 영호가 일어서서 나오려고 하는데, 황미선이 부른다.

황미선: 잠깐만요. 그럼 좀 봐주세요. 지푸라기라도 잡는 심정으로.

잠시 후,

유미는 황미선의 사주를 보며 말한다.

유미: 어머니가 편찮으세요? 작년부터? 금년은 좀 나아지실 것 같은데.

時	日	月	年	황미선
壬	己	丁	丁	여자 1987. 7. 9. 신시
申	未	未	卯	

80	70	60	50	40	30	20	10
2067	2057	2047	2037	2027	2017	2007	1997
乙	甲	癸	壬	辛	庚	己	戊
卯	寅	丑	子	亥	戌	酉	申

황미선: 어머. 어떻게 아세요?

유미: 남편이나 애인하고 3년쯤 전에 헤어지셨어요?

황미선: 네. 거의 3년쯤 됐어요.

유미: 그 이후로 결혼 안 하셨죠? 여름생이 낮에 태어나서 환경이 더우니까, 시원한 기운을 좋아할 텐데, 남자를 뜻하는 관이 더운 기운을 가세하니, 균형이 안 맞아, 남자를 별로 좋아하지 않으실 것 같은데.

황미선: 어머나. 어떻게 알아요? 진짜 도사님 맞나 보네요.

유미는 말없이 싱끗 웃는다.

황미선: 맞아요. 저는 원래 남자를 별로 좋아하지 않아요. 그런데, 올해는

어쩐지 외롭기도 하고, 그래서 우연히 손우식이란 남자를 만났는데, 처음에 괜찮아 보여서 잘 됐어요. 그런데, 얼마전에 갑자기 부인이란 여자가 나타나서…

유미: 금년에는 남자문제, 금전문제, 소송문제 여러 가지 골치 아픈데, 후반은 운이 풀리니까, 좋은 쪽으로 해결될 겁니다.

황미선: 그러면 좋겠는데… 그 남자가 유부남이란 것을 저에게 숨겼어요. 그리고 나중에 그 남자 부인이 나타나서 저를 상대로 위자료 청구 민사소송을 했어요. 나는 돈도 별로 없는데, 위자료를 1억을 내라고 하니, 말도 안돼는 액수를… 고민이에요.

유미: 본인이 잘 못한 건 없어요? 법적으로?
황미선: 그 남자가 유부남이란 걸 모른 게 잘못이죠. 그 이외에는 죄 될만한 일 한 건 없어요.

유미: 그 사람들 결혼 한지는 얼마나 됐대요?
황미선: 15년인가 됐는데, 자기 남편은 착해서 그 동안 한번도 바람을 안 피웠는데, 내가 나타나서 여우 짓을 해서 넘어갔다는 거에요.

유미: (농담으로) 언니는 여우처럼 생기지도 않았는데, 뭐.…그럼, 그 두 사람 생일은 알 수 있죠?
황미선: 네. 그건 서류에 다 있어요. 그런데 시간은 모르고.

유미: 시간을 알아내시면 그 사람들의 약점을 알아낼 수 있을거에요. 그러면, 제가 좀 더 구체적으로 도와드릴 수 있어요.

황미선: 그런데 시간을 어떻게 알아내요?

유미: 그거야, 언니 본인의 노력이죠. 그 사람들의 지인이나 주변사람들도 만나보고, 심부름센터를 고용하든가.

황미선: 알았어요. 노력해 볼께요.

유미: 최대한 빨리 알아내도록 노력해보세요. 재판 날짜가 언제에요?

황미선: 다음주 수요일. 7월 24일 오후 3시에요.

화요일 저녁. 시내 어느 무속인의 점술 집.

변강희와 그녀의 남편인 손우식이 무당을 찾아간다. 보통 무당집에 비해 더 화려한 장식이 돋보인다. 50대 여자 무당은 심각한 표정으로 두 사람을 바라본다.

무당: 둘이 몸을 섞는 사이가 아닌데… 부부는 아니지?

변강희: 어떻게 알아요?

무당: 우리 신령님이 다 아시지. 남매도 아니고 너희 둘이 동업자구나.

변강희: 네. 맞아요. 이번에 소송사건이 있는데, 잘 될지 궁금해서요.

무당: 생일을 대봐.

무당은 두사람의 생일을 종이에 적고, 잠시 종이를 내려다본다.

변강희: 어때요? 잘 되겠어요?

무당: 흠…잘 되긴 되겠는데, 상대방도 무당을 찾아가서 뭔가 힘을 쓸 거

야. 그러니까, 좀 더 확실하게 하려면 살풀이를 좀 해야 되겠는데.

변강희: 살풀이를 어떻게 해요?

무당: 요즘은 간단하게 부적으로 할 수 있어. 3백만 내… 효험이 좋은 부적 써줄 테니까. 그거 가지고 있으면 백 프로 확실할 거야.

변강희는 가방에서 돈을 꺼내 무당에게 건네 준다. 무당은 안쪽으로 들어 가서 부적을 가지고 나온다. 두 사람은 부적을 받고, 무당집을 나온다.

수요일. 오후 3시 민사 법정.

황미선의 소송 사건이 열리는 이 곳은, 일반적인 민사소송 법정의 모 습이다. 판사, 서기 등 관계자와 수십명의 방청객이 자리잡고 있다.

원고측 자리에는 소송을 걸어온 원고 변강희와 그녀의 남편인 손우식이 자 리하고, 옆에는 원고측 변호사가 서있다. 피고자리에는 피고 황미선이 앉고, 그 뒤에 유미가 앉아있다.

원고측 변호사: 피고 황미선은, 기혼남인 손우식 씨에게 접근하여 여러 차 례 만나면서, 두 사람의 합의하에 신체적인 접촉과 성관계를 가졌고, 따라서 이를 알게 된 손씨의 아내, 즉, 원고 변강희씨에게 정신적인 피해를 주고 가정

파탄의 높은 가능성을 제공했습니다. 이 점을 인정하시죠? 증거 자료는 여기 제출하겠습니다.

서기가, 원고측으로부터 사진 한 장을 받아서 판사에게 전달한다. 호텔방 에서 속옷차림의 남녀가 찍힌 모습이다.

판사: 피고는 지금 원고측 변호사의 주장을 인정합니까?

(피고) 황미선: 제가 먼저 접근한 게 아니고, 손우식씨가 먼저 데이트 신청 을 했습니다. 몇 번 만나서 합의하에 관계를 가졌지만 손씨가 유부남이란 것 은 몰랐습니다. 그 이외에, 법에 저촉될 만한 일은 하지 않았습니다.

원고측 변호사: 몰랐든 알았든, 피해를 준 것은 사실입니다. 따라서 위자료 로 1억원을 지급하는 것이 타당하다고 봅니다.

한편, 유미는 앞자리에 앉은 황미선에게 작은 소리로 묻는다.

유미: 아직 연락 없어요? 시간이 별로 없는데.

황미선: 유능하다는 심부름센터에 부탁했는데, 오늘까지 꼭 된다고 했는 데. 곧 연락 올거에요.

판사: 피고측 변론하세요.

황미선: 제가 경제적 형편이 안 좋아서 일억이란 돈은 말도 안되고요. 좀 타협해서 합의하면 좋겠는데요.

판사: 원고측은 이 제안에 대해 어떻게 생각하세요?

원고측 변호사: 피고는 현재 독신이고 수입도 좋은 편이라서 경제적으로

어렵지는 않다고 봅니다.

이때, 황미선의 전화에 두 사람의 생시가 문자로 들어온다. 황미선은 재빨리 뒤를 돌아보며 유미에게 전화기 화면을 보여준다.

황미선: 왔어요. 여기. 근데, 그거 해독할 시간이 돼요?

유미: 잠깐 시간 좀 끌어봐요.

황미선이 판사에게 말한다.

황미선: 전 도저히 그 액수는 낼 수 없어요. 요즘 수입도 안 좋고. 힘들어요.

판사: 그럼 분할로 하도록 합의해 보세요. 원고측은 어떠세요? 분할로 지불하는 것에 대해서.

원고측 변호사: 그럼 5회로 나누어서 지급하도록 저희가 양보해 드리겠습니다.

한편, 유미는 화면을 열심히 들여다보고 있다.

유미의 생각: 일반적으로 사회가 인정하는 정상적인 부부가 되려면, 서로에게 부족한 기운을 상대가 가지고 있어야 된다. 그런데 이 사람들은 서로 부족한 기운을 가진 게 아니고 비슷한 기운을 가졌… 부부는 아니다. 그러면 남매? 아니다. 월지가 여자는 쥐와 남자는 원숭이… 올해, 용이 오면 비즈니스 합이 강해진다. 쥐는 머리쓰는 헤드. 원숭이는 행동대장… 그래. 동업자.

황미선: 글쎄요. (원고의 질문에 말을 대답을 못하고 망설인다.)

원고측 변호사: 오래 생각하실 것 없습니다. 그 정도면 저희가 많이 양보한 거죠.

이때, 유미가 황미선의 어깨를 손가락으로 찔러 신호를 한다. 황미선이 알겠다는 듯이, 가볍게 고개를 끄덕이고 판사를 향해 말한다.

황미선: 판사님, 제가 오늘 컨디션이 안 좋고… 말을 조리있게 못해서, 제 친구가 좀 도와주면 안될까요? 변호사 구할 형편은 안되고 해서.

(뒤에 앉은 유미를 가리키며) 여기 이 아가씨인데.

판사: (잠시 황미선을 바라보다가) 법정에서는 원래 변호사가 아니면 원고나 피고를 대변할 수 없습니다. 그러나, 판사의 재량으로 피고의 현재 상태를 참작하여, 발언을 인정하겠습니다. 그럼 친구분, 신분부터 밝히시고 얘기해보세요.

유미: 예. 감사합니다. 안녕하세요? 저는 신기고등학교 3학년 정유미라고 합니다. 긴 얘기는 빼고, 본론으로 가겠습니다… (원고측을 향해서) 이 사진을 찍은 사람이 누구입니까?

원고측 변호사: 그건 밝힐 수 없습니다. 개인 신상 보호차원에서.

유미: 좋습니다. 제가 알려드리지요. 이 사진이 바로, 이 사건이 '불륜사건이 아니고 사기사건'이라는 중요한 증거입니다.

보시다시피, 이 사진은 CCTV 화면이 아니고 개인이 핸드폰으로 찍은 겁니다. 그러면, 이 사진을 촬영한 사람이 누구일까요? 어떻게 사진을 찍을 수 있었을까요?

객실 출입문은 사람이 들어오고 닫히면서 자동으로 잠깁니다. 때문에 출입문이 잠겨있는 상태에서 외부인이 문을 열고 들어와서 사진을 찍을 수는 없죠. 그리고, 또한, 처음부터 촬영자가 두 남녀와 같이 들어갔을 리도 없겠죠.

그렇다면, 남은 가능성은 두 남녀 중 한 사람이 들어올 때, 문을 완전히 잠기지 않고, 제 3자가 밖에서 밀고 들어올 수 있도록 해 놓았을 겁니다.

이 사진은, 원고 변강희씨가 직접 찍었거나 제삼자가 찍었을겁니다. 제삼자라면 아마 흥신소 직원이겠죠. 그러나 누가 찍었냐가 중요한 게 아니고 어떻게 그 방에 들어갔냐 하는 거죠.

내부인이 협조하지 않으면 절대 들어갈 수가 없습니다. 혹시, 프론트에 가서 키를 받아왔다? 프론트 직원이 그렇게 쉽게 아무에게나 키를 줍니까?

결국, 결론은 남편이 문을 완전히 잠그지 않았던 것이죠. 당연히, 황미선씨가 그랬을 가능성은 별로 없겠죠. 그럴 이유가 없으니까요. 따라서 분명히, 남편이 불륜현장의 사진을 찍는데 협조한 것입니다.

또한, 사진을 자세히 보면, 여자는 누군가 들어오자 깜짝 놀라며, 담요로 몸을 가리고, 얼굴을 벽 쪽으로 돌립니다. 카메라를 피하려는 자세로, 옆 얼굴만 보입니다.

한편, 남자는 자신과 여자를 카메라로부터 적극적으로 피하려고 하지 않고, 오히려 여자를 끌어당겨 얼굴을 카메라 쪽으로 돌리려고 하는 모습입니다.

사진을 찍은 사람이 누구인지를 피고가 모르는 이유는, 촬영자가 가면을 썼거나, 본인이 피하기 급해서, 카메라를 들고 들어온 사람을 못 봤을 가능성이 큽니다.

이런 점들을 고려해 볼 때, 황미선씨는, 변강희씨와 손우식씨, 두 사기꾼들의 덫에 걸린 겁니다.

유미의 발언이 끝나자 방청객이 술렁인다.

원고측 변호사: 말씀 조심하세요. 여기는 신성한 법정입니다. 무슨 근거로 사기꾼이라고 말씀하십니까? 사과하세요.

판사: 정유미 씨. 근거 없이 사람을 비하하는 발언은 하지 마세요.

유미: 죄송합니다. 판사님. 그런데, 제가 법률지식이 너무 부족해서 판사님께 한가지 여쭤봐도 될까요?

판사: 말씀해 보세요.

유미: 불륜사건 민사소송에서 당사자의 배우자 이외의 사람이 소송을 걸 수 있습니까?

판사: 예외조항으로, 법정이 사실혼 관계를 인정한 경우는 가능하지만, 그 이외 일반적인 경우는, 법률상 배우자가 아니면 소송을 할 수 없습니다.

유미: 만약, 배우자가 아닌 사람이 배우자로 가장하여, 소송을 걸어서 위자료를 청구한다면, 이것은 사기죄에 해당되지 않습니까?

판사: 맞습니다. 그런 경우는 사기죄에 해당되죠.

유미: 판사님. 이 두 사람은 부부가 아닙니다. 따라서, 이 소송은 무효입니다. 이 사람들은 사기범죄의 동업자입니다. 법원경찰 대기명령 하십시오.

판사: 그래요? 정유미 씨, 지금 하신 말. 신빙성 있는 말인가요? 부부가 아니라는 건 어떻게 알아냈나요?

유미: '어떻게 알았냐' 가 중요한 게 아니고, 제 말이 사실인가가 중요하죠. 일단 지금 확인해보세요. 요즘은 5분이면 됩니다. 관공서끼리 온라인 망이 잘 되어서.

판사: 정유미 씨. 법정에서 거짓말은 위증죄로 처벌됩니다. 아시죠?

유미: 네. 알고 있습니다.

판사: 서기는 지금 당장 온라인으로, 해당 주민센터에 긴급 정보 지원요청해서, 변강희와 손우식, 두 사람 혼인관계 확인하세요. 잠시 10분간 휴정하겠습니다. 원고와 피고는 자리 뜨지 말고 기다리세요.

10분 후, 판사가 돌아오고 모두 다 제자리에 앉는다. 법정내의 분위기는 엄숙하다.

재판장: 해당 주민센터에 확인한 결과, 두 사람은 법적인 부부가 아닌 것이 밝혀졌습니다. 따라서 본 법정은 이 사건에 대해 다음과 같이 판결한다:

원고인 변강희와 손우식은 부부가 아님에도, 부부인척 행세를 하며 미리 공모해서, 손우식이 피고 황미선에게 금품을 갈취할 목적으로, 의도적으로 접근하려 성관계를 갖고, 동업자인 변강희를 시켜, 정사장면을 사진촬영하고 이를 빌미로 피고에게 소송을 걸어 위자료를 받으려고 시도한 정황이 확실하므로, 사기죄에 해당한다.

따라서, 변강희와 손우식 두 사람을 사기혐의로 법정구속하고, 이 위자료 청구소송은 기각한다.

'쾅쾅…'

재판장: (입구에 서 있는 경관들을 향해서) 법원경찰은 저 두 사람 연행하세요.

경관들이 두 사람을 연행해서 끌고 나간다. 사람들은 놀라움과 함께 여기저기서 웅성거리면서 자리에서 일어난다.

한편, 황미선은 유미를 끌어안고 눈물을 흘린다.

황미선: 고마워요. 유미씨…

27

유미의 분노, 거물을 침몰시키다.

토요일. 7월 27일. 오후 4시경. 시내의 유명 백화점.

유미와 영호는 2층에서 구경하며 돌아다니다가, 에스컬레이터를 타고 일
층으로 내려간다. 몇 발자국 걷는데, 오른쪽 노블(NOBLE) 여성복 코너가 눈
에 들어온다. 둘은 잠시 멈춰서 여성복 코너의 바깥쪽에 진열된 옷들을 구경
한다.

한편, 그 순간. 여성복 코너의 안쪽.

사방 벽이 옷으로 진열되어 있어서, 서너평 정도의 안쪽은 독립된 공간처
럼 밖에서 잘 안 보이게 되어있다. 순진하게 생긴 20대 여자판매원(한나)과,
고급스럽게 차려 입었지만, 천박해 보이는 50대 남자손님(조사장). 두 사람이
보인다.

바로 앞에 있는 탈의실에는 현재 손님이 들어 있는 듯. 판매원은 손님이 나
오기를 기다리며 탈의실 쪽을 바라보고 서있고, 남자는 바로 뒤의 의자에 앉
아서 판매원의 뒷태를 위아래로 감상하고 있다.

그런데, 그는 사방을 둘러보며, 보는 시선이 없는 것을 확인하고, 일어서면
서, 갑자기 오른손으로, 여자판매원의 엉덩이를 쓰다듬고, 동시에 왼손으로
여자의 앞가슴을 만진다. 확연한 성추행 장면이다.

여자판매원은 화들짝 놀라며 몸을 피한다.

판매원: 어머. 왜 그러세요?

목소리를 크게 높이지 않은 이유는, 아마 손님과 실랑이가 생기면 대개, 종업원이 책임추궁을 당하는 갑질 사회의 관례 때문일 것이다.

남자손님: (음흉한 미소로) 예쁘네. 나하고 연애 한번 할까? 돈 많이 줄께. 전화번호 뭐야?

판매원: 어머. 미쳤나봐. 이러지 마세요. CCTV 있어요. 경찰 부를거에요.

남자손님: (뻔뻔한 표정으로) CCTV에 찍혀도 상관없고, 경찰이 와도 상관없어. 나는 법 위에 있는 사람이야. 전화 한 통이면 너희들 모가지 날릴 수 있어.

이때, 탈의실에서 중년여성이 문을 열고 나온다. 손에는 방금 입어본 듯한 자켓을 들고 있다.

순간, 남자는 급히 판매원으로부터 시선을 다른 쪽으로 돌리고 시치미를 뗀다. 중년여성은 남자의 성추행을 모르는 표정이다.

중년여성: (손에 든 고급 자켓을 들어 보이며) 에이. 이것도 별로야. 이 집은 맘에 드는 게 없어.

그녀는 상스러운 표정으로 자켓을 바닥에 휙 집어던진다.

판매원이 놀라서 급히 자켓을 집어든다. 판매원이 자켓을 자세히 보더니 말한다.

판매원: 어머, 여기 찢어졌네요. 이거 어떻게요? 보상하셔야 돼요.

중년여성: 보상? 흥. 원래부터 그랬는데. 무슨 보상? 불만있으면 매니저 불러.

잠시 후, 매니저가 달려와 손님에게 자초지종을 묻는다. 매니저는 이미 그들이 권력층 집안이라는 것을 알고 있는 듯이 공손히 대한다.

　　중년여성: 아니, 지가 잘못해서 찢어 놓고 누구한테 뒤집어씌우는 거야. 어린 게. 겁도 없이. 내가 누군줄 모르고.

　　판매원: (항의하는 목소리로) 손님이 탈의실에 들고 들어가실 때는 멀쩡했어요. 그런데 나오셔서 보니까, 찢어져 있었어요.

　　순간, '찰싹' 중년여성이 판매원의 따귀를 후려 갈긴다.

　　중년여성: 이게 감히. 어디서. 거짓말이야? (매니저에게) 직원 교육 제대로 시켜.

　　따귀를 맞은 판매원은 오른손으로 얼굴을 가리고, 매니저는 옆에서 고개를 숙이고 쩔쩔매고 있다.

　　한편, 유미와 영호는 소리가 나는 안쪽을 우연히 들여다보고, 성추행 장면부터 목격한다. 영호가 분노를 참지 못하고 끼어들려고 하자, 옆에서 유미가 말린다.

　　유미: 어떻게 할려고? 때릴려고? 얼마나 혼내 줄 수 있는데? (영호와 서로 눈을 마주본다.) 좀 기다려 봐. 내가 진짜로 혼내 줄게.

　　영호는 유미의 눈에서 평소와 다른 섬뜩한 광채가 나오는 것을 보고, 공포감 같은 것을 느끼며 행동을 멈춘다.

　　한편, 중년여성은 더욱 기고만장해서 목소리를 높인다.

　　중년여성: (판매원에게) 너 무릎꿇어. 매니저, 당신도 무릎꿇어.

판매원과 매니저는 바닥에 무릎을 꿇는다. 잠시 후, 남녀손님은 두 사람의 머리를 손가락으로 쿡쿡 쥐어박고 유유히 걸어나간다. 판매원과 매니저는 손님이 가고 나자, 일어나서 자기 위치로 간다.

유미가 영호에게 말한다.
유미: 오빠, 빨리 저 사람들 따라가서, 차 번호 보고와.

판매원은 작은 의자에 앉아서 고개를 숙이고 흐느낀다. 유미가 울고 있는 판매원에게 다가간다. 유미가 그녀의 들먹이는 어깨를 어루만진다.
유미: 얼마나 억울하시겠어요? 제가 옆에서 봤는데. 그 사람들 정말로 나쁜 사람들이네요.

판매원: 무슨 국회의원 형이라고 하든데… 그런데, 저거 자켓 찢어진 거. 제 돈으로 물어내야 돼요. 흑, 흑.
유미: 걱정 마세요. 열흘 내로, 저 사람. 오늘 일에 대해서 전부 보상하고, 언니 앞에 와서 무릎꿇게 만들어 드릴께요.

판매원은 믿지 못하겠다는 듯이, 의아스러운 얼굴로 유미를 쳐다본다.

백화점 정문 밖. 보행자가 많은 도로.
유미와 영호는 백화점을 나와, 길을 걸으며 얘기한다.
유미: 저런 사람들은 반드시 숨겨진 비리가 있어.
영호: 그래. 맞아… 차 번호 알았는데, 그걸로 어떡하게?

유미: 김형사님한테 차 주인 신상정보 알아달라고 해야지. 그리고, 오빠는 생일하고 시간 알아내는 건, 이제 쉽지?

영호: 그럼. 얼마든지… 그런데, 괜찮겠어? 상대가 거물인데.

유미: 거물 아니라… 거물 할애비라도, 나쁜 짓 하면, 혼나야지.

수요일. 7월 31일. 오전. 유미의 집.
유미는 할아버지와 얘기 중이다. 영호가 가져온 조사장의 사주.

時	日	月	年	조재현
戊	己	乙	丁	남자. 47세. 1977. 5. 12. 진시.
辰	巳	巳	巳	

72 2049	62 2039	52 2029	42 2019	32 2009	22 1999	12 1989	2 1979
丁	戊	己	庚	辛	壬	癸	甲
酉	戌	亥	子	丑	寅	卯	辰

할아버지: 내가 눈이 피곤해서… 눈감고 들을 테니까, 말로 해봐라.

유미: 기토(己土) 일간이 일지가 사화이고, 정사년에 을사월인데요. 시주가 무진이에요.

할아버지: 가족 중에 누군가가 힘있는 자리에 있나보구나.

유미: 네, 동생이 국회의원이래요. 그런데, 올해 갑목 정관이 오는데, 인성이 너무 강해서, 관이 설기(기운이 약해짐)되고… 인성에 겁재가 추가되면 문서, 부동산, 이권 등에 문제가 있지요?

할아버지: 그래. 그리고 인성이 관의 기운을 빼면, 조직생활자는 관의 문서를 불법적으로 다룬 것이고, 개인 사업자이면 부동산 사기, 문서위조나 좀 규모가 크면… 탈세야.

유미: 어머, 그럼 탈세도 조사해 봐야겠네요. 그리고 올해 8월에는 임수가 기토 탁임도 되고. 상관도 살아나니, 못된 짓도 많이 하겠네요. 그런데, 관이 아직도 유력하니까, 자기 마음대로 안 되고 정부기관에 결국 무릎을 꿇겠죠.

할아버지: 그렇구나. 그런데, 이 사람 하는 일이 여러가지구나. 그 중에 화기가 강해지면, 수(물) 기운이 약화되어서 그 쪽도 문제가 생긴다.

유미: 그럼, 이 사람의 직업 중에서… 유흥업?

할아버지: 그래… 이 사람 올해, 임자를 제대로 만나, 천라지망에 걸렸는데, 구해줄 귀인이 없으니 무사하지 못하겠다.

유미: 그 임자가 바로 저예요!

같은 날 수요일. 저녁. 시내의 커피숍.

유미, 영호, 김비서, 김형사. 네 사람이 진지한 표정으로 앉아있다.

김형사: 그러니까, 재현실업 담당 회계법인을 조사하라. 회계사와 짜고서 탈세한 게 있을 것이다. 그런 말이죠?

유미: 네. 그런 것 같아요. 그리고…구체적인 내용을 알려면, 언니가 미인계를 쓰는 게 좋겠어요.

김비서: 미인계요? (잠시 생각하고) 사실, 그 집안이 온 식구가 악명 높아요… 정치하면서 유흥업도 하고, 건설기계 사업도 하는데 불법도 많이 저지르

고, 우리 회사에도 적대관계에요. 그래서 아빠도 항상 못마땅하게 생각하고 있어요. 그렇지만… 제가 직접 하라고요?

유미: 네. 그 사람은 당연히 언니 얼굴을 모를 테니까. 그리고 남의 입을 거쳐 듣는 것보다는, 본인이 직접 만나서 얘기해 보는 게 낫잖아요?

김비서: 아빠가 알면 싫어하실텐데. 위험한 짓 한다고.

유미: 심한 신체접촉만 없으면 할 수 있잖아요? 노래방에서 술 한잔 정도는. 영호오빠가 근처에서 몰래 경호하면 돼요.

김비서: (영호에게) 영호씨, 나 책임질 거에요?

영호: 물론이죠. 김비서님은 귀한 분인데. 당연히, 제가 책임질 겁니다.

김비서: 미인계로 뭘 알아내요?

유미: 탈세 낌새. 담당 회계법인. 뒤를 봐주는 공무원. 개인 취미, 여자관계, 마약관계… 가능한한 많이.

김비서: 알았어요. 해보죠.

김비서는 평소 회장님과 하던 습관대로, 유미의 지시를 핸드폰에 기록한다.

유미: 그 쪽에서 눈치채면 자료를 폐기할테니까 조심해야 돼요.

김비서: 그 점에 대해서는, 내가 유미양보다 한수 위니까 걱정마요.

김형사: 그러면 나는 국세청에 연락해서 공조수사 신청해야겠네요. 특별 검거대상이 있으니까, 유능한 검사관 보내 달라고 해서, 합동으로 미리 증거 확보하자고.

유미: 네. 일단 열흘내에 뭐든지 비리를 찾아서, 그 판매원한테 '사과' 시키고 나서, 그 다음에 회계사무실을 급습해서 조사하면 될 것 같아요.

유미: 오빠는 오늘 밤에, 그 사람 유흥업소 찾아가봐. 분명히 이상한 짓을 하고 있을 거야. 취미생활, 여자관계 알아봐.

김비서와 김형사는 떠나고 유미와 영호는 자리에 앉아있다.

유미: 그 업소에서 오래 일한 여자를 유혹해. 새로 온 종업원보다는 오래 일한 사람이 사장에 관해서 더 잘 알거야.

영호: 어떻게?

유미: 화류계 여자는 몸이나 물질보다 오히려, 마음을 중요시한다.

유미는 영호에게 여자를 유혹하는 법을 강의한다.

그날 밤. 7월 31일. 수요일. 시내 유흥가. 대형 나이트 클럽.

영호는 조재현이 운영하는 '플레이하우스' 라는 대형 나이트 클럽을 찾는다. 웨이터가 영호를 독립된 룸으로 안내한다.

웨이터: 예쁜 아가씨 북킹 해드릴까요?

영호: 북킹은 다음 기회에 하고, 여기서 일하는 아가씨하고 술한잔 하고 싶은데…가능하면 오래 일한 사람이 좋아요.

영호는 맥주와 안주 등을 주문하면서, 웨이터에게 5만원권 두 장을 건넨다. 웨이터가 돈을 받으며 넙죽 절하고 자리를 뜬다.

잠시 후, 웨이터가 쟁반에 술과 안주를 들고 들어오며, 뒤이어 젊은 여자가 함께 들어온다.

여자: 오빠, 몇살이야? 대학생 같은데?

영호: 대학생 맞아요. 아가씨는 몇살인데?

여자: 음… 나이야 무슨 상관이야. 이런데 오면 재미있게 놀면 되지. 자 한 잔!

둘은 건배를 하고, 한참의 대화가 오간다. 영호는 유미의 말을 기억하며 여자를 매우 정중하게 대접하고, 신체적 접촉을 자제하고 정서적인 유대를 가지려고 노력한다.

영호: 미스 박은 속마음은 정말 고귀한 사람인데, 지금 운이 안 좋아서 이런 일을 하나 봐요. 좋은 날이 올거에요. 건강 잘 챙겨요.

여자는 자신을 하나의 놀이의 대상으로 취급하지 않고, 인간적으로 배려해주는 영호의 태도에 서서히 호감을 보인다.

영호: 일 끝나고 만나고 싶은데.

여자: 나 오늘은 3시에 끝나. 그럼…포장마차에서 기다릴래?

영호: 그래. 기다릴께.

새벽 3시. 나이트 클럽 근처의 포장 마차.

영호는 술을 자제하고, 여자에게 말을 많이 걸어 정보를 알아내려고 한다.

영호: 혹시, 사장님하고 좀 친해?

여자: 그렇다고 할 수도 있고…자기 정말 잘 생겼다. 여자친구 많겠네.

영호: 그래? 자기도 미인인데… 이런 데서 일하긴 아깝다.

여자는 대답대신 잔을 들어 건배를 청한다. 영호는 술을 마시는 척하지만 사실은 마시지 않는다.

잠시 후, 여자는 취기가 돌며 혀가 점점 꼬부라진다.

여자: 사장의 여자관계? 취미생활? 그런 걸 누가 함부로 가르쳐주나? 소문

나면 내가 큰 일 나는데…

영호: 내가 섭섭치 않게 보답할께. 돈으로, 몸으로…

여자: 그럼… 오늘 밤 나한테 하는 실력 봐서…

여자는 점점 취해서 몸을 가누지 못한다. 영호는 포장마차 주인에게 계산을 하고, 여자를 부축해서 나간다.

포장마차 근처의 모텔내 객실.

여자는 속 옷만 입은 채로 침대에 누워있고, 영호는 의자에 앉아 캔커피를 마신다. 여자는 영호에게 가까이 오라고 손짓을 한다.

영호는 여자의 침대 옆에 무릎을 꿇는다. 여자가 손을 뻗쳐 영호의 손을 잡고, 영호는 여자의 허벅지에 입을 맞춘다.

여자: 사장하고 친한 애들이 술 취해서 하는 말… 화장실에서 들었어. 한달에 한번씩 요트에서 파티를 한데. 남녀가 모여서 술 먹고 논다는데… 사실 그냥 술만 먹고 놀겠어? 마약이나 섹스파티도 하겠지.

영호: 그래? 그럼, 내가 빨리 샤워하고 나올께. 잠깐 쉬고 있어.

영호는 샤워를 천천히 하면서 일부러 시간을 끈다. 잠시 후, 나와 보니 역시 여자는 코를 골며, 완전히 깊은 잠에 빠져 있다. 영호는 의자에 앉아서 유미에게 문자를 보낸다.

다음날. 8월 1일. 목요일. 점심시간. 조재현의 사무실.

소파에 거만한 모습으로 조재현이 앉아있고, 좌우로 부하들이 서있다. 조재현의 앞에는, 중간키에 50대 중반의 남성이 죄인처럼 고개를 숙이고 서있다.

조재현이 자리에서 일어서며, 고개 숙인 중년남자의 이마를 손가락으로 쿡쿡 찌른다. 중년남자는 반항하지 않고 굴욕을 참는다.

조재현: 그러니까, 제때 제때 갚아야지. 이사장. 당신 집하고 공장. 법원판결 받아서 경매에 넘길 거야.

중년 남성: 사장님. 한번만 봐주세요.

조재현: 벌써 여러 번 봐줬잖아? 그래서, 어제가 약속 날인데, 돈 못 준다고?

중년 남성은 대답이 없다.

조재현: 엎드려. (동시에 부하들에게) 야. 빠따 가져와… 당신 오늘은 세 대만 맞아. 오늘 돈 안 갚고 일주일 연기해주는 값이야. 세상에 공짜는 없지.

중년 남성은 얌전히 군대에서 기합받는 자세로 엎드린다. 조재현은 부하가 가져온 야구 방망이를 들어서, 세 번을 가격한다. 중년 남성은 엉덩이를 쓰다듬으며 일어선다.

중년 남성: 제가 요즘 너무 사정이 안 좋아서 일주일은 정말 힘듭니다. 한 달만 좀 연기 해주시면…

조재현: 당신 딸네미 있지?

중년 남성은 당황한다.

조재현: 일주일 내로 돈 가져오든가, 아니면 딸네미하고 같이 와서 다시 협상하든가. 가족이 전부 이민가지 않는 한, 이 나라에서는 내손에서 못 벗어나.

이 말과 함께, 조재현은 혼자 먼저 사무실을 나간다.

잠시 후, 조재현 사무실 빌딩. 정문 앞.

김비서는 조재현이 정문을 나오자, 미행을 시작한다. 그가 근처 일식집으로 들어가는 것을 보고, 김비서는 잠시 밖에서 창문을 통해 안을 들여다본다.

빈 테이블이 두 개 있고 나머지는 테이블에는 손님이 있다. 김비서는 조재현이 앉은 자리를 확인하고 식당안으로 들어간다.

종업원: 어서 오세요. (빈자리를 가리키며) 이쪽으로 앉으세요.

김비서는 자리에 앉지 않고 종업원에게 귓속말을 하면서 만원짜리 한 장을 손에 쥐어준다. 종업원이 알았다는 듯 고개를 끄덕이더니, 김비서를 조재현이 앉은 테이블로 안내한다.

종업원: 손님 죄송하지만, 합석 좀 할 수 있을까요?

조재현: (빈자리를 가리키며) 아니, 저기도 빈자리 있는데…

종업원: 저 자리는 여러 명 예약이 있어서.

그런데, 그 순간, 조재현은 앞에 서 있는 김비서를 보더니 입이 함박만하게 벌어진다.

조재현: (반가운 표정과 목소리로) 물론이죠. 네.네. 이리로 앉으세요.

그날 저녁. 8월 1일. 목요일. 노래방.

조재현과 김비서가 약간의 간격을 두고 앉아있고, 테이블에 술과 안주가 놓여있다. 조용한 노래가 흘러나오고 두 사람은 노래대신 얘기를 나누고 있다.

조재현: 자, 자. 복잡한 사업얘기, 투자얘기는 다음에 또 하고… 혹시, 요트 타봤어요?

김비서: 아니요.

조재현: (유혹하는 목소리로) 이번 주말에 요트 탈 기회가 있는데.

김비서: 글쎄요. 타고 싶지만, 이번 주말은 아직 계획이 불확실해서.

조재현: 좋은 기횐데. 보통 사람은 오고 싶어도 못 와요. 내가 특별히 정하는 분만 올 수 있어요. 미스 김은 특별 대우입니다.

김비서: 요트 타는 데가 어딘데요?

조재현: 보안상, 지금 알려드릴 수는 없고, 오시겠다고 결정되면 그때 자세히 얘기하죠. 멀지는 않아요. 여기서 한시간 반 거리니까. 중요한 일 없으면 오세요. 재미있는 것도 많고. 연예인도 오고. 한 10명쯤 올건데.

김비서는 술취한 척하며 조재현에게 몸을 밀착한다.

김비서: 주말이면 토요일이에요? 일요일이에요?

조재현: 그것도 참석하기로 결정하시면 알려드릴께요.

김비서: 혹시, '**아이스**'나 그런 것도 있어요? 거기 가면?

조재현: (눈을 크게 뜨며 놀라는 듯이) 있죠. 고급으로. 연예인용으로.

김비서: 은밀한 곳인가 보죠? 사람들이 잘 모르는 곳인가 봐요.

조재현: 그렇다고 봐야죠.

(맥주를 한 모금 마시며)

조재현: 멀리 물에 떠있는 배 안에서 일어나는 일을 어떻게 알겠어요? 경찰이 찾기도 힘들고, 다른 배가 접근해도, 이미 안에서 알고서 조치를 취할거고… 헬리콥터가 와도 소용없죠.

김비서: 왜요?

조재현: 배 옆에 물에 착륙할 수가 없잖아요. 그리고, 헬리콥터 소리 나면

이미 안에서는 상황 정리하고 증거를 없애든가 하겠죠. 그래서 배안에서 노는 게 제일 안전해요.

김비서: 아. 그렇군요. 그런데, 저는 지금 확답을 드릴 수는 없네요.

조재현: 그럼 그건 나중에 얘기하고, 오늘밤 우리 같이 지냅시다. 이것도 인연인데. 나 화끈한 사람이에요. 섭섭치 않게 해드릴게.

김비서: 저도 그러고 싶은데, 사실 오늘 제가 그 날이에요. 며칠 후에 다시 만나서 같이 호텔가요.

김비서는 조재현의 아쉬워하는 표정을 보고, 이마에 가볍게 뽀뽀를 해주며 일어선다.

금요일. 8월 2일. 오전 10시. 경찰서 회의실.
유미. 영호. 김비서. 김형사, 이형사, 윤순경. 6명이 회의 중이다.

김비서: 요트 타러 간다니까, 바다로 가겠죠.

이형사: 그런데 1시간 반 거리면 인천, 평택 등등.

윤순경: 바다에서 요트 타고, 파티 하면 재미있겠다.

유미: 사주의 모양을 봐서는 바다나 강은 아니고, 산이 있는 곳.

이형사: 산에서 요트를 탄다고요?

유미: (핸드폰에 올린 조재현의 사주를 응시하면서) 멀지 않은 곳. 북쪽. 큰 산과 많은 나무. 물. 수원지 근처. 관공서 근처. 절과 탑.

김형사: 그런 데가 어디야?

윤순경: 지도에 찾아보면, 2시간 이내의 거리에 그런 곳이 있을 거예요.

경관들은 지도를 자세히 보면서, 여러 장소를 검토한다.

잠시 후,

김형사: 그런 조건에 맞는 게, 2시간 이내의 거리에는 3군데가 있네.

이형사: 그럼 3군데 모두 다. 오늘 가서 직접 확인해봐야죠.

김비서: 그리고, 조재현의 말을 들어보니까 헬리콥터나 보트로 접근하면 안돼요. 소음때문에 미리 들켜서, 증거를 잡을 수가 없어요.

이형사: 헬리콥터나 보트로 접근하면 증거를 잡을 수 없다? 그러면 다른 방법은?

휴식시간.

사람들은 간식으로 준비된 다과를 먹으며, 각자 여러가지 방법을 생각한다. 잠시 후, 김비서가 먼저 입을 연다.

김비서: 조용하게 접근할 수 있는 방법. 드론!

김형사: 그래. 맞아. 드론. 그런데 드론을 조종할 수 있는 사람이…?

김비서: 내가 할 수 있어요. 우리회사가 드론 만들어요.

윤순경: 아. 그렇군요.

유미: 그런데, 배 안의 약한 조명만으로 바깥에서 촬영이 가능할까요? 어두워서?

이형사: 맞아요. 고성능 플래시를 달아야 될 것 같은데요.

윤순경: 스피커도 필요하겠죠.

유미: 중요한 문제는… 드론 1대로 한쪽에서 촬영하는 순간에, 만약 그 쪽에 사람들이 없고 다른 쪽에 있었으면, 허탕치게 되고, 사람들이 전부 대피할

테니까… 동시에 4대나 6대로 사방에서 순간적으로 촬영해야 돼요.

김비서: 내가 동시에 6대까지 할 수 있어요.

이형사: 잘됐네요. 마침 드론 전문가가 있어서.

윤순경: 그런데 그들 모임이 토요일인지, 일요일인지 아직 모르잖아요?

김형사: 경찰들 항상 바쁜데, 시간과 인력을 낭비하지 말고 이렇게 합시다. 이형사가 오늘 현장 탐방해서 요트 타는 곳을 알아내고, 영호군에게 알려준다.

그리고, 영호군이 내일 토요일 오후에 먼저 가서, 승선하는 사람들을 보다가 조재현이 나타나면, 우리에게 연락하고, 우리가 출동한다. 만약 토요일에 낌새가 없으면 일요일이 맞는 거고.

영호: 제 생각도 그렇습니다. 토요일에 허탕치더라도, 그게 가장 효율적인 것 같아요. 여러가지 낭비하지 않고.

윤순경: 그러면, 오늘은 우리가 미리 현장 답사하고, 내일은 영호군이 먼저가서 연락해주면 되겠네요.

다음날. 8월 3일. 토요일 오후4시. 산속의 도로를 달리는 영호의 차.

영호, 유미, 김비서가 타고 있다.

유미: 김형사님 연락 왔는데, 세 갈래 길에서 왼쪽이라고 했어.

차는 나무가 울창한 산길을 따라 천천히 올라간다. 활엽수가 울창한 사방의 숲들은, 온 천지를 푸른 잎으로 덮어서 장관을 이룬다.

호수가 잘 내려다보이는 언덕.

영호는 시야가 좋은 곳에 차를 세운다. 세 사람은 내려서 좌우로 전망을 살핀다. 저 멀리, 사찰의 높은 탑이 보인다. 호수에는 이미 배들이 여러 척 떠 다니고, 호수의 한쪽 가장자리에는 선착장이 자리하고 있다.

선착장 귀퉁이에 작은 관리사무실이 있고, 선착장과 관리사무실 이외의 공간은 모두 넓은 주차장이다. 세 사람은 차 안에서 대기한다.

저녁 7시 반경. 해지기 약 30분전. 호수의 선착장.

20인승 정도의 중형요트 하나가 출항하기 위해 선착장에 대기하고 있다. 주차장에 두 대의 승용차가 들어와서 주차하고, 조재현과 아내를 포함한10명의 남녀가 내린다.

관리사무실에서 남자직원이 나와 조재현에게 인사를 하고 키를 건네 준다. 곧 이어 사람들은 요트에 오르고, 요트는 호수 중앙을 향해 출항한다.

언덕 위, 영호의 차.

차 안에서 아래쪽 주차장을 주시하던 유미가 김형사에게 연락한다.

유미: 지금 배가 출항했어요. 네… 지금 오세요. 10명이에요.

잠시 후, 선착장의 주차장.

요트 손님들이 타고 온 차를 포함해서 열 대 정도의 차가 주차되어 있지만, 주차장이 워낙 넓어서 빈 공간은 많이 있다.

영호의 차가 언덕에서 내려와서 주차장으로 들어와 멈추고 영호, 유미, 김비서가 내린다.

곧, 김비서는 드론 장치 세트를 차의 트렁크에서 꺼내서, 넓은 공터에 설치하기 시작한다. 영호와 유미는 옆에서 그녀를 돕는다.

오르간처럼 생긴 조종대에 각종 스크린과 스위치가 즐비하다. 옆에는 6대의 신형 드론을 발사대에 대기시킨다.

배가 출항한지 2시간 후. 밤 10시경. 주차장 넓은 공터. 드론 발사대.

김비서, 유미, 영호, 김형사, 이형사, 윤순경. 6명이 드론 장비 옆에 모여 있다. 주차장에는 순찰차 1대와, 15인승 경찰 밴 1대가 대기중이고, 그 안에는 경관 2명이 타고 있다.

드론 장비의 준비를 마친 김비서는 천천히 밤 하늘을 올려다본다. 구름이 별로 없고 별들이 가득이 보인다. 김비서는 모든 장치를 점검하고, 드디어 드론의 시동을 건다.

'쉬익…' 6대의 드론에서 바람이 일기 시작한다. 맹렬히 회전하는 최신형 24개의 프로펠러는 소음이 매우 적다.

김비서는 옆에 있는 사람들에게 말한다.

김비서: 자, 갈까요?

김형사: 네. 갑시다.

'쉬이이…' 카메라와 플래쉬, 스피커 등을 장착한 신형 드론 6대가, 검푸른 하늘을 향해 고요히 솟아오른다.

동화속의 반딧불처럼 신비스러운 모습으로, 소리 없는 무용 공연을 하듯이, 각종 모양을 그리며 밤 하늘을 수놓는다.

요트의 내부.

호화롭게 장식된 요트의 내부는, 강하지 않고 은은한 조명이 무드를 살린다. 10명의 남녀가 술과 마약을 즐기고 있다. 그 중 대여섯 명의 남녀는 거의 나체로 뒤엉켜 사랑을 나누고 있다. 사람들은 모두 즐거운 표정이다.

요트를 향해 날아가는 드론.

드론 6대는, 곧 이어 호수 중간에 떠있는 요트를 향해 직선으로 날아간다. 하늘에서 멋진 꽃무늬를 그리고 나서, 요트를 사방에서 둘러싸고 수직으로 조용히 하강한다.

김비서가 화면을 보면서 세밀하게 조종간을 다룬다. 드론들이 제 위치에 왔다고 판단한 김비서는, 드디어 카메라 스위치를 누른다.

순간, 드론 6대가 요트의 사방에서 동시에 플래시를 터트린다. '번쩍' 하며, 요트의 사방이 영화촬영장처럼 대낮같이 밝아진다.

약 10초간, 드론 6대는 비행접시처럼 공중에서 '빙글빙글' 회전하면서 동영상을 촬영한다. 동시에 드론의 스피커에서는 방송이 흘러나온다.

'경찰입니다. 빨리 선착장으로 상륙하세요. 동영상, 사진 확실하게 찍혔습니다. 빨리 나오세요.'

요트의 내부.

밖으로부터 플래시 불빛이 작렬하자, 배의 내부는 순식간에 아수라장이 된다. 사람들은 창밖에서 번쩍이는 섬광이 일자, 각자 몸을 숨기려 하지만, 사방에서 동시에 비추는 6대의 고성능 카메라와 대낮같이 비추는 고성능 플래시를 피할 수는 없다.

잠시 후, 선착장.

10명의 사람들이 배에서 하나씩 내린다. 모두 술과 마약으로 흐트러진 차림이다. 경찰관 3명이 배 앞에 서서 승객들을 경찰 15인승 승합차로 인솔한다.

한편, 약간 떨어진 곳에서 김비서, 영호, 유미. 세 사람은 드론 장비를 정리한다.

경찰관들이 사람들을 인솔하는 동안, 조재현은 기회를 틈타서, 그 무리에서 이탈한다. 그는 재빨리 자신의 자동차로 달려가, 시동을 걸고 도망간다.

영호가 눈치채고 재빨리 자기 차에 달려가 시동을 걸고 추격을 시작한다. 밤이라서 산길에 운전이 위험하지만, 조재현은 전속력으로 달린다. 영호도 집요하게 따라간다.

굽은 길에서 조재현의 차는 지그재그로 휘청거리면서 달리다가, 다시 정상으로 달린다. 한편, 영호는 뒤쫓는 중에 갑자기 앞에 동물이 나타나서 위기를 넘긴다.

약 20분 간 추격을 한 끝에, 영호는 조재현의 차를 추월하면서 가로 막아세운다. 두 사람 간에 약간의 몸싸움이 벌어지지만 곧 이어, 영호는 조재현을 잡아서 차에 태우고, 김형사에게 전화를 건다.

영호: 잡았어요. 경찰서로 바로 데려갈께요.

다음 날. 일요일 아침. 경찰서 유치장

조재현과 아내를 포함한, 요트 마약사건 현장 체포자10명이 수감 되어 있다.

유미가 조용히 김형사에게 부탁한다.

유미: 영호오빠하고 나하고 경찰 복, 하나씩 빌려주세요. 그리고, 저 두 사람 오늘 점심때까지 저와 동행하게 해주세요. 저 하고 갈 데가 있어요. 그리고, 순찰차도 빌려주세요.

김형사: 그러면 운전할 순경 한 사람 같이 가세요. 민간인에게 순찰차를 맡기면 규정 위반이거든요.

유미와 영호는 경찰 제복으로 갈아입고, 조재현과 아내를, 젊은 순경이 운전하는 순찰차에 태우고 경찰서를 나온다.

아침 8시경. 경찰서 근처 해장국집.

유미, 영호, 조재현, 조재현의 아내. 그리고 운전해 주는 순경. 다섯 명이 해장국으로 아침 식사를 한다.

유미: 탈세하신 것도 증거확보 많이 했어요. 7백억이나 되더군요.

조재현은 깜짝 놀라, 눈을 크게 뜨고 유미를 쳐다본다.

유미: 마약 사건은 조사장님 동생분이 어떻게 힘 좀 써 볼 수 있겠지만, 탈세는 얘기가 달라요. 탈세는 정부를 대상으로 사기 친 거에요. 대통령가족도

그냥 넘어가지 못합니다.

조재현: 그럼 어떻게 하라고요?

유미: 우선… 지금, 그 백화점에 가서 판매원에게 사과해요. 그리고, 자켓 배상하고 위로금도 주세요. 그러면. 탈세문제는 일단 보류할 수 있어요.

조재현아내: 위로금은 얼마를 줘요?

유미: 그 아가씨 1년치 월급정도 주세요.

조재현과 아내는 입을 벌리며 놀란다.

조재현 아내: 그렇게 많이요?

유미: 싫으면 관두세요. 국세청 조사 한번 받아보시든가.

조재현은 계속 해장국을 먹으면서, 말을 더듬거리며 대답을 미룬다. 아내 도 불만스러운 표정으로 식사를 계속 한다. 영호는 좀 더 강한 자극이 필요하 다고 생각하고 한마디 말을 거든다.

영호: 탈세조사 본격적으로 시작하면, 조사장님 집안 완전 박살나요! 전부 노숙자 돼요!

조재현과 아내는 약간 겁먹은 표정이다.

유미: 경찰하고 국세청에서, 동생분 비리도 조사할 겁니다. 그러면, 국회의 원 자리도 위험하고, 조사장님 회사도 무사하지 못할 겁니다… 추징금 천억 정도 때리면 감당할 수 있어요?

영호: 마약 혐의에다가 탈세혐의 추가되어서… 좋은 인생은 여기서 끝날걸 요, 아마. 두 분 다 고생길이 훤하실건데.

조재현과 아내는 잠시 생각한다.

유미: 어떻게 할래요? 내 말대로 할래요? 그러면 탈세조사는 국세청 조사관에게 일단 보류해달라고 부탁할 수 있어요. 그러면, 당분간 수백억은 숨통이 트이실 수 있어요.

조재현과 아내: 알겠습니다. 시키는 대로 할께요.

일요일 아침 10시 10분전. 백화점.

정문은 아직 닫혀 있고 내부에서는 직원들이 개점 준비를 하고 있다. 경찰 순찰차가 백화점 정문 앞에 멈추고 경찰복을 입은 영호와 유미가 내린다. 영호가 뒷문을 열고 조재현과 아내가 내린다. 네 사람은 입구를 향해서 걸어간다.

셔터가 내려져 있는 입구에서 영호가 경비원에게 말한다.

영호: 브랜드여성복 매장에 수사상 협조를 구할 일이 있으니, 들여보내 주세요.

영호가 경찰복을 입어서인지, 경비원은 아무 제지 없이 순순히 문을 열어준다.

백화점 내부. 노블(NOBLE) 여성복 코너.

여자판매원과 매니저가 옷들을 정돈하고 있다. 백화점 개점신호가 '삐' 울리고, 흥겨운 음악이 흘러나온다. 곧 이어 손님들이 몰려 들어온다.

영호, 유미, 조재현과 아내. 4사람은 노블 여성복 코너로 걸어간다. 판매원과 매니저가 이들을 발견하고 고개를 숙여 인사한다. 4사람이 걸음을 멈추고, 유미가, 조재현 아내를 향해 입을 연다.

유미: 말씀하세요. 사모님부터.

조재현아내: (판매원을 향해) 지난번에 미안했어요.

조재현: 아가씨, 미안해요. 지난번에 내가 실수했어. (돈봉투를 탁자에 내려 놓는다.)

판매원은 아무 말 하지 않고 서있다. 이때, 유미가 조재현과 아내를 향해 큰 소리로 말한다.

유미: 무릎 꿇으세요!

조재현과 아내는 깜짝 놀란다. 두 사람이 망설이는 동안, 판매원이 유미를 유심히 보더니 지난 토요일 그 여자라는 것을 눈치챈다. 판매원은 유미에게 눈짓으로 아는 척을 하고, 유미도 눈빛을 교환한다. 유미는 조재현과 아내에게 엄숙하게 다시 한번 명령하듯이 말한다.

유미: 두 사람 다, 이 아가씨 앞에 무릎 꿇고, 정중히 사과하세요.

두 사람은 잠시 어쩔 줄 몰라, 머뭇거린다.

유미: (큰 소리로) 그러면, 그냥 갈까요?

조재현과 아내는 판매원 앞에서 천천히 무릎을 꿇는다. 이 모습을 보고, 판매원은 두손으로 눈을 가리고 울음을 터뜨린다.

유미: (판매원을 보면서) 이 여자분 따귀 때리세요. 분이 풀릴 만큼 쎄게.

그러나, 판매원은 움직이지 않는다. 몇 초간, 잠시 머뭇거리는 상황⋯ 그런데, 옆에 있던 매니저가 갑자기 달려들어, 조재현 아내의 따귀를 시원하게 갈

긴다. '찰싹'

지나가던 사람들이 이 광경을 보고, 웃기도 하고, 이상하다는 듯이 고개를
갸우뚱한다.

같은 날. 일요일 점심 시간. 경찰서 앞의 설렁탕 집.

영호와 유미, 김형사. 세 사람이 점심을 먹고 있다. 영호와 유미는 다시 원
래 복장으로 갈아입었다.

김형사: 그런데 아까 경찰복은 왜 입었어요?

유미: 우리가 일반인이란 걸 알면 나중에 보복하려고 할 수 있어요. 그러나
제복입은 경관에게는 그런 일을 당하면 '좀 지나치다' 고 생각은 하지만, 보복
까지는 생각하지 않죠. 대개는 화가나도, 그냥, 당할 일을 당했다고 생각하죠.

영호: (유미에게) 정말로 국세청에 조사 보류해달라고 요청할 거야?

유미: 오빠. 내가 무슨 힘이 있어서, 국세청이 내 말을 들어주겠어?

김형사가 동의한다는 듯이 씨익 웃는다.

영호: 그럼 저 사람들한테 거짓말한 거야?

유미: 응. 악인에게도 신의를 지키는 것은… 바보같은 천사들이지. 나는 천
사가 아니거든.

영호: 너가 천사가 아니면, 누가 천사냐?

유미: 몰라. 하여튼, 저 사람들은 봐주면 나쁜 짓 더 할 거야. (시선을 돌려)
김형사님. 이번에 공을 세워서 승진하실 기회가 왔네요.

김형사: 다 유미양 덕분이지요. 거액탈세 제보는 국가에 대한 큰 공입니다.

유미: 증거는 많이 확보하셨어요?

김형사: 네. 국세청에서 온, 임수사관하고 협조해서 꼼꼼하게 준비해 놨어요. 압수 수색영장은 오늘 오후 늦게 나온다고 했으니까, 나오자 마자 회계사무실 급습할 겁니다.

영호: 판사가 엄하게 처리하면 얼마나 살까요?

김형사: 여러가지 죄목을 합하면, 10년 이내에는 햇빛 보기 힘들 겁니다.

28

유미는 사기꾼에게 사기를 치다.

8월 10일. 토요일. 늦은 오후. 유미의 집 근처. 슈퍼마켓.

유미와 영호는 세 사람의 저녁거리를 사러, 근처 마트에 왔다. 지하 1층에 위치한, 이 중형규모의 마트는, 대부분의 식료품과 간단한 가전 제품, 주방용품 등을 골고루 갖추고 있다.

여기저기 둘러보며 물건을 카트에 담던 유미와 영호는, 매우 노쇠한 백발의 할아버지가 식료품을 고르는 것을 본다. 불편한 걸음걸이가 80세가 넘어 보인다.

매장내의 통로 중 일부 구간에, 평소와 달리, 상품박스들이 놓여있다. 손님들이 지나가기에 간격이 너무 좁아서, 실수하면 물건을 건드려 떨어드릴 만하다.

마침, 백발 할아버지가 이 구간을 지나가면서, 들고 있던 바구니로 박스 하나를 실수로 건드려 떨어뜨린다. '퍽' 소리와 함께, 박스 하나가 바닥에 찌그러져 있고, 할아버지는 바닥에 주저앉아 있다.

영호가 다가가서 할아버지를 부축한다.

영호: 할아버지, 괜찮으세요?

할아버지: 응, 괜찮아요.

곧 이어, 50대 여자 매니저가 달려와서 박스를 열어보니, 안에 접시들이 깨어져 있다. 주변에 손님이 몇 명 있지만, 끼어들지 않고 구경만 한다.

매니저: 할아버지. 이거 할아버지가 지금 떨어뜨렸죠. CCTV 있어요.

할아버지: 어… 미안해요. 내가 기운이 없어서. 실수를 했네.

매니저: 보상하세요. 이거 비싼 접시인데. 일단, 저쪽 제자리로 가세요.

영호는 가까이 다가간다. 유미가 팔을 잡아 막는다.

유미: 나는 조용하게 살고 싶어.

영호: 그럼, 그냥 놔둬?

잠시 후, 마트 한쪽 코너의 매니저 데스크.

매니저가 할아버지에게 계산서를 내민다. 유미와 영호는 할아버지의 실수 장면을 목격하고서, 카트를 한쪽 구석에 밀어 놓고, 매니저 책상 옆까지 따라와서 상황을 지켜보고 있다.

매니저: 전부 10만 6천원이에요.

할아버지: 어이구. 내가 그렇게 큰 돈이 어디 있어요?

영호가 나선다.

영호: 통로가 너무 좁아서, 어르신께서 실수하셨으니까 좀 봐주세요. 할아버지도 어렵게 사시는 것 같은데…

매니저: 아니, 학생이 뭔데, 참견이에요? 물건을 깼으면 보상을 해야죠? 상식적으로.

영호: 그럼, 손님이 다니는 통로에 상품 박스를 놓아서, 통행을 방해하는 것은 상식적인가요?

매니저: 보아하니 대학생 같은데, 나이도 어린데, 어른들 일에 참견하지 마요.

영호: 죄송합니다. 그렇지만 할아버지 불쌍해 보이는데, 좀 이해해주시면 안될까요?

매니저는 대답을 하지 않고, 할아버지에게 돈을 내라고 추궁한다.
매니저: 할아버지, 돈 없으면 가족한테 전화하세요.

이때, 유미가 나선다.
유미: 그러면 양쪽 다 책임이 있으니까, 반 만 받으시면 어때요?
매니저: 안돼요. 내가 사장도 아니고, 내 맘대로 할 수 없어요.

유미: 그럼 만약에 매니저나 여기 직원이 이걸 깼다면, 얼마를 배상하겠어요? 10만원 다 주겠어요? 그러지 말고, 70% 정도만 하면 어때요?
매니저: 안돼요… 만약, 내가 깼어도, 다 내야죠.

유미와 영호는 어이가 없다는 듯, 서로를 쳐다본다. 이때, 유미가 단호한 표정으로 자신의 카드를 꺼내서 매니저에게 건네준다.
유미: 내가 낼 테니까, 이걸로 하세요.
매니저가 유미의 카드를 받아 계산기로 가려 할 때, 유미가 영호에게 말한다.
유미: 오빠, 저기 물건 박스, 사진 찍어.
매니저: (뒤돌아보며 유미에게) 사진은 왜 찍어요?
유미: 군청 민원실에 문의하려고요. 이런 경우 누가 책임인가?
매니저: 맘대로 하세요.

잠시 후. 토요일 밤. 백발 할아버지의 집.

유미와 영호는 밤길이 어두워서 할아버지를 댁까지 모셔다 드리고, 잠시 집안에 들어가서 얘기를 나눈다. 할아버지와 할머니. 단 둘이 사는 집안 내부는 낡고 허름하다.

할머니: 전세 사기를 당해서, 이렇게 살고 있어요.

할아버지: 사람들 얘기를 들어보니…한동천이라는 사람이, 여러 명에게 50억 부동산 사기를 치고 외국으로 도망갔는데, 그 많은 돈을 가져간 게 아니고, 대부분은 형인 한동운에게 맡겨놨데요.

할머니: 우리도 그 피해자예요.

유미: 저희가 도울 수 있으면 도와드릴께요.

8월 11일. 일요일 오후. 부동산 중계 사무실.

유미, 영호, 중계사가 이야기 중이다. 테이블위에, 10만원짜리 상품권 두 장이 놓여있다.

영호: 피해자가 많다며요?

중계사: 네. 열한 명이에요… 동생이 한동천인데 외국으로 도망가버리고, 사람들이 형을 고소하려고 해도, 원래 동생 이름으로만 서류를 만들어서, 형은 법적으로 관련이 없어요. 그러니까, 고소해도 소용이 없어요.

유미: 한동운 주거지는 알 수 있죠?

중계사: 청담동에 살아요. 피해자들도 다 알아요. 법적으로 어쩔 수 없으니, 그 사람은 숨어 살 필요도 없고.

영호: 어떻게 사기를 친거에요?

중계사: 우선, 본인이 월세로 집을 얻어요. 그런데, 월세를 최고로 높여주고 보증금을 없도록 계약해요. 자신이 상류층인 것처럼 행세하고 '대기업 고문' 이라는 명함을 보여주니까, 집주인 입장에서는, 상대가 믿을 만하다면, 보증금보다는 월세가 높은 것이 훨씬 좋죠.

11군데를 그런 식으로 동시에 빌려서 첫 달 월세는 잘 내고, 바로 광고를 내서, 자기가 주인 행세를 하고, 그 집들을 다른 사람들에게 전세로 놓는 거예요. 그리고, 전세금 받아서 바로 도망간 거죠. 혼자는 힘드니까, 형제가 같이 했을거에요.

영호: 그런데, 사람들이 그렇게 쉽게 속나요?

중계사: 노인이나 취약계층 들 상대로, 등기부 등본하고 다른 서류들을 완벽하게 위조해서 보여주니까, 사람들이 의심하지 않았지요.

유미: 그래서, 우리나라도 에스크로 같은 장치가 있어야해요.

영호: 그게 뭐야?

유미: 학교에서 배웠지, 방학하기 전에.

같은 날. 일요일. 저녁 식사 후. 유미의 집. 유미의 방.

영호: 어떻게 할려고?

유미: 오빠는 어떻게 하는 게 좋겠어?

영호: 돈을 뺏어서 피해자들에게 돌려주면 좋겠지만… 그게 가능할까?

유미는 갑자기 영호를 끌어안고 키스를 한다. 키스를 하면서 유미는 생각에 잠긴다. 잠시 후, 둘은 자세를 바로잡는다.

유미: 역시… 그냥 놔두면 안되겠지? 악당을.

영호: 우리 색시. 자기는 천사 아니라며?

유미: 나는 천사가 아니고, 악마를 혼내주는 악마야.

유미: 상대를 공격하려면 그 사람 올해 운을 봐야 돼. 그 사람의 운이 좋으면 내가 아무리 공격해도 소용없어. 그리고 내 운도 봐야 하고.

영호: 아. 그렇구나.

유미: 이순신 장군이 임진왜란 때, 어떻게 23전 23승, 한 번도 안 지고 모든 전투를 이겼는지 알아?

영호는 의아스러운 눈으로 유미를 바라본다.

유미: 사주를 봐서 자기 운이 좋은 날만 전투를 하는 거야. 그러니까, 항상 이기지… 삼국지의 제갈량도 마찬가지고.

영호: 와. 나는 몰랐네. 그런 거… 그럼 일단, 한동운 사주를 알아봐야겠네. 그런데, 마트 매니저는 어떻게 하지? 그 사람도 생일 알아봐?

유미: 마트 매니저는 사주 볼 필요 없어. 관공서에 신고만 제대로 하면 돼. 김형사님한테 힘 좀 써 달라고 부탁하는 게 낫겠어. 아무래도 관공서끼리는 좀 더 잘 통하겠지.… 그리고, 한동운 사주는 빨리 알아봐.

이때, 유미의 전화가 울린다. 상대는 김형사님.

유미: 안녕하세요? 마침 전화 드리려고 했는데.

김형사: 이심전심이네요. 무슨 일이신지 먼저 말씀하세요.

유미: 어제 마트에서… (중간 대화내용 생략)… 구청이나 담당 관공서에 아는 분 있으면 얘기 좀 해주세요.

김형사: 알겠습니다. 그런 일은 빨리 처리해야죠. 다른 손님도 피해를 입을 수 있으니까.

유미: 그럼, 김형사님 하시려던 말씀, 하세요.

김형사: 한동천이 도망간 나라를 알아냈어요. 필리핀인데, 구체적으로 좀 범위를 좁혀야지 추적을 할 수 있어서, 유미양이 좀 도와주시면 좋겠어요. 여러 지역 사진을 보내드릴테니까, 보시고 가장 가능성이 큰 지역을 알려주시면 좋겠습니다.

유미: 네. 알겠어요.

8월 13일 화요일 오후. 유미의 집 근처. 마트 앞.

마트 매니저와 군청 공무원 2명이 마트 입구 밖에서 대화중이다. 매니저는 저 자세로 고개를 계속 굽신거린다. 유미가 마침, 옆을 지나가며 이 장면을 목격한다.

공무원: 소방법위반에, 근로기준법 등등 위반 사항이 많아요. 과징금이 300만원 정도 나올겁니다.

매니저: 네? 300이요? 좀, 잘 봐주세요. 장사도 잘 안되고 힘든데…

공무원: 그러니까, 진작 규정을 잘 지키시지. 시민제보가 들어왔어요.

걸어가는 유미는 매니저와 우연히 시선이 마주친다. 서로를 알아보는 듯이 노려본다. 유미가 공무원을 향해 한 마디 하며 지나간다.

유미: 제가 신고했어요. 규정위반을 신고하겠다고 하니까, 저분이 마음대로 하라고 했어요.

8월 14일. 수요일 저녁. 유미의 집.

유미와 영호는 저녁 식사 후, 유미의 방에서 쉬고 있다. 영호가 한동운의
생년월일을 유미에게 보여준다.

時	日	月	年	한동운.
乙	乙	丙	癸	남자. 51 세. 1973. 4. 9. 유시
酉	亥	辰	丑	

71 2044	61 2034	51 2024	41 2014	31 2004	21 1994	11 1984	1 1974
戊	己	庚	辛	壬	癸	甲	乙
申	酉	戌	亥	子	丑	寅	卯

영호: 어때?

유미: 공부 잘하고 학벌도 좋고, 머리도 똑똑하고, 젊어서 관공서와도 인연
이 많은데, 진월생. 뿌리가 약하고… 금년에는 다재신약에 줏대가 없고, 귀가
얇아. 그리고, 여자한테 약해.

게다가, 봄생이 금이 약하면 정의감이 없고, 공과사를 구분할 줄 몰라, 동
생이 맡긴 돈을 맘대로 처리할 수 있다. 오케이. 그럼 해볼 만해.

영호: 돈을 어디에 숨겼는지 모르잖아?

유미: 알 필요 없어. 스스로 가지고 나오게 하면 되지.

영호: 어떻게?

유미: 남자를 무너뜨리는 불씨는 항상, 미인… 오빠가 잘 알잖아.

이 말에, 영호는 고개를 끄떡이며, 멋쩍은 표정을 짓는다.

유미: 사람의 마음을 움직이려면 집중적으로 연속 자극을 가한다.

영호: 어떻게?

유미: 오빠가 내일 밤에 한동운 집에 가.

영호: 가서?

유미: 도둑이 침입한 것처럼 흔적을 남기고 와. 그리고, 나는 김형사님한테 그 다음 날 금요일 아침에, 청담동으로 파견근무 나가시라고 부탁하고…

영호: 무슨 말인지 알겠다.

영호는 화장실에 가고, 유미는 김회장에게 전화를 건다.

회장: 아이구, 유미양. 목소리만 들어도 반갑네요.

유미: 회장님. 부탁 좀 들어주세요.

회장: 그럼요, 무슨 부탁이든지, 만사를 제쳐 놓고 들어 드려야지요.

유미: 강남지역에 있는 은행이나 지점에서, 책임자 급 되시는 분 좀 아세요?

회장: 은행 지점장은 동창도 있고, 지인들 중에도 몇명 있어요.

유미: 청담동에 혹시 은행 지점장님 한 분 소개해주실 수 있나요?

회장: (잠시 생각하다가) 네. 있어요. 소개해드리지요. 무슨 일이신데?

유미: 사기 좀 치려고요?

회장: 사기요? 허… 유미양도 농담을 하시네.

유미: 네. 농담입니다…나쁜 일은 아니에요. 그리고 따님 도움도 필요하구요.

유미와 김회장의 통화는 몇 분 간 계속된다.

유미: 공항에서 쓰는 보안검색대도 회장님회사에서 취급하시죠?

회장: 네. 그렇죠. 저희가 생산도 하고 설치도 합니다.

유미: 검색기 한 세트하고, 그거 담당하는 기술자가 필요해요.

회장: 검색기 한 세트하고, 검색요원이요?

유미: 아니요. 검색요원은 필요 없고, 기계 설치하고 수리하는 기술자요.

회장: 네. 알겠습니다. 그리고… 은행 쪽은, 로얄ROYAL 은행 손창식 지점장이라고, 나하고 친한 사람인데 연락해 놓겠습니다.

다음날. 목요일. 오전 11시. ROYAL 은행 청담동 지점. 귀빈실.
유미와 손창식 지점장이 마주 앉아있다.

유미: 태양산업 김재명 회장님 소개로 찾아뵙게 되었습니다.

지점장: 아, 네. 기다리고 있었습니다. 김회장하고 저하고는 아주 각별한 사이입니다. 뭘 도와드릴까요?

서로 간단한 소개를 하고, 유미가 주제를 꺼낸다.

유미: 한사장이라고 최근에 돈을 많이 번 사람이 있어요. 그 사람 돈을 유치하시면 은행에도 도움이 될 거 같은데. 50억 이상 되나봐요.

지점장: 그런데, 유미양은 왜 이런 정보를 저에게 주시나요? 본인에게는 무슨 이익이 있나요?

유미: 저도 이익이 있죠. 나중에 지점장님이 대출도 해주실 수 있고. 부탁드릴 것도 좀 있고 해서.

지점장: 그 한사장님을 어떻게 만날 수 있나요?

유미: 김회장님 따님이, 손지점장님의 비서로 위장해서 미인계를 쓸 거예요. 그 다음에, 전화통화를 하시든가 직접 만나셔서, 고금리 상품으로 유혹해서 예금유치를 설득하세요….

유미는 지점장에게 작전의 내용을 설명한다.

지점장: 네. 잘 알겠습니다. 적극 협조해 드리죠. 결국 저희에게도 좋은 일이니까요.

유미: 그럼, 계속 연락 드릴게요. 감사합니다.

유미는 인사를 하고 은행을 나온다.

그날 밤. 목요일. 깊은 밤. 한동운의 자택.

주위가 고요하다. 영호가 복면을 쓰고 담을 넘어 들어간다. 도둑이 침입하려던 것처럼, 현관 문에 금속으로 긁힌 자국과 주변에 발자국을 낸다.

잠시 후, 금요일 새벽 3시. 유미의 집.

영호의 차가 조용히 마당에 들어온다. 영호는 집으로 들어가서, 할아버지를 깨우지 않도록 조심하면서 유미의 방 문을 연다.

유미: 잘됐어?

영호: 응.

유미: 수고했어.

영호: 그 다음에 어떻게 할거야?

유미: 이제, 한 사장은 도난의 불안을 느낀다. 그리고, 바로 내일 김형사가 청담동 지서로 파견 나가서, 그 집에 현장 조사하러 가. 그리고 로얄(ROYAL) 은행에 예금하라고 먼저 운을 띄우고… 그 다음에, 김비서가 R은행 지점장 비서로 가장해서 찾아가서 설득한다. 미인계.

영호: 3연타로 케이오 시킨다.

유미: 맞아. 오빠. 수고했어. 이리와. 내가 안아줄게.

영호: 우리 같이 자도 돼? 할아버지 계신데?

유미: 괜찮아. 오빠 부산에서 차 도둑맞고 온 날, 할아버지 말씀 못 들었어?

(유미는 할아버지 목소리를 흉내 낸다.)

'하늘같은 서방님한테 그러는 거 아니야.' 그게 무슨 뜻이겠어? 할아버지는 우리를 부부로 인정하시는 거야.

영호: 그래? 정말?

유미: 오빠 사주 보시고 나서, 오빠를 하늘이 정해주신 내 남자로 생각하시는 거야.

두 사람은 함께 유미의 침대에 눕고 담요를 덮는다.

금요일. 8월16일. 오전. 한동운의 자택.

한동운과 부하들이 부서진 현관 문 자물쇠를 보면서 이야기 중이다.

한동운: 야. 이거 안되겠다. 돈을 전부 모아서 은행에 넣어야겠어.

부하1: 좀 생각해 보시죠, 형님. 그래도 그때 그때 쓸 일이 생기면 은행에 넣는 것이 불편할 수도 있습니다.

한동운: 그래. 그 말도 맞는데… 그래도, 좀 더 안전한 방법을 찾아봐야겠다.

이때, 김형사가 현장에 도착한다.

김형사: 도난신고 받고 왔습니다.

김형사와 한동운과 부하 2명. 네 사람은 함께 거실로 들어간다.

김형사: 도난당한 물건이 있습니까?

부하1: 아니, 도난당한 건 없고요… 현관 자물쇠만 파손됐습니다.

김형사: 범인이 서툰가 봅니다.

한동운: 아니, 이거 어디 불안해서 살겠어요? 치안을 강화하든가 순찰을 좀 늘려야 할 것 같아요.

김형사: 맞는 말씀인데, 그보다도 근본적으로 생각해보세요… 돈을 집이나 사무실에 두시니까 불안한 거에요. 밖에 외출할 때도 항상 불안하잖아요.

한동운: 저도 그 생각을 하긴 했는데, 은행은 믿을 수 있나요?

김형사: 그럼요. 은행보다 더 안전한 데가 어디 있어요? 제가, 로얄은행 지점장님하고 친하거든요.

한동운: 아, 그래요?

김형사: 제가 특별금리로, 최고 대우해드리라고 소개해 드릴테니까, 한번 만나보실래요?

한동운: 글쎄요. 그럼 일단 생각 좀 해보고요.

김형사: 은행이 제일 안전하지요… (부하들이 안 들리게 귓속말로) 부하들은 돈이 어디 있는지 알죠?

한동운은 고개를 끄덕인다.

김형사: (귓속말로) 그러면, 막말로… 부하들은 믿을 수 있습니까?

한동운은 다시 한번 고개를 끄덕인다.

김형사: 지점장 비서가 천하절색 미인인데, 내가 지점장한테 부탁해서 그 비서를 직접 여기로 오라고 할께요. 상담해 보실래요?

한동운: (호기심을 보이며) 그래요? 미인이에요?

김형사: 네. 기가 막혀요. (두 손으로 콜라 병 모양을 그리며) 상담해보고 맘에 들면, 좋은 금리로 예금하면 서로 좋잖아요. 그래야, 밤에 편히 발 뻗고 자지요. 아예 말 나온 김에 지금 통화해보세요. (김형사는 바로 지점장에게 전화를 건다.)

김형사: 네. 지점장님. 안녕하시죠. 제가 훌륭하신 재력가 한 분을 소개해 드리려고요.
김형사는 한동운에게 전화를 건네준다.
한동운: 아. 여보세요. 처음 뵙겠습니다. 지점장님이 이렇게 직접 통화를 해 주시니 감사합니다.

지점장과 한동운의 통화는 약 2~3분 이어진다.
한동운: 아, 그러면, 비서분을 여기로 보내신다고요. 네. 네. 그럼 기다리고 있겠습니다.

같은 날. 금요일 오후. 한동운의 자택. 거실.
한동운은 차를 마시다가, 김비서가 현관 문을 열고 들어오자, 눈을 크게 뜨고 그대로 얼어붙은 듯, 김비서의 미모에 시선을 고정한다.
김비서는 오늘 특별히 아름답게 꾸몄다. 옆에 대기하는 부하 두 명도 역시 입을 크게 벌리고 '우와. 예쁘다' 라는 소리가 저절로 나온다.
김비서: 한사장님 되시죠. 로얄은행에서 왔습니다.
한동운: 네. 기다리고 있었습니다. 이리 앉으시죠.

한동운은 만면에 미소를 띠며 즐거운 표정이다. 부하 한 명이 커피를 가져
와 테이블에 놓는다. 한동운과 김비서는 커피를 마시며 서로 간단한 소개를
한다.

김비서: 돈은 역시 은행에 맡겨야 안전하지요.

한동운: 그건 알고 있죠. 전부터 은행에 예금하려고 생각은 하고 있었어요.
그런데, 어쩐지 은행하고는 친근감이 없어서.

김비서: 그럼 이제부터 저하고 친해지시면, 은행하고도 친해지실거에요.

김비서의 미니스커트가 유난히 짧고, 각선미가 더욱 빛난다. 한동운은 김
비서를 미술품을 감상하듯이 바라본다.

김비서: 최고 우대 금리로 해드릴께요. 지점장님이 특VIP 대접해드리라고
했어요. 그리고, 저의 은행에 예치하시면 저도 자주 뵐 수 있을 것 같은데…가
끔 술자리도 하고.

한동운: 그래요? 그러면 좋지. 미스 김을 자주 보면 젊어지겠는데…

김비서: 한사장님, 제가 다음 주 수요일부터 출장이 있어서 화요일에 오시
면 좋겠는데… (얼굴에 애교가 가득하다.)

한동운: 화요일이요?

김비서: 네. 예금하시고 나서, 그날 밤에 제가 술 한잔 대접할께요. 화끈하
게…

한동운: (잠시 핸드폰 스케줄을 보고나서) 그래요. 화요일 오후에 괜찮은
데.

김비서: 사람들 없는 시간… 오후 4시가 편하실거에요. 운반하기도 좋고.

한동운: 그렇게 하죠. 화요일 오후 4시에 현금 가지고 갈께요.

김비서는 서류를 하나 내놓는다.

김비서: 예금 계약서에요. 강제성은 없고 그냥 형식적인 겁니다. 마음 변하시면 취소하셔도 돼요. 금고에 사장님의 공간을 미리 마련하기 위한 서류입니다.

한동운은 별 의심 없이 서명한다.

김비서: 그럼 화요일 오후에 기다리고 있겠습니다. 5억 들어가는 규격 현금박스가 제 차에 있으니까, 오셔서 가져가세요. 20개쯤 있어요.

김비서와 한동운의 부하 두 명이 함께 현관을 나가서, 김비서의 밴 차로 걸어간다. 밴은 로얄(ROYAL)은행 로고가 찍혀있다. 부하들은 트렁크를 열고, 접혀져 있는 현금운반용 박스 15개를 꺼낸다.

김비서의 차는 떠나고, 부하 둘은 박스를 들고 집안으로 들어온다.

부하1: 형님, 정말 괜찮을까요? 세상이 하도 험해서.

한동운: 야 임마. 세상이 험하니까 은행이 제일 안전하지. 은행이 너희들처럼 사기 치는 줄 아냐?

부하2: 그래도 다시 한번 생각해 보시죠.

한동운: 너희들, 내가 여자때문에 그런다고 생각하나 본데… 내가 여자한테 마음이 있어서 그러는 게 아니야… 은행에 놔두면 안전하고 마음이 편하잖아. 그리고… 혹시 또, 너희들이 훔쳐갈지도 모르잖아?

부하1: 에이… 형님. 농담하지 마십시오.

한동운: 야, 쓸데없는 소리 말고… 돈은 다른 사람한테 맡길 수 없으니까, 너희 둘이 운반하고, 경호할 애들 두 명 더 불러. 화요일 오후에 은행으로 가자.

같은 날. 금요일 저녁. 태양산업 회장실.

김비서, 유미, 영호, 그리고 보안검색기 기술자. 4사람이 회의 중이다.

김비서: 화요일 날 오후 4시에 가져오기로 했어요. 박스도 줬어요.

유미: 특수장치를 설치할 거예요. 현금 박스모양에 맞춰서 약간 개조해서.

기술자: 어떻게요?

유미: 제가 말씀드리는 대로 만들어 주세요.

유미는 종이에 그림을 그리며 기술자에게 설명한다. 모두 열심히 집중해서 유미의 말을 듣고, 잠시 후 기술자가 대답한다.

기술자: 네. 잘 알겠습니다. 그렇게 만들어 드리겠습니다.

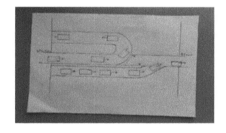

유미: 장소는 R은행 정문이예요. 화요일 오후 3시반에 설치하시고, 저희한 테 작동법 가르쳐 주고… 쉬시다가 오후 5시에 다시 와서 철거하시면 돼요. 기술자는 몇 분이 오세요?

기술자: 저하고 기사 두 명이 같이, 3인 1조로 갈겁니다.

김비서: (기술자에게) 잘 부탁드려요… 그럼 바쁘신데, 먼저 나가서 일보세요.

기술자가 나가고 셋이 남았다.

유미: 김형사님이 지점장님과 미리 연락해서, '검색대 시범 운행'을 화요일 오후에 3시경부터 폐점시간까지 1시간 반쯤 실시합니다. 손님들에게도 큰 무리는 없을 겁니다.

김비서: 4시쯤에는 손님이 거의 다 나가니까, 일하기 편할 거에요.

유미: 그럼, 각자 역할을 정리해봅시다.

영호: 나는 경비원복을 입고 출입자를 관리하다가, 한사장 일행과 지점장님이 검색대에 도착하면, 두 분 VIP는 검색없이 옆으로 지나가도록 하고, 다른 사람들과 짐들은 검색대를 통과하도록 한다.

현금박스가 검색기에 들어가기 직전에 스위치를 눌러 내부진로를 바꾼다. 검색기에서 박스가 다 나오고, 운반책들이 돈을 확인한 후, 걸어가다가 코너 돌아 안보이게 되면, 재빨리 주차장으로 가서 차를 가지고 정문 앞으로 온다.

김비서: 나는 지점장님과 함께 정문 밖에서 한사장 일행을 맞이하고, 박스 개수를 확인하여 영호씨에게 알려준다.

그리고, 함께 걸어 들어와서 검색대를 거치고, 바로 거기서 대기하다가, 지점장님과 한사장 일행이 코너를 돌면, 바로 검색대로 와서 유미씨와 함께 쓰레기 함에 돈박스를 담고, 정문을 나온다.

유미: 나는 청소부로 위장해서, 쓰레기 함을 가지고 검색대 옆에 대기하다가, 지점장님과 한사장 일행이 코너를 돌면, 언니와 함께 쓰레기 함에 돈박스를 담고, 정문을 나온다.

김비서: 여유시간은 많아요. 고액용 금고가 2층에 있으니까, 그 사람들은

돈박스를 가지고 엘리베이터 타고 2층으로 올라가야 돼요.

유미: 그러니까, 우리가 돈을 차까지 옮길 시간은 충분하네요.

영호: 그 사람들이 2층에 가서는 어떻게 돼요?

김비서: 우리가 만든 박스는 윗면이 정교한 위조지폐고, 그 밑은 백지입니다.

영호: 그러면 일단 경찰에 걸려서, 쉽게 풀려나지 못하겠네요.

김비서: 그렇죠. 2층에 엘리베이터에서 내리면, 금고 앞에 직원들과 경찰관들이 기다리고 있다가, 입금하기 위해 현금박스를 열어봅니다. 기계로 위조지폐 여부를 확인하고, 일단 그들 일행을 경찰서로 연행할 겁니다. 그러니까, 나중에 그들이 풀려나더라도, 일단 현장에서는 우리를 막지 못한다고 봐야죠.

유미: 차는, 언니가 썼던 그 은행 밴을 이용하죠. 박스 운반에는 그게 좋아요.

김비서: 맞아요. 내가 그 밴을 가져 올께요.

8월 20일 화요일. 오후 3시 반경. 로얄(ROYAL) 은행 정문.

기술자들이 검색대를 설치하고 있다. 공항에서 볼 수 있는 검색대의 내부를 약간 개조한 형태이다. 영호는 경비원복을 입고, 기술자들 옆에서 말을 나누고 있다.

유미는 바퀴 달린 커다란 쓰레기 함을 옆에 놓고, 영호와 함께 같이 구경한다.

기술자: 자, 이제 다 됐습니다. 이 스위치를 왼쪽으로 누르시면 내부에서 진로가 변경됩니다. 다시, 오른쪽으로 누르시면 원래상태가 됩니다.

기술자들이 떠나고 영호와 유미는 검색대에서 스위치 작동을 몇 번 연습한다.

4시가 거의 다 되자, 지점장과 김비서가 손님을 맞이하기 위해, 사무실에서 나온다. 그리고, 영호 앞의 검색대를 지나 정문으로 나간다.

정문 밖 주차장.

곧 이어, 한사장의 밴이 은행 주차장에 도착한다. 지점장과 김비서가, 한사장 일행을 마중한다. 부하들이 뒷문을 열고 박스를 김비서에게 보여준다.

부하 1: 모두 13개입니다.

김비서: 네. 그렇군요. 그럼 이제 들어가시죠.

차에서부터 정문까지, 7명이 약간씩 간격을 두고 걷는 사이에, 김비서는 영호에게 문자를 한다. '13박스'

검색대 앞.

영호는 문자를 받고, 기계를 조작해서 '13박스'에 맞춘다. '미리 숨겨져 있는 박스 중 13개를 내보내라.'는 의미이다.

정문을 열고 한사장과 그의 부하 4명, 지점장과 김비서. 7명이 들어온다. 영호가 이들을 맞이하면서 안내한다.

영호: 어서 오십시오. 지점장님과 한사장님은 이쪽으로 가시면 됩니다.

영호는 두 사람을 손짓으로 VIP통로로 안내한다. 두 사람은 검색기를 거

치지 않고 먼저 안쪽으로 들어선다. 영호는 곧 이어, 부하 4명에게는 검색기를 거치라고 손짓을 한다.

부하들은, 끌고 온 달리(dolly)에서, 박스를 하나씩 차례로 검색대에 올린다. 박스 13개가 하나씩, 둘씩 차례로 검색기로 들어간다.
부하들은 자신들도 검색기를 거치고 나서, 뒤 돌아서서 박스가 나오는 입구에 시선을 고정시킨다.

박스 13개가 모두 나오자, 부하들은 재빨리 맨 앞의 박스와 맨 뒤의 박스 뚜껑을 열어 내용물을 확인한다. 부하 한 명이 다시 뚜껑을 닫으면서, 저 앞에서 기다리고 있는 한사장과 지점장을 향해 'OK'라는 의미로 고개를 끄덕인다. 한사장이 빨리 달리를 끌고 오라고 부하들에게 손짓을 한다.
부하들은 박스 13개를 달리(dolly)에 싣고 한사장을 따라 걸어간다. 모퉁이를 돌아 그들의 모습이 사라진다.

순간, 영호는 주차장을 향해 달려간다. 동시에, 김비서와 유미는 검색기로 달려와서 현금박스 13개를 쓰레기 함에 싣고, 둘이 함께 밀고, 정문을 나온다.

은행 정문 앞.
영호의 밴이 급정거한다. 영호가 내려서 유미, 김비서와 함께, 박스를 쓰레기 함에서 차로 옮겨 싣는다. 불과 1~2분 사이에 트렁크 문을 닫고, 세 사람을 태운 차는 주차장을 빠져나간다.

1시간후. 경찰서 주차장.

　영호, 유미, 김비서와 현금 박스 13개를 실은 밴이 주차장으로 들어온다. 정문 앞에 윤순경이 나와서 대기하고 있다.

　윤순경: 수고들 하셨어요. 돈은 얼마나 돼요?

　영호: 13박스. 전부 65억입니다.

　김비서: 피해 액수가 50억이라고 했죠?

　윤순경: 네. 그 정도 됩니다.

　유미: 50억은 주인에게 돌려줘야요.

　영호: 어떻게 돌려주지?

　유미: 윤순경님에게 맡겨서, R은행에 입금하고, 피해자 각각 계좌를 만들어서, 나누어 주도록 처리해주시면 될 것 같아.

　김비서: 그래요. 설마, 오늘밤 경찰서에 도둑이 들지는 않겠죠.

　영호: 그럼 남은 돈 15 억은 어떻게 하지?

　유미: 경찰서에 맡겨서 노인이나 장애인 복지 시설에 보내자.

　영호: 전부 다?

　유미: 응…할아버지 말씀! 모든 불행의 근원은 욕심이다.

　김비서: (농담으로) 유미씨는 혹시, 부처님이 환생한 거 아니에요?

　유미: 글쎄요, 언니… 부처님도 나처럼 사기를 쳤을까요?

　8월의 초저녁 맑은 하늘을 보며, 네 사람은 활짝 웃는다.